去澳大利亚

终极实用版

『去旅行』编辑部◎主编

中国农业出版社

图书在版编目（CIP）数据

去澳大利亚终极实用版 /“去旅行”编辑部主编．
—北京：中国农业出版社，2014.4

ISBN 978-7-109-18184-7

Ⅰ．①去… Ⅱ．①去… Ⅲ．①旅游指南－澳大利亚Ⅳ．①K961.19

中国版本图书馆CIP数据核字（2013）第179276号

中国农业出版社出版
（北京市朝阳区麦子店街18号）
（邮政编码：100125）
策划编辑：李梅
责任编辑：李梅

北京中科印刷有限公司印刷　　新华书店北京发行所发行
2014年4月第1版　　2014年4月第1次印刷

开本：710mm×1000mm　1/16　　印张：18
字数：330千字
定价：49.90元

堪培拉国会大厦夜景

前言 PREFACE

澳大利亚是一个多姿多彩的旅游胜地，一万个人心里有一万个澳大利亚，这个被海水环绕的国家，既有美丽迷人的港湾，也有绵延千里的沙漠；既有“风吹草低见牛羊”的草原，也有历经侵蚀的火山。

如果说旅行的目的在于放松身心，找到自我，那么，澳大利亚必是你心灵旅行的归属地。来到澳大利亚，无论你是漫步于沿海城市，还是探秘于内陆沙漠区，她都能呈现给你别样的风采。无论是变幻多姿的大堡礁，还是红艳艳的艾尔斯岩，或是到处洒满了暖暖阳光的黄金海岸，那种让人窒息的美，如同一个个美丽的神话，哪怕只是远观，都会让你的心沉醉。澳大利亚的自然风景区是让你放松身心的地方，每个城市里的博物馆、美术馆、画廊，或是全球闻名的悉尼歌剧院，更是让你贴身感受澳大利亚的好去处。

如果你是一个对动物感兴趣的旅行者，那么，澳大利亚那些独有的野生动物必是你的最爱。考拉、袋鼠、鸭嘴兽这些“萌物”一定能萌翻你，让你乐开怀……千奇百怪的世界万物，给予你的是一份震撼，也必是一份感动！

一场旅行能否让你玩得尽兴，离不开舌尖上的感受。在澳大利亚，你可以选择的美食数不胜数。正如澳大利亚人所说，他们的食物是无与伦比的，原汁原味的烧烤、如艺术品般的美食，再加上多元的味道，对你的味蕾绝对有着强烈的冲击。而澳大利亚的葡萄酒更会让你的舌尖激荡不已。

毋庸置疑，澳大利亚是一个值得深入体验的旅游胜地，她的一切都是那么的“有滋有味”，但这体验，不仅仅就是走马观花地逛逛悉尼，游游黄金海岸，转转神奇的菲利普岛就可以完成的。它需要你静下心来，深入体验澳大利亚独有的民族风情，多元的文化内涵，无论准备花两个星期来个短途旅游，还是打算花半年时间开着越野车玩遍澳大利亚，你都需要提前做做功课，了解澳大利亚的万般风情。

《去澳大利亚终极实用版》就是一本可以满足你需要的书，书中既有吃喝玩乐等信息，也为你的行程做了N种不同的规划。无论你是想亲近自然、深入内陆探险，还是想领略原住民艺术和文化，或是品尝美食佳酿，立刻拿起这本书，开启迷人的澳大利亚之旅。

P R E F A C E

目 录 CONTENTS

写在前面：旅游达人侃澳大利亚

PART 1 去澳大利亚前

PART 2 到达澳大利亚后

PART 3 悉尼→黄金海岸→布里斯班→凯恩斯

PART 4 珀斯→阿德莱德→墨尔本→堪培拉

PART 5 达尔文→爱丽丝泉→汤斯维尔

PART 6 塔斯马尼亚

百年纪念公园

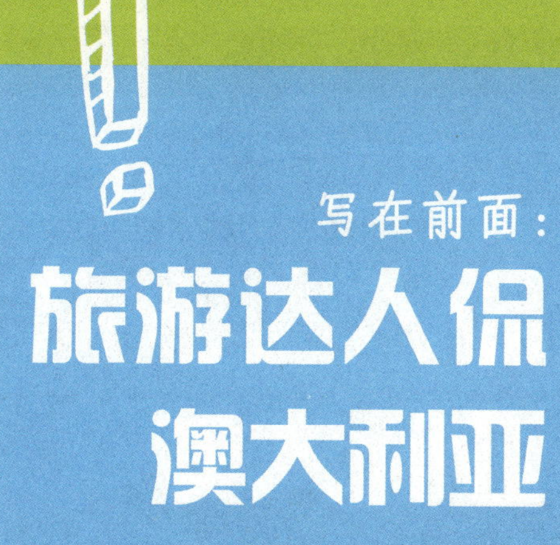

写在前面：旅游达人侃澳大利亚

A 吃：澳大利亚就餐大不同

1.花样百出的饮食

澳大利亚是一个移民国家，在这里你能够品尝到全世界的不同美味，意大利、希腊、法国、土耳其、阿拉伯等地的食品，均落户生根在澳大利亚。由于没有强烈的本地饮食传统和偏好，澳大利亚的很多美食都保留了原本的特色，拿中餐来说，在悉尼餐馆中吃到的宫保鸡丁，可能与四川餐馆里的并没有太大区别。

伴随着食物多样化，各种奇特新口味也相继出现。行走于澳大利亚城市的大街小巷，随处可见各国美食的招牌，不过无论是哪个国家的餐馆，或多或少都会融入一些当地风味，有时候甚至很难分清究竟是亚洲、欧洲的美食风味，还是澳大利亚的本土风味。

澳大利亚之所以有花样百出的美食，与其丰富多样的食材有着莫大关系。澳大利亚的优质食材，从肉、蛋、禽、海鲜到蔬菜及四季时

令水果，应有尽有，其中以海鲜产品最具特色。澳大利亚盛产皇帝蟹、鲍鱼、三文鱼等海产品，质量好、无污染，性价比高。在悉尼或是黄金海岸，游客很容易就可以品尝到刚从大海中打捞上来的新鲜货。在风光无限的海滨，吹着海风，看着美景，品尝着新鲜美味的食物，再来杯葡萄酒，想象一下，那是何等的惬意。

2. 无处不在的澳大利亚本土特色"BBQ"

若你要问起澳大利亚有哪些本土特色的美食，那首当其选的必定是BBQ，BBQ也就是我们所说的烧烤。一到周末或公共假期，很多澳大利亚人都迫不及待地邀上一群朋友去户外进行烧烤。

澳大利亚的烧烤有哪些本土特色呢？首先，澳大利亚的烧烤以烤为主，"烧"的工序基本很少用到。其次，食物讲究原汁原味，很少用到各种香料调味剂。再有，所烧烤食材极其丰富，牛、羊肉、海鲜、蔬菜、水果，可谓无所不烤。另外，在澳大利亚很多地方都有明显的"BBQ"标志，最常见的地方是在各大公园、绿地，这些地方一般都提供有完善的烧烤设施，可无偿使用水、电、气，烧烤结束后把烧烤平台及周围打扫干净即可。

来到澳大刘亚，选择一个天清气爽的日子，与朋友一起在户外烧烤，享受美食的同时聊天说地，该是一件舒服得让人不好意思的事！

3. 葡萄酒新世界的佼佼者

谈到澳大利亚饮食，不可不提及的还有其

世界知名的葡萄酒产业。虽说澳大利亚是一个比较年轻的国家，但其葡萄酿酒业却已有两个世纪的历史了，同时，在新世界葡萄酒酿酒技术和产品方面一直保持着显著特色，再加上不断创新，使得澳大利亚的葡萄酒更加多样化以及品质化。在澳大利亚餐馆的酒水单上，你几乎可以找到各种类型的澳大利亚特产葡萄酒。

澳大利亚拥有六十多个葡萄酒产区，所产葡萄酒以品质优异、风格独特享誉世界。随着澳大利亚葡萄酒旅游产品的不断开发，每年都有数百万游客前往澳大利亚城郊的偏远酒庄，在品尝独具特色的葡萄酒、参观酒窖的同时，领略诗情画意的田园风光。

每个去过澳大利亚酒庄的人，都会对那里的葡萄酒情有独钟。这不仅仅是因为上乘的葡萄酒吸引了他们，大大小小的年度节日，也足以令其沉醉。在节日期间可品尝到本地美酒，还可以好好领略当地文化。其中最著名的是两年一度的澳大利亚美食节，节日期间会展示澳大利亚最为出色的美酒佳肴。

澳大利亚主要葡萄酒产区及葡萄酒品种		
地区	葡萄酒产区	葡萄酒品种
南澳大利亚	巴罗萨谷（Barossa Valley）	西拉子、赛美容
	麦嘉伦谷（Mclarenvale）	西拉
	库瓦拉（Coonawarra）	赤霞珠
	嘉拉谷（Clare Valley）	赤霞珠、雷司令
新南威尔士州	猎人谷（Hunter Valley）	西拉、赛美容
	澳大利亚首都领地（Australian Capital Territory）	西拉、雷司令
西澳大利亚	天鹅谷（Swan Valley）	白翠柠、雪当利、威士莲
	玛格丽特河（Margaret River）	长相思、赤霞珠、增芳德
塔斯马尼亚州	塔斯马尼亚岛（Tasmania）	雷司令、黑皮诺
维多利亚州	雅拉河谷（Yarra Valley）	西拉、霞多丽、黑皮诺
	摩林顿半岛（Mornington Peninsula）	霞多丽、黑皮诺

4.用餐时间有讲究

澳大利亚的用餐时间与国内不同。在澳大利亚，午餐时间是12:00～15:00，当地市民一般会在12:30或13:00开始吃午餐，用餐高峰时段是13:00～14:30。晚餐时间从18:00开始，通常情况下，19:30～21:30是用餐高峰时段。

此外，假如你想去一些高级餐厅就餐，最好先进该店的官网查看一下具体的营业时间，很可能他们不供应晚餐。还应注意的是，有的餐厅周一至周五供应午餐，周一至周六供应晚餐，周日休业。大多数餐厅周末或节日不营业，只有少数会营业。还有一些情况需要注意，比如西餐馆周日或周一关门休息，而中餐馆一周均会营业。

可见，在澳大利亚用餐，时间问题很重要，若忽视可能就会让自己无缘无故地白跑一趟。

5."BYO"，欢迎自带酒水

在澳大利亚，除了一些最高级餐馆以外，餐馆门口通常有一个“BYO”（Bring Your Own）“Welcome BYO”的标志，就是允许自带酒水，当你看到这三个英文字母时，就意味着可以带酒就餐，仅需要花费几块钱的开瓶费而已。一些有酒牌的餐馆英文为“Licenced Restaurant”，这类餐馆只能在里边买酒，不能自带。欢迎自带酒水仅是对餐馆而言，至于别的场所，比如KTV等，就另当别论了。

6.餐馆吸烟要注意

澳大利亚是个严格禁烟的国家，已经从开始时的部分禁烟发展到全面禁烟，一些公共场合更是禁止吸烟。澳大利亚的多数餐馆会分吸烟区及非吸烟区，假如你想吸烟时尽量克制，实在不行可到吸烟区吸烟。这不仅是道德素质的问题，更重要的是，在非吸烟区吸烟触犯了澳大利亚的禁烟法令。

7.先订“协议”后吃饭

如与澳大利亚当地朋友一起吃饭，一定要特别注意，弄清这一顿饭该由谁付钱。假如你在不明状况的情形下，付钱过于积极或者忘记付钱，都是很不礼貌的。通常情况下，你提议去喝酒，那么就应该由你付钱，除非事先说好，不然是不会各自付钱的。

澳大利亚就餐常用英语

英文	中文
Excuse me,could I see the menu, please?	➡ 打扰一下，我能看看菜单吗？
Could I have the bill, please?	➡ 请拿账单来，好吗？
Could I have the chicken please?	➡ 你请给我一份鸡肉，好吗？
Nonsmoking, please.	➡ 请给我非吸烟区的。
We'd like to sit by the window.	➡ 我们想要坐在窗边。
I'd like a quiet corner, if possible.	➡ 可能的话，我想要安静的角落。

B

住：特色住宿这样选

1.青年旅舍很实惠

澳大利亚酒店住宿价格通常比较贵，假如你是一个背包客，或者是对住宿预算不多的话，那么青年旅舍便是你省钱的不二选择。

通常情况下，青年旅舍一间为3～4人同住，每个床位价格为15澳元/晚左右，有时最便宜的只要12澳元/晚。除了住宿价格便宜，青年旅舍一般都提供齐全的餐饮设施、自助服务的洗衣房等，非常方便。

青年旅舍在一些大城市里比较多，小城市就比较少见。一般可以从网上找现房，直接电话预订或网上预订，尤其是赶上当地旅游旺季，床位比较紧张，更需提前预订。假如你是青年旅舍联盟的会员，还可享受更加优惠的价格，一般只需办理一张有效期为一年的国际青年旅舍会员卡即可。

办理国际青年旅舍会员卡一般有三种方式，可以在网上办理、到各家青年旅舍前台办理，也可到各代理商处办理，办理当日即可生效。在中国，可登录国际青年旅舍联盟中国网站（www.yhachina.com），申请办理国际青年旅舍会员卡。

2.B&B家庭小旅馆体验当地风情

在澳大利亚，无论是在度假胜地，还是乡间小镇，常常会看到写有“ B&B”的牌子，其实这是当地的一种家庭小旅馆，在这些小旅馆住宿会包含床位和早餐（Bed & Breakfast）。这种家庭式的旅馆规模通常不大，一般有3～6个房间，家具装饰古色古香，极富澳大利亚传统气息，很受人欢迎。这种具有当地风情的家庭旅馆入住一晚的价格通常为55～85澳元，在周末和假期价格会普遍上涨。

家庭旅馆的交通相对比较便利，通常步行半个小时左右就可以到达公交车站。由于这些住宿大都是小型家庭管理，最好提前打电话订房，并且大多数B&B家庭小旅馆不接受信用卡。推荐订房网址：www.hrs.cn。

3.公寓式酒店有居家感觉

澳大利亚公寓式酒店都拥有十分齐全的设备，无论是在酒店式公寓还是度假公寓中，你都可以享受到完美的休息空间及温馨的厨房和齐全的洗衣设施带给你的便利。通常情况下，市中心每天的住宿价格在110～160澳元。假如你是与家人一起旅行，或者希望在澳大利亚某个地方多待些日子，那么公寓式酒店将是最为理想而经济的选择。在温馨的环境中，可享受自己烹饪的乐趣，这种居家感真是令人愉悦。在公寓式酒店入住，其具体的服务与非服务项目会根据酒店规格不同而有所差别，在询问清楚之后再入住进来也不迟。

4.野外露营要当心

在澳大利亚，露营是个不错的选择。无论是在美丽的湖边，还是柔软的沙滩上，或是壮丽的国家公园中，或是风景如画的乡村里，你完全可以扎一个小帐篷，感受那绝妙的户外野营生活。

对于露营，一个设施齐全的野营或露营公园是很棒的栖息地，那里往往会提供热水淋浴、洗衣设施，还有美味的烤烧区。不过露营时也不能太过于随心所欲，露营者应考虑到某些注意事项，比如在私人领地扎营必须得到许可，以及某些特殊地区可能有露营限制等问题，都需要做充分考虑。假如有疑问的话，应向当地咨询处或警察机关询问。

另外，在澳大利亚野外露营，安全问题更是不容忽视。在澳大利亚北部的河流里和入海口处常常会有鳄鱼出现。在鳄鱼栖息地附近一定要看好安全警示标志，不要在入海口或红树林海岸边露营，在露营之前最好寻求专家的建议。同时澳大利亚也有一些毒蛇和毒蜘蛛，一定要注意不要触及它们的活动范围。

一定要注意，在露营时一定不要乱扔垃圾，澳大利亚对于国家公园和露营地都有明确的管理规则和条例。假如你渴望进行一次轰轰烈烈的公路旅行，并且又不想因迷路耽误时间的话，可以尝试一下由导游带领的，为期一个月的大篷车之旅。还可以到内陆、森林、沙漠或海滩上享受迷人的野营式度假，在那些看似遥远的地方感受浓浓的自然野趣。

澳大利亚住宿常用英语

英文	中文
Can I reserve a hotel room here?	我能预订一个房间吗?
I'd like to reserve a hotel room for tonight.	我想今天晚上预订一个房间。
Can you recommend a hotel which is not too expensive?	你能推荐一个经济点的酒店吗?
I'd like a twin room.	我想要一个双人间。
I'll take that room.	我想要那间房。
Do you need a deposit?	需要押金吗?
Is there a youth hotel here?	这有青年旅舍吗?
I'll arrive late, but please keep my reservation.	我会晚到，但请保留我的预订。

C

行：达人教你玩转交通

1.廉价航空不要错过

在澳大利亚旅游，乘坐飞机往往是最快捷便利的旅行方式。澳大利亚各内陆航空服务连接国内各个城市、乡镇中心及度假地点。澳大利亚的国内航线由澳大利亚航空公司（Qantas，www.quantas.com）和安捷航空公司（Ansett），还有其子公司经营。其中澳大利亚航空是澳大利亚最大的国际和国内航空公司，拥有可靠、安全、先进技术及优质服务。此外，在澳大利亚各大城市都有国际和国内机场。

澳大利亚国内航班价格、服务及航线通常没有什么差别。假如提前20来天预订机票的话，可以享受价格优惠。在圣诞节和复活节之后，澳大利亚处于旅游淡季时期，此时机票会有很多优惠。一般乘坐国内航线只需用机票换取登机卡即可，其余无需任何证件。

澳大利亚国内航空公司提供多种额外的价格优惠，还有一些提供膳食住宿套票。其中澳大利亚航空公司的Visit Australia Pass套票，适用于来自澳大利亚之外的游客，主要连接其他国际航空公司以及澳大利亚航空公司国内航线。可在出发前或抵达后凭借国际机票购买这种套票，不过一定要查明相关的旅游时限、停留日期以及起飞前购买通行套票的规定。

澳大利亚廉价航空公司推荐		
航空公司	电话	网址
Jetstar	131538	www.jetstar.com.au
Virgin blue	136789	www.virginblue.com.au
Qantas	131313	www.qantas.com.au
Regional express	131713	www.regionalexpress.com.au
Skytrans	1300759872	www.skytrans.com.au

2.长途汽车选“灰狗”

澳大利亚的公共汽车服务十分发达，大部分车上都有中央空调、电视，且价格便宜。澳大利亚的城市里都会设有很多正规的汽车站台，在一些小城镇，站点一般都设在邮局、商店或者报亭旁边。澳大利亚灰狗公司(Greyhound Australia)提供全国性的车站网络，查询具体信息可登录网站www.greyhound.com.au，电话131499。

在澳大利亚乘车，办一张灰狗通票是比较划算的。灰狗通票包括：澳大利亚里程通票及其澳大利亚探索通票。

澳大利亚里程通票是最为方便与实惠的一种通票，需要至少提前一天电话预订座位。你可以购买指定的里程数，如2000千米起（340澳元），至多可购买20000千米（2450澳元)的里程。通票有效期为一年，期间你可去任何地方，随意停留，十分灵活。

澳大利亚探索通票主要提供了23种固定线路，个别热门通票期限从1～12月不等，其有效期由路线距离决定。同时，路程是固定的，不可原路返回。一些热门探索通票：

热门探索通票		
名称	价格	路线
AUSSI观光通票（Highlights pass）	1600澳元	从悉尼出发，可到墨尔本、阿德莱德、库伯佩迪、爱丽丝泉、达尔文市、凯恩斯、布里斯班等城市，并可前往乌鲁鲁、卡塔丘塔和卡卡杜国家公园
珊瑚礁石通票（Aussie Reef&Rock）	1220澳元	从悉尼出发，途经凯恩斯、达尔文市、卡卡杜，最后到达爱丽丝泉和乌鲁鲁
北角探索通票（顶端地区EXPLORER）	555澳元	途经凯恩斯到达达尔文市和卡卡杜
西部探索通票(western Explorer)	740澳元	从珀斯到达达尔文市

3.坐火车就用铁路套票

澳大利亚火车连接着各主要城市，火车是澳大利亚十分重要的交通工具。想要长途旅行，购买火车套票不仅价格合理，并且可以灵活使用。在澳大利亚，主要提供三种超值套票可供旅客选择。

澳大利亚铁路套票（Austrail Pass），有14、21、30、60和90天数种，可在有效时间内无限次搭乘任何火车。其中14天的经济座是485澳元。

澳大利亚铁路纵横套票(Austrail Flexipess)，有60天内乘坐任何火车、90天内乘坐任何火车数种。其中60天的经济座是400澳元。

袋鼠路和火车套票(Kangaroo Road Rail Pass)，有14、21、28、60和90天数种，可在有效期内无限次搭乘任何火车和澳大利亚长途汽车公司(Australian Coachlines)的任何汽车。

4.在澳大利亚自驾要当心

假如你打算在澳大利亚做长时间的旅行，那么租车是很划算的，在澳大利亚的国内、国际机场内都有租车服务中心。租车分为限制和不限制千米数两种方式，在选择租车公司时最好选择信誉好的公司。推荐一个租车比较网站：www.vroomvroomvroom.com.au，你可以通过这个网站对几家大型的租车公司进行比较，然后根据自身需要预订最符合需求的车。

在澳大利亚租车自驾之前，需准备护照、驾驶执照、英文版的中国驾照公证书及信用卡。在澳大利亚开车，要注意的是“右舵左行”，也就是驾驶座在右侧，车辆靠左行驶。大多数州限速一般为100千米/小时，各州不尽相同，在主要路段上一定要仔细留意路旁的限速标志。如见到“STOP”的停止标志，一定要将车完全停住。此外，进入环岛的车，一定要让已经在环岛上的车先行。

在日出前和日落时，要开车前灯。在北部和西部地区的路上常常会有各种动物出现，如牛、马、袋鼠等，在这些地区一定要小心行驶，尤其是在夜间，尽量不要行驶。假如汽车抛锚，应及时联络汽车出租公司，由公司安排服务人员到现场修理。此外，多数的加油站也能提供一些帮助，或至少告诉你最近的维修中心在哪里。高速公路旁的加油站、汽车旅馆、农场旅馆都可以为汽车加油，每升汽油价格为1.5澳元左右。假如你的车上没有GPS，可以去澳大利亚各大书店买一本澳大利亚地图，以防迷路。

澳大利亚租车公司推荐		
出租车公司	电话	网址
Europcar	1300131390	www.europcar.com.au
Budget	03–93386955	www.budget.com.au
Thrifty	03–93301522	www.thrifty.com.au
Alvis	03–93381800	www.avis.com.au
Hertz	03–93384044	www.hertz.com.au

澳大利亚交通常用英语

英文	中文
Is there an airport bus to the city ?	这里有从机场去市中心的巴士吗?
Where is the bus stop (taxi stand) ?	巴士车站在哪里?
How much does it cost to the city centre by taxi ?	乘计程车到市中心需要多少钱?
May I have a city map ?	请给我一张市区地图?
Take me to this address, please.	请拉我去这个地址。
How long does it take to go to the city centre ?	到市中心需要多长时间?
Stop here, please.	请停下来。
What time does it leave ?	几点发车?
Where can I get a ticket ?	在哪里卖票?
Could you tell me when we get there ?	请问几点能够到达那里。

游：独家探访看这里

1.国家公园游览价值高

澳大利亚有丰富的自然景观和动植物品种，从很久以前，澳大利亚人工建造的公园及其自然风景保护区就受到世人关注。自1879年古老的皇家国家公园建成之后，澳大利亚各个州区也相继建设国家公园。

近200年来，澳大利亚为了保护日益被损坏的环境，积极建立国家公园和自然保护区。到20世纪末，已建有国家公园600多处，此外，还有许多自然遗迹保护地、天然动物园等。那么，当你踏上这个充满野性的国度时，那些具有异国风情，且韵味独特的国家公园自然不能错过。

国家公园推荐		
名称	方位	价值
皇家国家公园	新南威尔士州悉尼	保护完整的森林植被，珍贵的历史陈列馆
巴林顿高原国家公园	新南威尔士州悉尼猎人谷	生态系统完整，动植物繁多，还有部分世界上濒临灭绝的动物
卡卡杜国家公园	北领地达尔文东部	保存着2万年前的山崖洞穴的原始壁画，是世界文化遗产之一
乌鲁鲁国家公园	北领地爱丽丝泉	绝妙的艾尔斯岩，丰富的原住民文化
卡尔巴里国家公园	西澳大利亚州珀斯	峡谷、悬崖、蜿蜒河流和白色海滩是园中的四绝
塔拉保佳国家公园	维多利亚州的东部	世界上最好的原始寒温带雨林，葱葱郁郁的雨林，动植物种类繁多
可西欧斯可国家公园	新南威尔士州东南部	澳大利亚最大的国家公园，有高山气候和高山植物群，生长着很多罕见的或濒危的动植物
福琳德斯凯斯国家公园	南澳大利亚阿德莱德南部	这里有数不完的企鹅、海狗，以及特有的澳大利亚海狮、考拉、袋鼠，还有巨大的花岗岩石群

2.海洋风光超级美

澳大利亚是一个被海洋宠溺的地方，它的美与生俱来，它的海洋风光让人心心念念。暖暖的阳光、宽阔的海滩、绝美的大堡礁、迷人的黄金海岸……有着让人难以抗拒的诱惑。试想一下，躺在碧波沙滩之上，看一看斑斓的颜色，嗅一嗅阳光的味道，晒一晒日光浴，该是多么的惬意。

来到澳大利亚，只需到海边沙滩上走走，几乎就可以全方位饱览澳大利亚各大秀美港口的壮丽景色。对于海洋的神奇探索，你还可以加入到海豚畅游的集体活动中去，在广阔的海洋中，跟海豚嬉戏，只是想想心里都会觉得美滋滋。

海洋风光推荐		
名称	方位	吸睛点
费沙岛（Fraser Island）	昆士兰州北部沿岸	沙丘、森林、淡水湖、观鲸
海曼岛（Hayman Island）	昆士兰州圣灵群岛北部	蜜月胜地、热带鱼、大堡礁
白色天堂海滩（Whiteheaven Beach）	昆士兰州圣灵群岛	红树林、白沙滩
摩顿岛（Moreton Island）	昆士兰州东南海岸	野生海豚、钓鱼、潜水、观鲸
袋鼠岛（Kangaroo Island）	圣文森特海湾入口	看企鹅、观海狮，钓鱼、潜水
豪勋爵群岛（Lord Howe Island Group）	新南威尔士州	珍稀物种、世界上最南端的珊瑚礁、游泳爱好者的天堂
黄金海岸（Gold Coast）	澳大利亚东部海岸中段、布里斯班以南	金色沙滩、冲浪乐园
日落海岸（Sunset Coast）	西澳大利亚珀斯郊区	澳大利亚欣赏日落的最佳地点
酒杯湾（Wineglass Bay）	塔斯马尼亚州东海岸的弗雷西内国家公园内	游泳、潜水、橡皮艇、划船、钓鱼
拜伦湾 (Byron Bay)	新南威尔士州北海岸的北端	沙滩、灯塔、冲浪胜地

3.探险家的乐园

凭借着幅员辽阔和独特的地理环境，澳大利亚的许多地方都成为了探险家的乐园。

在澳大利亚，你可从凯恩斯出发到另一端的布鲁姆，沿着广袤的大草原进行一场穿越澳大利亚北部之旅；还可以沿探险者公路，从阿德莱德经由澳大利亚红色中部地区，抵达达尔文，由南向北横穿整个大陆；也可以顺着南澳大利亚环线，攀登维佩纳凹地边缘，并徒步游览希臣径。另外，还可驾驶四驱越野车，沿吉布河路，探索广袤的金伯利，来一场刺激的公路之旅。

澳大利亚适合探险的线路实在是太多了，无论你选择哪条探险路线，都会享受到刺激与欢乐，也将会有与众不同的收获。

探险路线推荐		
路线	途经区域	特色
红土中心之路	达尔文—乌鲁鲁—卡塔曲塔国家公园	可领略到文化、自然奇观，以及瑰丽的内陆地貌和色彩
大草原路线	达尔文—布鲁姆	可看看古老的棕榈树，以及在峡谷中晒太阳的鳄鱼，此外还有许多观鸟机会
南澳大利亚环线	阿德莱德—弗林德斯山脉— 阿德莱德—袋鼠岛	这条路线由两个小型的环线组成，包括南澳大利亚最为著名的景点
大自然路线	达尔文—利奇菲尔德国家公园	瀑布、淘金点遍布，还有古老的野生动植物，也可探索原住民文化

4.原住民文化景观惊喜多

澳大利亚拥有十分悠久的原住民文化，可追溯到5万年以前。在澳大利亚，你可以很轻易地触碰那世界最古老的文化，这里的原住民文化景观一直吸引着人们的目光。当你沉浸于澳大利亚原住民文化时，将会收获无限惊喜。

在澳大利亚中部的北领地是原住民历史悠久的地方。假如你想领略澳大利亚古老的原住民文化，可以驱车到澳大利亚中部大陆，沿南澳大利亚环路，穿越高山，欣赏原住民的岩画艺术，并聆听阿登亚玛森哈人的创世故事。假如你有兴趣的话，还可沿着大南方旅游路线，驱车前往维多利亚的格兰平地区，那里拥有60多处岩画艺术遗址。当然你还可以选择自然之路，前往卡卡杜国家公园参观富有浓厚特色的岩画艺廊。

原住民文化景观推荐

名称	方位	特色
乌鲁鲁	北领地	了解岩石和周边土地对于阿南古（Anangu）原住民的精神意义，聆听古老的传奇故事
卡塔丘塔	北领地	国家公园中仍居住有土著居民群体，卡塔丘塔是土著人的神山，有着比乌鲁鲁更为神秘的气息
爱丽丝泉	北领地	原住民文化中心，原住民艺术与文化丰富，居住着阿伦特人，可观赏当地原住民艺术家的作品
吉普斯兰岛	维多利亚州	了解原住民的丰富历史，追踪古老的原住民贸易路线。观赏当地原住民用传统方法制作成的篮子、长矛、盾牌和独木舟。
克拉克岛	新南威尔士州	参观岩刻和古老的原住民定居点，观看传统的原住民欢迎仪式

澳大利亚旅游常用英语

英文	中文
Where is the tourist information office?	在哪里有旅游信息中心?
Could you tell me some interesting places in this town?	能告诉我这个小镇上一些好玩的地方吗?
Can I buy a ticket here?	我能在这买票吗?
How can I get to the cathedral?	我怎么去大教堂?
Can I have a tour brochure?	能给我一个观光册子吗?
Do you have a night tour?	有晚上的观光吗?
Are there any sightseeing boats?	这有观光船吗?

E

购：只选对的不买贵的

1.这些东西在澳大利亚很便宜

来澳大利亚旅行，肯定要买些纪念品或当地特产，以赠送亲友或留作纪念。澳大利亚被称为购物者的天堂，一些国外游客常常会抱着“血拼”的态度前往，在面对琳琅满目的商品时，如果能有一个明确的选择态度，将很容易找到心仪而划算的物品。

比如，澳大利亚产的羊脂护肤品，性价比较高，便宜且好用，约10澳元一瓶。品种多样的绵羊油也不错，可以多买一些，方便送人。其他如Jurlique、Aesop 等澳大利亚首屈一指的品牌，都是十分好用的，值得购买。

除了护肤美容产品，那些土著工艺品更是不容错过，推荐土著绘画、飞去来器（也称回力刀、回力镖）、迪吉里杜管等，这些都是难得的工艺品，可以买一些回去。

澳大利亚的巧克力味道很好，虽然包装不及欧洲的一些品牌巧克力，不过味道好，并且价钱相对便宜，花样也很多，可以买回去尝尝。

另外，还可以购买一些澳大利亚品牌的服饰，如Country Rd、Covers、Robert Buton、Cada Zampatti、Jag和Adele Palmer等。

2.买名牌去免税店

想购买一些名牌商品，如香水、化妆品时，建议去免税店购买，因为在免税店购物可获得退税，这样就比在专卖店、百货商店买实惠多了。免税店有两种，一种是“DUTY FREE SHOP”，这是免除海关税和消费税的免税店。另一种名为“TAX FREE ”的免税店，只免除消费税。

澳大利亚的免税店不仅可以看到各种世界顶尖名牌，如迪奥（Dior）、娇兰（Guerlain）、香奈尔（Chanel）、雅诗兰黛（Estee Lauder）、倩碧（Clinique）、兰蔻（Lancome）、娇韵诗（CLARINS）等，还会有很多澳大利亚当地品牌，如UGG、Aesop、Jurlique等，不妨根据自己的需要将自己心仪的名牌产品“一网打尽”。

在免税店购物，应出示护照和国际航班的机票。如果你在离境前一个月以内从一家免税店购

买了300澳元及以上的商品，你所购得的物品将会列在一张标有税款的发票上，你便可得到退税。如果从国际机场离境，你可以领取现金退税或支票退税。在澳大利亚购物退税的步骤如下：游客出境时在海关出示购买的物品、商店开的退税单、护照及国际航班的登机证，经海关盖章确认后在机场退税服务台办理现金退税或支票退税。需要注意的是，机场在飞机起飞前的30分钟停止办理退税。

3.购物时间有讲究

在“购物天堂”澳大利亚，通常都市里都有大型的购物中心、名店街和跳蚤市场等，各种商品琳琅满目。不过在澳大利亚购物，时间一定要把握好。一般百货商店营业时间为9:00～18:00（节假日关门），市区免税店时间为10:00～18:00（全年营业），机场免税店时间为6:30～24:00（全年营业），商店时间为9:00～18:00（周日、节假日关门），跳蚤市场时间为8:00～16:00（周一、周三和节假日关门）。

除了对时间的关注，购物的时段也有讲究。在澳大利亚，当地人都喜欢在周四和节礼日购物。澳大利亚是周薪制，每周四发薪水，发薪日商店会延迟关门时间，而许多透支消费的当地人到周二钱就花完了，所以电影院在周二还经常打折半价。而在节礼日，人们会更加疯狂地购物。

4.多看看折扣购物网站信息

在澳大利亚购物，既刺激又享受，令人兴奋不已。有些购物网站是不可错过的，这里不仅有各种各样的产品信息，还能下载到折扣优惠券，既能买到心爱之物，又能节省不少银子，实在是一大快事。

5.跳蚤市场乐趣多

如果你希望在短期内了解当地人的生活，就要找机会到当地的特色市场跳蚤市场走走看看。在这些市场里，你不仅可以看到琳琅满目令人惊喜的各种小玩意，同时也可感受到街头

澳大利亚常用的购物优惠网站	
网站	作用
www.whypayfullprice.com.au	澳大利亚最大的折扣券下载网站，折扣卷打印出来之后就可以使用了
topbargains.com.au	一个致力于“低价共享”的网站，收集了澳大利亚各地最优质的优惠券
tjoos.com.au	拥有众多家网店的优惠券，优惠券涵盖范围较广
whypayfullprice.com.au	澳大利亚人可在这个网站搜寻本地的优惠券，可将其下载并打印出来
www.ozbargain.com.au	非常实用的折扣、免费信息等汇总网站

音乐人、魔术师、杂技人的精湛表演带给你的意想不到的收获。

不管是在悉尼的帕迪市场、墨尔本的维多利亚女皇市场，还是布里斯班周末的露天集市，置身其中，你都能体会到那种隐藏其中的精妙之处。形形色色的摊位，摆放着各种货物，从新鲜水果、蔬菜、水产，到令人爱不释手的手工艺品、时尚饰品、古董旧物，应有尽有，在这样的地方购物，说不定在转角处就会遇到意外的惊喜。

6.无理由退货

在澳大利亚有这样一条法令，如果商品存在质量问题，或与商家当初的产品描述严重不符，消费者可以凭发票选择退货或换货。很多商家在竞争中，执行力度远比法律规定的还要强，他们向消费者保证七天无理由退货。只要你持有相关的收据，哪怕买回去的商品突然不喜欢了，甚至说不出退货的原因，商家都会无条件直接退货。更夸张的是，有些超市的新鲜蔬果都参与到退货的行列。

澳大利亚购物常用英语

英文	中文
Where is the shopping area in this town?	购物区在城镇的什么地方？
Where is the biggest shopping center?	哪有最大的购物中心？
Is there a department store around here?	附近哪有百货商店？
Is there a duty-free shop?	这有免税店吗？
What time do stores open?	什么时候商店开始营业？
Could you recommend a boutique which is popular among young people?	你能推荐我一些年轻人喜欢的流行店吗？

F

娱：娱乐也有圈

1.审查制度严

澳大利亚可谓是西方世界中新闻审查制度最为严格的国家之一，其审查制度由来已久。在澳大利亚，各州、领地与联邦政府在协商一致的基础上，早已逐步建立起了一套统一的国家分级审查体系。澳大利亚的审查制度中分五个级别，根据媒体形式不同，各自具体的级别划分有轻微差别，比如电影分级，在五个级别之外还有其他更为细致的级别。但无论什么媒体形式，只要被列入“被拒绝分级”的行列中，就意味着得到禁令——禁止播放或禁止出版。

2.侵犯他人隐私不可取

澳大利亚鼓励人们自由发表意见和看法，前提是不违反法律、不影响他人。澳大利亚却十分重视隐私问题，就算是关系非常好的朋友，在涉及个人隐私时也要十分小心。

通常，婚姻状况、宗教信仰、收入及年龄等都是不能提及的话题。当然，如果双方关系十分亲密，其中一方主动谈及自己的隐私，那就另当别论了。所以，与澳大利亚友人聊天时切勿侵犯他人隐私。

3.去酒吧要带好证件

如果想到澳大利亚的酒吧放松一下，去之前要带好自己的证件。澳大利亚法律规定年满18岁的人才可以喝酒，在很多娱乐场所，你常常会看到几个五大三粗的大汉“迎宾”，他们就是负责查验证件的。他们会对一些看起来很年轻的人不厌其烦地查看证件，防止那些不到法定年龄的人混进去，对他们造成不利影响。

4.卖酒水要有酒牌

在澳大利亚，一般的小店或超市根本不能卖酒，通常只有专卖店才有权经营。对于含酒精饮料的出售与管制，不同州也有不同的规定。若要经营酒类或卖酒的餐饮业、娱乐业，从业人员必须持有酒牌（RSA），否则是不被允许的。此外，18岁以上的成年人才能购买或饮用酒类饮料。

5.公众场合从不喧哗

在澳大利亚，不管是在街上、商场、餐馆还是电梯内，只要是公众场合，你都很难听到有人大声喧哗或者争吵。你会发现当地的人们总是笑容满面，连讲话都是低声细语。在公众场合一定要控制好自己讲话的分贝，不要大声喧哗，否则会被认为很没有礼貌，让人讨厌，哪怕是在购物或者看到一些新鲜事物时。

G

知：澳大利亚旅行必知的6大生活细节

1.给小费并无硬性规定

澳大利亚并没有支付小费的习惯，是否支付小费完全取决于个人的意愿。如果你对服务人员的服务非常满意，不妨适当地支付些小费。现在在澳大利亚付小费已越来越流行了，不过并不是对所有为你服务的人都要支付小费，比如澳大利亚的政府公务人员、警察、旅馆服务台服务人员、公共汽车司机、电影院引座员、空姐等是不收小费的。

在餐馆就餐时，一部分澳大利亚人会因为得到了良好的服务而付些小费，但通常仅限在昂贵的餐厅。小费可按消费金额的10%支付，当然，如果感觉服务特别好，也可支付更多。团体就餐时，可将小费放在一起。值得一提的是，假如你的澳大利亚朋友请你吃饭“AA制”，不但要各自付餐费，小费也要各掏一半。

另外，一些情况下也需付小费，如在旅游期间，应该支付给导游小费。澳大利亚有些华人旅行社，其中普通话或粤语导游都有，可帮助你完成半自助旅游，在旅行团中要给导游每人每天5澳元的小费。在酒吧及乘出租车时，通常也是随自己意愿付小费，很多人只是取酒时在吧台上留一些硬币零钱。对司机付小费说“不用找零了”，付给搬运工是每提一个箱子1澳元。理发、美容可支付消费金额的10%～15%。总体来说，在澳大利亚付小费不太提倡，因而不用到哪都想着要付小费。

2.宴请时准时赴约

澳大利亚人的时间观念较强，约会十分讲信用。他们有准时赴约的良好习惯，会事先联系好之后准时赴约。澳大利亚人不如德国人、美国人时间观念强，不过要比南亚和东南亚人强，他们希望访问者能准时到来，如果你迟到几分钟，他们会感到不安。因此主人请你吃饭,注意要准时到,他们喜欢守时的客人。如果你应邀到澳大利亚人家做客，可以给主人带瓶葡萄酒，给女主人带上一束鲜花。

3.酒店均不提供热开水服务

在澳大利亚，一开水龙头就可以直接生饮符合卫生饮用标准的自来水，不管是普通人家还是豪华酒店，人们的饮用水通常就是自来水。一般租用公寓式房屋，房客免付自来水费。租用独立式房屋，超出部分的自来水费由屋主和房客协商议定支付。水龙头的热水不能直接饮用，若要用热开水，可自己用热水壶烧水。

4.洗澡时将帘布拉齐

澳大利亚酒店内大多都是沐浴设施，浴缸外没有排水孔。洗澡时要把浴帘拉齐，避免水向外溢出。若溢出的水太多，流至房间把地毯弄湿，对酒店来说是一项大的损失，会要求入住的客人进行赔偿。

5.上公厕可“按图索厕”

澳大利亚的厕所服务十分完善，我们甚至可以“按图索厕”。澳大利亚的“公厕地图”十分实用，基本上把澳大利亚的公共厕所都标在了地图上，并专门收集了加油站、餐馆及购物中心的厕所情况，方便人们使用。

厕所地图还有其专门网站（www.toiletmap.gov.au），只要登录网站，不管你想要查找哪个地区甚至某个公园附近的公共厕所，鼠标轻轻一按就一目了然。地图上注明了厕所的位置，开放和关闭时间，是否有残疾人使用设备等相关信息。有趣的是，有一些可能要到指定地点拿钥匙才能开的厕所，在地图上都能找到注明信息。

除此之外，游客在澳大利亚也可以向当地各旅游咨询服务处或市政府、交管局等地索取纸质公厕地图，或在“公厕地图”网站复印纸质地图。

皇后码头塔

波浪岩

PART 1 去澳大利亚前

1 澳大利亚零距离

历史

澳大利亚，一个富有神奇色彩的地方，从原住民大陆到英国囚犯流放地，再到今日现代化的多元文化国家，澳大利亚算是经历了一个漫长且富有挑战性的发展历程。

· 永恒的原住民梦想

原住民已在澳大利亚独特且富有挑战性的自然环境中生活和繁衍了5万多年。据传，他们是在最后一次冰河纪（Ice Age）前后，从东南亚乘船到达澳大利亚的。待欧洲人发现这片土地时，已经有100万原住民生活在此，他们用250种语言和700种方言进行着交流。那时的原住民靠打猎和采集为生，他们已学会旅行、贸易、寻找水源和季节性土产，有时还会举行各种宗教仪式和图腾集会。当时，每个部落都与某一片特定的土地都有着割舍不断的精神联系。他们的家乡从内陆的沙漠、热带雨林到冰雪覆盖的山脉，聚居环境可谓大不相同，但他们却拥有着对永恒共同的信仰。

· 英国带来大批囚犯

1770年，库克·詹姆斯船长（Captain James Cook）第一次登上了“南方大陆”的波

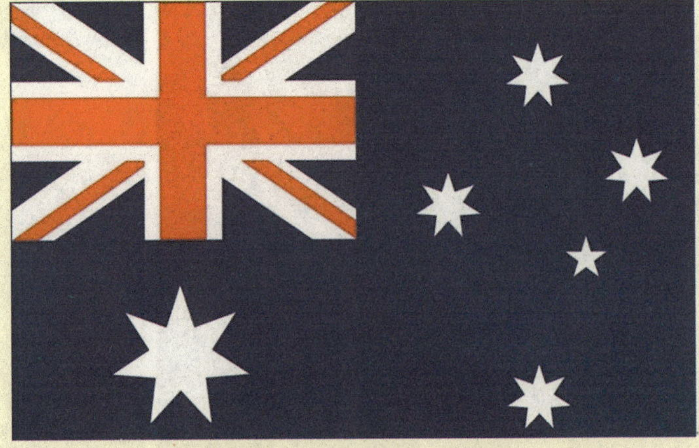

坦尼湾（Botany Bay），这是欧洲探险家发现的最后一块大陆。随后欧洲人开始正式宣称对这块南部大陆拥有主权。随着主权的确立，这里也逐渐遭受到前所未有的伤害。

1788年1月26日，由11艘船只组成的“第一舰队”（First Fleet）运载着1500人抵达悉尼港（Sydney Harbour），这些人中一半都是囚犯。随后便有无数批囚犯被运来，直到1868年流放囚犯政策结束，共有16万名囚犯来到澳大利亚。

从18世纪90年代早期起，很多自由移民开始涌入澳大利亚，不过他们的到来并没有为那些囚犯带来什么好处，相反他们的生活更加艰苦了。原住民则遭受着土地被剥夺以及外来病毒引起的疾病与死亡的双重伤害，当地传统的生活方式与习惯就这样被打破了。

· 抢占土地的人在大陆上推进

19世纪20年代，许多士兵、军官及被释放的囚犯将从政府那里得到的土地逐渐演变为自己的农场，并且经营得十分兴旺。澳大利亚的廉价土地与大量工作机会，就这样被逐渐扩大化，吸引了越来越多的英国移民。1825年，一群士兵和囚犯定居到靠近现代布里斯班的尤格拉人（Yuggera）的领地，由此开始，移民进入了现如今的珀斯、墨尔本、阿德莱德等地。

· 淘金热所带来的发展

1851年，在新南威尔士与维多利亚中部发现了金矿，这吸引了来自殖民地的大批人马、成船的中国矿工以及来自世界各地的各路艺人、酒馆老板等来到这里。随着淘金热，澳大利亚的城市也得到了飞速的发展，到19世纪80年代，墨尔本与悉尼已成为了充满时尚气息的现代化城市。

· 澳大利亚建国与发展

1901 年1月1日，澳大利亚的6个殖民地相互联结，组成了联邦国家。20世纪60年代，澳大利亚跟其他很多国家一样受到社会变革风尚的洗礼。澳大利亚新的种族多元化发展，逐渐从英国的统治中独立，并对越南战争进行抵制，营造了一种有利于政治、经济及社会变革的氛围。

现在的澳大利亚早已以一副全新的姿态生活在世人眼中，它的未来充满了机遇与挑战。

文化

澳大利亚的文化一直以来都受到世界各地人们的关注，并且存在着两种针锋相对的观点。一种观点认为，澳大利亚这么年轻的一个国家，谈不上什么民族文化；另一种观点是，澳大利亚不再是“美国的分支机构”，也摆脱了“英国前哨”的身份，澳大利亚有能力成为独特的“南方大陆”。

澳大利亚自古以来就融入了来自不同地区的移民，这也是其多元化文化形成的基础。随着时代的进步，澳大利亚文化也正日益受到世界各地文化爱好者的喜爱。了解澳大利亚古老的原住民文化和丰富的多元文化，可以更加深刻地了解这个国家的精髓。

· 土著文化

澳大利亚土著人“古利人”（KOORIS）是澳大利亚最早的居民，他们四五万年前来到澳大利亚，分散在澳大利亚全境。在欧洲人占领澳大利亚前，古利人共有500多个部落、70多万人。他们过着游牧的生活，用装了石刀的矛和飞去来器捕猎，用歌曲、舞蹈讲述澳大利亚和自己的过去。

古利人有神秘的成丁礼，他们用自己的方式把一个男孩培养成一个男人——割礼、文身、狩猎和野外生存训练、盛大的部落图腾仪式……他们认为自己的先人以神灵形式永生，认为人类是自然的一部分，与自然界其他生物密切相关；他们认为黄金时代就是祖先们塑造陆地、万物和人类的时代，黄金时代神灵的偶像，如雷公像等布满部落居住区的山崖和山洞中。

· 体育文化

虽然澳大利亚是个新生代国家，体育运动却十分发达。澳大利亚篮球、板球、曲棍球等具有国际一流水平，游泳、赛艇、自行车等项目名列前茅，并于1956年在墨尔本、2000年悉尼举办过两次奥运会。就这样，澳大利亚成为了名副其实的体育强国。

· 澳大利亚式英语文化

澳大利亚人讲的不是英语和美语，而是“澳大利亚式英语”。历史上，这里融入了无数个民族的移民，也就融入了多个民族的语言文化。在多样语言文化潜移默化的影响之下形成了如今的澳大利亚式英语。

· 户外生活文化

澳大利亚是一个海岸线绵长、海滩蜿蜒秀美之地，这为澳大利亚人进行户外活动提供了绝佳的户外活动场地。在沙滩上享受日光浴早已成为澳大利亚人的习惯，澳大利亚也因此形成了自己的户外生活文化。

· 戏剧文化

澳大利亚的戏剧经历了一个发展过程，从引进外来戏剧，到逐渐摆脱外来戏剧，再到创作具有自己民族特色的戏剧。在本地富有才华的剧作家、演员、设计师、舞蹈家、导演、音乐家的积极奉献下，澳大利亚的戏剧文化也逐步成熟起来。

经济

澳大利亚被誉为“骑在羊背上的、坐在矿车上的、手持麦穗的国家”，是世界经济最发达的国家之一。对外贸易是澳大利亚经济的重要组成部分，其农产品出口以及矿产资源出口在世界均名列前茅，金融业、商业和服务业也十分发达。澳大利亚与中国一直都保持着良好的贸易合作伙伴关系，对中国出口以金属矿砂、羊毛、原油、煤炭等为主，向中国进口主要以电脑及配件、通讯设备、玩具、家具等为主。此外，澳大利亚的旅游业在全球也享有很高的知名度，旅游正趋于火热化，越来越成为人们关注的焦点，为澳大利亚的经济做出了不可忽视的重大贡献。

地理

澳大利亚是世界上最小的大陆，也是俄罗斯、加拿大、中国、美国和巴西之后国土面积第六大的国家。人们常常称其为“岛屿”大陆。

澳大利亚分为6个州和2个领地：新南威尔士州（NewSouthWales）、维多利亚州（Victoria）、南澳大利亚州(SouthAustralia)、昆士兰州（Queensland）、西澳大利亚州(WesternAustralia)、塔斯马尼亚州（Tasmania）及首都领地堪培拉（Canberra）和北领地。

澳大利亚四面环海，被认为是世界上最孤独、同时也最安全的国家。澳大利亚按地形可分为东部山地、中部平原和西部高原三个地区。澳大利亚中部为广袤且干旱少雨的沙漠地区，相比之下大分水岭以东地区则降水充沛，是澳大利亚人口最集中的地区。在澳大利亚东北部有世界闻名的自然遗产大堡礁。无论在澳大利亚的哪座城市，你都会发现，那些高耸的摩天大楼和繁华的购物中心与雄壮的高山、广袤的海洋、清澈的河流和葱郁的丛林只有咫尺之遥。

习俗

想要更进一步地了解澳大利亚的一切，更方便地在当地旅行，了解些当地习俗是有必要的。澳大利亚人是随和的，同时也是讲究的，对于他们来说，要讲究的习俗还真不少。

·服饰礼仪

澳大利亚人的工作场合的正装是西装革履，但除非参加正式商务会谈，澳大利亚人通常穿着随意。很多当地人习惯穿衬衫、打领带、穿短裤，妇女大部分穿裙子，在社交场合则套上西装上衣。另外，澳大利亚人无论男女，大多都喜欢穿牛仔裤，他们认为穿牛仔裤方便自如。

·公共礼仪

澳大利亚人很讲究礼貌，在公共场合从来不大声喧哗；澳大利亚人从不插队，在银行、邮局、公共汽车站或买东西时都注意排队，无论有多少人在前面，都自觉等候；澳大利亚人同样讲“女士优先”；在社交场合，忌讳打哈欠，伸懒腰等小动作；不要随地吐痰，扔烟头，丢垃圾，会被罚款的。

此外，澳大利亚人喜欢与陌生人交谈，在酒吧如遇到有人主动过来和你聊天，不要害怕，这在当地是很正常的，他们只是想和你做朋友而已。千万不要驱逐小动物，更不能打鸟，澳大利亚人非常爱护小动物，鸟类更受法律保护。

·餐桌礼仪

到澳大利亚到餐厅用餐，一般都是服务员带你到指定的餐桌坐下，如吃西餐使用刀叉，吃完了将餐刀和餐叉平行放在盘子的右侧。在澳大利亚用餐，应尽量把盘子里的东西吃完，如果你剩一些，会被认为很不礼貌。

·习俗禁忌

很多澳大利亚人周日上午，会去教堂，所以在周日上午，不要约澳大利亚人去做什么。

每年12月至次年2月是澳大利亚人的休假期，如果想去澳大利亚时拜访当地人，一定要问清对方方便的时间。还有在圣诞节和复活节前后一周也不适合去拜访他们谈论工作等问题。

澳大利亚人对兔子有忌讳，认为兔子是一种不吉利的动物，人们看到兔子都会认为比较倒霉。在与他们交谈时，不要谈及这些忌讳的东西，可多谈旅行、体育运动及到澳大利亚的见闻等。

时差

澳大利亚的境内主要有三个时区：分别是东部标准时间（EST，东10区）、中部标准时间（CST）和西部标准时间（WST，东8区）。其中，中部标准时间比东部标准时间早半小时；西部标准时间与北京时间相同，比东部标准时间晚2小时。比如说当中国12:00时，澳大利亚东部时间为14:00，中部时间13:30，西部时间12:00。

在夏季，新南威尔士、维多利亚、南澳大利亚、塔斯马尼亚、澳大利亚首都领地将实行夏令时。 夏令时从10月的第一个星期日2:00开始，到次年4月的第一个星期日3:00结束。在昆士兰、北领地和西澳大利亚均不采用夏令时。

在夏令时期间，新南威尔士州、澳大利亚首都直辖区、维多利亚州、塔斯马尼亚州会比北京时间早3个小时，南澳大利亚州的时间比北京时间早2个半小时。昆士兰州的时间依然是比北京时间早2个小时。北领地的时间也依然比北京时间早1个半小时。西澳大利亚州的时间则与北京时间一样。

北京与澳大利亚时差对比					
北京时间	6:00	9:00	12:00	15:00	18:00
澳大利亚西部	6:00	9:00	12:00	15:00	18:00
澳大利亚中部	7:30	10:30	13:30	16:30	19:30
澳大利亚东部	8:00	11:00	14:00	17:00	20:00
澳大利亚夏时令时时间对比					
澳大利亚西部	6:00	9:00	12:00	15:00	18:00
澳大利亚中部	8:30	11:30	14:30	17:30	20:30
澳大利亚东部	9:00	12:00	15:00	18:00	21:00

2 出发前的准备

护照

在前往澳大利亚旅行前，首先需要准备的证件就是护照。如果你没有护照或者所持护照有效期不满6个月，就必须去办理或者更换护照。根据最新的规定，全国现在共有43个城市的外地人可以携带本人有效身份证或户口簿在当地办理外，其他城市的人则需要携带有效身份证或户口簿在本人户口所在地办理。可以就近办理护照的城市有：北京、天津、石家庄、太原、呼和浩特、沈阳、大连、长春、哈尔滨、上海、南京、杭州、宁波、合肥、福州、厦门、南昌、济南、青岛、郑州、武汉、长沙、广州、深圳、南宁、海口、重庆、成都、贵阳、昆明、西安、无锡、常州、苏州、温州、嘉兴、舟山、泉州、株洲、湘潭、珠海、东莞、佛山。

办理步骤：

1.携带本人身份证或户口簿到户口所在地派出所、公安局出入境管理部门、北京市公安局出入境管理处或者参团旅行社领取申请表。

2.填写申请表。

3.提交申请。需携带本人身份证或者户口簿相应证件，填写完整的申请表原件，彩色照片一张。

4.领取护照。北京市公安局出入境管理处受理申请后，具体审批时间为14个工作日。在领取护照时，需携带本人身份证或户口簿、领取护照回执以及200元工本费。

签证

护照办好后，就要办理签证。非澳大利亚籍或非新西兰籍的游客，必须持有澳大利亚签证才能进入澳大利亚。持有新西兰护照的游客可在抵达澳大利亚时申请签证；持有其他国家护照的游客则必须在出发前申请到澳大利亚签证。其实，只要你按照所列清单认真地准备，资料提供的齐全，签证申请表格填写的完整、准确，让签证官相信你到澳大利亚只是去旅游的，一般来说很容易签过，具体信息可查看澳大利亚大使馆网站：www.immi.gov.au。

首次申请赴澳大利亚旅行签证类别是600，这属于访客签证，适用于计划前往澳大利亚参加非工作类活动的人员。这种签证通常允许在澳大利亚停留3个月或6个月，只有在一些特殊情况下才会允许停留12个月。

需准备的材料

● **个人资料：**适用于中国公民的用英文完整填写1419 CHS表格；本人有效护照及旧护照（原件）；本人护照首页的复印件两份（含有本人信息，如名字、出生年月等）；近期护照规格照片一张，粘贴在申请表格上的相应位置；本人户口本整本复印件。

● **签证费用：**澳大利亚旅游签证申请费用为780元，不过大约每半年时间会进行一次调整，应该时刻关注澳大利亚大使馆网站。假如你是北京领区或者上海领区的申请者，还需缴纳175元签证中心服务费。

● **资金证明：**你可以提供你的存折、银行存款单、税单或工资单、房产证或其他资金和财产证明，提供复印件即可；还可以打印出你的银行流水账，然后准备好信用卡的明细单以及信用额度证明；也可以让你的朋友或亲戚提供经济资助的证明。

● **工作或在读证明：**你要提供自己工作单位的准假信，信上还要注明你的职位和月薪、在职时间以及公司的准假证明，还要写上公司签发准假信的人员的姓名和联系方式。如果你是私营业主，只要提供营业执照的复印件即可。学生提供在读证明就可以了。

递交申请

签证申请可在澳大利亚签证申请中心递交，也可亲自递交，还能通过快递公司邮寄。关于签证申请的递交地点可参考www.china.embassy.gov.au。需注意，在申请或者获得澳大利亚签证前，应确保申请正确的签证类型、明确签证申请的具体要求、了解在澳大利亚期间的义务等。申请人在签证处递交申请时，应同时填写EMS快件单并支付快递费，以便签证处在审核后通过EMS将护照等寄回，所有邮寄过来的申请、护照都将以挂号信的方式寄回，请不要在申请中夹寄现金。

旅游达人游玩攻略

在签证时应提供电子邮件，以确保与你及时联系；除了护照原件外，不要递交任何文件的原件；保存一份护照首页的复印件，健康检查时备用；中文文件附上英文翻译件。

从2013年3月23日起，前往澳大利亚的一些签证申请类别已被取消。符合申请资格的申请人，可选择申请下列新的五种签证类别中的一种：临时工作签证（短期停留活动）（400类别）；访客签证（600类别）；电子旅行许可（601类别）；医疗签证（602类别）；电子访客签证（651类别）。

费用

澳大利亚的消费水平较高，所以游客最好做好预算，对澳大利亚的出行做一个大致的规划。如果你的资金不是很宽裕，更应该制定自己相应的旅行计划。尤其悉尼、墨尔本、黄金海岸等大城市以及著名旅游景点消费会相对更高一些。因此，在旅行之前，应对各种花销做好预算，并大致列下自己每一项开销计划花费的费用，对自己旅行有个把握。总体来说，外出旅行的主要花费包括交通费、住宿费、观光费、饮食费等。

交通费用

在澳大利亚旅行，最大的开支是交通费用。中档的交通旅行费用为每天90～110澳元 ，就算节省的话旅行费用也在50～65澳元。游客可选择市内较为便捷的公共交通工具，以悉尼为例，每天的交通费用在35澳元左右，假如是去较为偏远的郊外，费用会更高一些。也可以选择自驾，在澳大利亚，每升汽油价格一般为1.5澳元。

饮食费用

在澳大利亚就餐一般花销也不少，每人每餐较为简单的食物为5～10澳元，中等水平的为10～25澳元，高档点的25～60澳元，还有更贵的，丰简不等。不过澳大利亚的超市里的牛奶、面包、鱼等基本的食物还是很便宜的，通常会比国内的便宜。

住宿费用

在澳大利亚，中档的公寓式酒店为80～150澳元，比较高档的星级酒店为150～300澳元，还有一些高档的五星级酒店在300澳元以上。通常情况下，选择经济型的酒店、青年旅舍、床位加早餐（Bed&Breakfast）的家庭小旅馆比较划算，价格低的有20～50澳元一晚，条件较好点的在55～85澳元。在周末和节假日，澳大利亚的住宿价格会有不同幅度的增长，淡季会有很大的折扣，这也应该考虑到。

其他费用

在澳大利亚旅游，娱乐费用以及购物费用是不可避免的。一场电影票价平均约18澳元。更多的花费要数花在购买纪念品或特产上，一件纪念T恤在30澳元左右，明信片约2澳元。所以，购物预算一定要做好。

机票

前往澳大利亚旅行，提前订机票有折扣，越早订折扣越低，通常以至少提前一个月订机票为好。建议选择在淡季出行，此时机票价格优惠会比较多。值得一提的是，转机会比直飞便宜，只是需要多花费一些时间。可在网络上多查看一些信息，多找几家航空公司比较。如果需要转机的话，需要至少留出4个小时的时间，以免飞机误点带来麻烦。推荐全球低价航空公司（网站：www.attitudetravel.com），在该网站找出想要去的国家及区域，就可以搜

航空公司推荐

名称	网址
南方航空	www.csair.com
新加坡航空	www.singaporeair.com
酷航	www.flyscoot.com
亚洲航空	www.yahang.org
捷星航空	www.jetstar.com
大韩航空	www.koreanair.com
文莱航空	www.bruneiair.com
非凡航空	www.flyvivamacau.com

索到那里的低价航空公司，然后根据自己的需要点选进入，即可获得各家的航线和特惠信息。

旅游达人游玩攻略

尽量在入境前买好澳大利亚境内的飞机票，尽量早买，会有更多优惠和特价机票；在用非澳币信用卡进行网上支付时，通常会额外收取手续费，想要省却手续费则可在中行或者是平安银行办张澳币的信用卡；网上订票会收取手续费，最低廉的票价不能退票，修改机票也要另付钱，因而在网上订票时要看清楚。

行李

去澳大利亚旅行，不仅要将具体行程准备就绪，还要将行李准备好。稍有不慎，就会让旅行多很多麻烦。

·证件

护照、身份证、证件复印件，以及2寸证件照2张，以方便证件遗失时补办。未满16周岁无身份证的游者若是想在国内转机，需带户口本。

·衣物类

澳大利亚位于南半球，季节与中国冬夏对应，所以，如果在冬、夏两季出发，要带好换季的衣服。澳大利亚四季温和，昼夜温差较大。在六月至八月冬季期间，需带一些毛衣、外套等稍厚的衣物，其他季节携带清凉夏装即可，应携带一件薄外衣，以备早晚及在空调房间、车内穿用。在一些正式场合不可穿拖鞋、短裤短裙、无袖上衣等，看自己是否需要携带正式一点的衣服。澳大利亚有很多美丽的沿海城市，参加海边游玩项目的别忘了携带泳衣、泳帽、泳镜、游泳圈等。鞋类，应选用轻便合脚、适宜行走的。

·日常生活用品

澳大利亚的酒店一般不提供一次性的毛巾、牙刷、牙膏、洗发液等日常生活用品，需要自备。去澳大利亚只需要携带些温和的护肤品，并适当做好防晒。

·药物类

可视自己情况准备一些常用药及紧急医疗用品，以备不时之需。可携带适量医生处方药（非麻醉剂）入境，不过药物必须贴上相应的标签，并能明显辨认。假如需携带大量药物，应该向海关或澳大利亚医生出示相应的医生证明，并且药物需放在行李中。

·其他物品

相机、摄像机、电池、充电器等需携带好。此外，澳大利亚不流通人民币，在出国前需将人民币兑换为澳元；在澳大利亚购物时，大商店多可刷银联标准卡、MasterCard、VISA卡。

电话

在澳大利亚，随处可见售卖国际电话卡的便利店，你可直接购买可打回亚洲的电话卡。通常一张电话卡为10澳元或50澳元。有了电话卡，便可在任何公共电话或私人座机上使用。澳大利亚有的公用电话可以使用信用卡进行消费。假如不想买卡，可直接到所住的旅馆内拨打电话。在拨打电话之前，需向柜台询问清楚价钱。

在澳大利亚，国内使用座机本地呼叫的话，收费15～30澳分，公用电话本地呼叫收费50澳分，没有通话时间限制。如果手机本地呼叫，收费会贵一点，并且通话时间有限制。如果是长途电话，要加上区号。

· 国际电话

从澳大利亚打电话到中国

拨打固定电话：国际字冠00+中国的国家代码86+城市区号（前边有0需去掉）+号码，如拨打北京（区号010）座机号：12345678，方法为：00861012345678。

拨打手机：国际字冠00+中国的国家代码86+号码，如拨打北京（区号010）手机号：13123456789，方法为：008613123456789。

从中国打电话到澳大利亚

拨打固定电话：国际字冠00+澳大利亚的国家代码61+城市区号（前边有0需去掉）+号码，如拨打悉尼（区号02）电话：12345678，方法为：0061212345678。

拨打手机：国际字冠00+澳大利亚的国家代码61+号码，如拨打手机号：0412345678，方法为：0061412345678。

· 澳大利亚国内电话互打

在澳大利亚国内打电话与在中国国内打电话一样，假如你是从悉尼打到墨尔本，需要先加上墨尔本的区号（03），然后再拨打电话号码。假如是悉尼本市区互打，直接拨打号码就可以。

保险

出境旅游，最好在出国前投保一份旅游保险，涵盖范围应包括物品偷窃和遗失、意外事故以及健康等各种问题。假如想要参加一些探险活动，如潜水、丛林漫步或在偏远地区旅游，就一定要仔细检查保单中是否包含这些项目。办好保险后，还要随身携带旅游保险单的详细资料和紧急联系电话。

很多人对旅游保险不重视，常常只为应付签证官才投保，其实旅游保险在很大程度上关系到你出行旅游的意外保障。无论是财物被盗，还是交通事故，都会给旅行带来很严重的影响。因此，为保险起见，在出行之前应考虑购买一份包括意外和紧急救援医疗双重保障的境外旅行险。在购买保险时，应充分考虑购买保险的保障期限，应根据自己的旅游行程，来确定相应的保额和天数进行投保。

除此之外，要认真了解紧急救援服务的内容，以及该境外救援公司在全世界的机构的网点情况，还有在澳大利亚的服务状况等。一定要确保购买的保险符合澳大利亚方面的要求。最后，一定要看清楚责任免除条款，所谓的责任免除，就是发生了责任免除的项目，保险公司将不承担赔偿责任。总之，要考虑得尽可能全面周到，以保证自己的利益。

入境检查

在入境领取行李之前，每位旅客都应向海关人员出示护照以及提前填写完整的入境卡，并回答海关人员的问题，如“来澳大利亚的目的？”，“计划停留多久？”等。你只需如实回答即可，假如你不懂英文或无法准确表达自己的意思，可向移民官员要求中文翻译服务。

在进入海关检查点后，需根据海关人员要求，接受行李检查。澳大利亚的入境检查是十分严格的，海关人员会检查你是否携带违禁品、受限品或应税物品以及其他危险物品。澳大利亚的海关法禁止携带毒品、类固醇、武器、枪械以及受保护的野生动植物进入。此外，一些常见物品，如新鲜或包装的食品、水果、蛋类、肉类、植物、种子、皮毛等，也是禁止携带的。若携带现金金额超过10000澳元，则需要申报。

在检查时，海关检查人员可能会询问并要求检查你包裹内部的物品，应做好准备。在旅客大厅内还可能会看到Customs and Border Protection和DAFF Biosecurity使用侦查犬搜查毒品以及其他违禁或受限物品。

更多详细信息，可访问澳大利亚政府海关及边境保护局的网站www.customs.gov.au，或者是澳大利亚检疫检查服务的网站www.daff.gov.au。

行李提取

在下飞机后，应行至Entry Control Point，并将护照和填好的入境乘客卡准备好，以接受检查。在护照和入境卡查验完后，就可到行李提取处提取行李了。

在提取托运的行李时，应核对行李上所做的标记，以免拿错。假如在提取时，遇到特殊情况，如无法拿到自己的行李时，不要着急，有可能你的行李还未到达；如果行李有损坏，或一直没有，可直接联系机场行李处。此外，一定要注意，看好自己的行李，且在过海关时不要帮任何人拿东西，一旦在你携带的行李中发现违禁品，不论行李是谁的，都是很麻烦的事。

在领取好行李后，要将行李送到行李检测区进行检测。然后会有官员检查入境卡，之后方可经过海关和检疫。

下榻酒店

在澳大利亚的任何城市都可以找到各种酒店。假如你是在到达澳大利亚之后直接寻找酒店的话，可先到当地旅游局获取相关信息，也可让他们帮助你选择合适的酒店。

澳大利亚的酒店从二星级到五星级不等，

价格也不尽相同。澳大利亚的三星级标间价格在150澳元左右/晚。如果想要住的再舒适一点，并且预算较宽裕，可以选择三星级及以上的酒店。

选择酒店，除了住宿价格，还应考虑酒店的位置。位置便利的酒店，可省下一笔不小的交通费用，还能节约不少时间。假如你行程安排得比较紧，建议在市中心或者离市中心半小时车程的地方住宿。

在澳大利亚，酒店入住时间一般为14:00，退房时间为12:00前，超时需加费用。酒店提供免费和收费电视，电话拨打外线均需收费，观看收费电视和打电话前最好先了解清楚费用情况。酒店房间内不可以吸烟，非法吸烟所造成的损失将由吸烟人全部承担，如有需求可在入住前先询问是否有吸烟房。

酒店预订网站推荐

网址	特色
www.venere.com	有各种中低档酒店可供选择，预订取消不收费
www.booking.com	可选择性很大，从经济型到高档型都有
reservations.bookhostels.com	廉价酒店预订网站，价格从低到高排列
reservations.bookhostels.com	分类细致，你可找到澳大利亚任何区域的酒店

旅游达人游玩攻略

假如是家庭和多人结伴旅行，可选择酒店式公寓；自驾游可选择家庭旅馆或汽车旅馆。家庭旅馆比较有特色，并且会提供早餐和下午茶，不过房型不多，应提前预订；背包客或者是学生游，青年旅舍最划算。此外，不推荐住青年旅舍的双人房与单人房，价格不太划算。

应急语言

英文	中文
My purse was stolen.	我的钱包被偷啦。
I left my bag in the taxi.	我把钱包忘在出租车上了。
Did you see a bag here?	你看见这里有个包吗?
Whom should I inform?	我应该告诉谁?
Where is the lost-and-found?	失物招领处在哪?
Where is the police station?	警察局在哪?
Could you help me to find it?	你能帮我找一下吗?
What's in it?	什么东西在里面?
My extra cloth and a city map.	我多余的衣物和市区地图。
We'll call you if we find it.	如果我们找到了会给你打电话
When can you let me know the result?	什么时候我能知道结果?
Where is Chinese Embassy?	中国大使馆在哪?
Could you call for a Chinese speaking staff?	能找个中文员工给我吗?
May I have a certificate of the accident, please?	可以给我这次事故的证明书吗?
Emergency!	紧急情况!
Call the police!	叫警察!
Could you take me to a hospital?	能带我去医院吗?
Please give me first aid.	请给我急救。
My blood type is A.	我是A型血。
Can I continue my trip?	我能继续我的旅行吗?
Is there a hospital near here?	这附近有医院吗?
Is there a doctor who speaks Chinese?	有会说中文的医生吗?

澳大利亚悉尼歌剧院

PART 2
到达澳大利亚后

1 在澳大利亚的游玩计划

一家人的游玩线路··

堪培拉 ➔ 悉尼

澳大利亚悉尼歌剧院

1 澳大利亚国家博物馆

这天先到堪培拉的澳大利亚国家博物馆看看，一家人首先感受一下堪培拉的文化，肯定很有趣味。然后再前往卡金顿小人国，这可是一个令孩子兴奋不已的地方，在这个童话世界里，孩子能从中找到最为纯真的乐趣。

2 悉尼水族馆—悉尼歌剧院

在悉尼这个最激动人心的地方，悉尼水族馆是一家人旅行不可错过的地方。各种海地奇观、海洋动物，不仅能让孩子充满好奇，就算是家长，也会兴奋不已。逛完悉尼水族馆，去伟大的悉尼歌剧院转转，看一场感兴趣的演出，绝对令人兴奋。

澳大利亚国家博物馆

菲利普岛 → 考验角 → 大堡礁

3 菲利普岛

这里有太多的神仙小企鹅，十分可爱。在岛东南端有个最棒的冲浪海滩，带着孩子来个冲浪训练，一定会很棒。之后到海豹岩观看可爱的小海豹表演，在与小海豹们玩乐之后，带着兴奋的余味到墨尔本，享受市里那独一无二的超级大汉堡吧。

4 考验角国家公园

这个国家公园一定是孩子们最好的自然课堂，在这里，大人可以来个大面积原始热带雨林探险，而孩子则可以趁机认识各种热带动植物，真是大开眼界。

5 大堡礁

也许大堡礁早就深深印刻在你的心中，只是在你见到它时，那份美丽却远远超出了你的想象。这个美丽的海底世界，还真是令人心动呢，一家人一起学习潜水，在海中畅游，欣赏那色彩斑斓、美丽至极的珊瑚礁，该是多美的事。

情侣族的游玩线路

悉尼歌剧院 → 悉尼海港大桥/悉尼塔 → 猎人谷葡萄酒产区

1 悉尼歌剧院

假如你想与TA一起分享悉尼最美丽的风景，就一定要去闻名世界的悉尼歌剧院。在澳大利亚湛蓝的天空下，你们互相依偎着欣赏美丽壮观的建筑，一起问候悉尼这个美丽的城市。之后，一起走进歌剧院看场戏剧表演，守候属于你们的那份只属于两个人美好记忆。

2 悉尼海港大桥与悉尼塔

来到悉尼，当然不能只是远远地看着雄壮的大桥就满足了，你应该跟自己的另一半亲自爬上大桥，感受那前所未有的高度，让悉尼的一切见证你们的爱情。在那样的高度，你们可以看到不一样的悉尼。之后在悉尼塔上的旋转餐厅用餐，晚上到悉尼达令港的IMAX 影院看场电影，享受激荡后的温馨。

3 猎人谷葡萄酒产区

猎人谷是新南威尔士州最受赞誉的葡萄酒产区，盛产甜美的赛美容与西拉葡萄酒，在这里你可与自己的另一半享受醉人的甜蜜。品上一杯西拉红酒，享受澳大利亚柔和高远的浪漫风情，没有比这更棒的事了吧！

猎人谷葡萄酒产区

→ 降灵岛 → 帕罗尼拉公园 → 棕榈湾

降灵岛

这个著名的心形岛屿，因其美丽的外表、美好的寓意当选为世界上著名的浪漫之地，众多的情侣选择到这里来见证他们的爱情。降灵岛的一切都吸引情侣驻足，晚上住在降灵岛海滩酒店，感受美极了。

降灵岛

帕罗尼拉公园

这是一个“隐秘的城堡”，美丽的热带雨林花园，典雅的古城堡遗迹，更因宫崎骏创作的《天空之城》而知名。在这里，你们就像是王子与公主，简直是童话里的浪漫。

帕罗尼拉公园

棕榈湾

绿色总是让人放松，郁郁葱葱的棕榈湾，如诗如画，如梦如幻，那份惬意，多了你们的那份感情，似乎变得更加灵动。在享受过棕榈湾的美丽景色后，晚上住在棕榈湾，再度过一个奇特的夜晚，在舒适的环境中，融入棕榈湾宁静的静谧的夜色中。

棕榈湾

背包族的游玩线路

悉尼 → 大洋路 → 朗派恩考拉保护区

1 悉尼歌剧院+悉尼海港大桥

在悉尼看看悉尼旅游名片上的建筑，感受悉尼歌剧院与悉尼海港大桥的魅力。无论什么时候，悉尼的这两个标志建筑都是那么引人注目。它们的“高傲”从不需要什么理由。

大洋路

2 大洋路

“这是最美的海边公路，最奇特景观的聚集地”，这样的赞誉赋予了大洋路与众不同的魅力。自驾大洋路，看日出与日落，绝对是最棒的体验。探索大洋路之后，回到墨尔本，找家美食之地好好犒劳一下自己吧！

3 朗派恩考拉保护区

来到广阔的澳大利亚，一定要到这个古老的考拉公园看看。与考拉亲密接触，抱着它们合个影，这将是你澳大利亚之旅最为难忘的记忆。另外，在这里你还能看到毛鼻袋熊、袋鼠等在内的80多种澳大利亚特有的动物。

→ 黄金海岸 → 道格拉斯港

4 黄金海岸

“没有黄金，胜似黄金”，由数十个美丽沙滩组成的度假胜地——黄金海岸，拥有澳大利亚最美的海滩景色。在海滩上吹吹风，在阳光下冲冲浪，在海边捉蟹尝尝鲜，感受这独一无二的空闲时光。晚上到黄金海岸附近的渔人码头餐馆(Fisherman Wharf)，品尝黄金海岸最美味的海鲜，欣赏美丽的夜景。

道格拉斯港

5 道格拉斯港

它是凯恩斯周边的一个小城，有海洋、有热带雨林，也有沙漠。你可在雨林中徒步，感受大自然的气息。在如此富有原始生态气息的道格拉斯选一家林中餐厅，享受这奢侈的生态与美味。

2 澳大利亚名片上的10大风景

艾尔斯岩

艾尔斯岩

世界上独一无二的艾尔斯巨岩，奇迹般地凸起在那荒凉无垠的平坦荒漠之中，就像是一座巍然屹立的天然丰碑，让人每每瞻望，敬佩之情都油然而生。在艾尔斯巨岩下，会有一种前所未有的敬畏感，一天当中变幻多端的颜色，更是让人有种莫名的冲动，轻轻地抚摸它，对大自然造化神奇的感叹油然而生。

大堡礁

大堡礁堪称地球最美的“装饰品”，它就像一颗闪着斑斓光芒的明珠，哪怕是站在月球上都可以遥望到它深邃的明亮。大堡礁的梦幻之美，难以用词汇来形容，也许只有当你轻轻地潜入海底，亲身触摸它时，才能真实地感受到它！

悉尼歌剧院

这是20世纪的建筑巨作，也是世界著名的表演艺术中心。这个闪耀着光芒的建筑早已镶嵌在澳大利亚明信片上，成为悉尼的象征。它不仅是一座美丽无比的建筑，更是艺术的殿堂。在这里，无论是婉转的现场音乐，，还是灵动的歌剧，都令人浮想联翩。悉尼歌剧院是一个不朽的神话。

黄金海岸
袋鼠岛海豹

黄金海岸

黄金海岸沙质松软、色黄如金，不是黄金却胜似黄金，是最佳的天然浴场。在这里，刺激的滑沙、冲浪运动让人欢呼雀跃。晒着日光浴聊聊天，再美不过了。黄沙、绿林、碧海、蓝天构成的奇特景观，让你邂逅一个完美的假日。

袋鼠岛

袋鼠岛就是一个野生动物乐园，无论是在海豹滩欣赏澳大利亚野生海豹的睡姿或嬉戏时的有趣模样，还是到福林德柴斯国家公园与野生袋鼠、树熊共同玩耍，或到海边、湖畔，遍览二百多种飞禽的足迹，都是那么富有情趣。假如是孩子，他（她）将会玩得很随性，假如是大人，一定会收获回归童年的快乐。

伯利格里芬湖

伯利格里芬湖

在堪培拉，最浪漫的地方应该是伯利格里芬湖了吧！在湖边漫步，看壮观的世界第一喷泉，在阳光的照耀下，层层水雾幻化成美丽的彩虹，甚是眩目。静静聆听钟塔传来的悠扬音乐，看美丽的黑天鹅飞过，恍然如梦。

蓝山国家公园

蓝山国家公园

从蓝山国家公园边上的瞭望塔远眺，只见黛蓝色的山岭层峦叠嶂，一直消失在天际。近望，到处都是悬崖绝壁巍然屹立；更有飞瀑急泻而下，溶于郁郁葱葱的林海之中，壮观的气势引人瞩目。在这蔚蓝的天空、缥缈的山雾之中，人也不自觉地陶醉了。

新国会大厦

新国会大厦

这是一座平易近人的建筑，集非凡的建筑艺术、工艺美术和装饰艺术于一身。这座大厦将澳大利亚独特的历史、多元的文化、国家的抱负充分展现出来。另外，新国会大厦是世界上为数不多的对外开放的国会大厦，进去看看。

波浪岩

波浪岩

大自然犹如一个任性的孩子，在澳大利亚这片神圣的土地上随意发挥，便举笔画下了浓重的一笔，鬼斧神工地制造出了那一片席卷而来如海中巨浪的波浪岩，壮观之景，简直让人惊叹。每年有大批的欧美观光客慕名而来，为的就是一睹波浪岩奇特壮观的景象。

维多利亚大洋路

蜿蜒的大洋路就是一条神奇的天堂之路，这里有宁静的海湾、葱郁的热带雨林、多样的山洞与风口，也有举世无双的十二使徒岩石柱。漫步于大洋路上，你更可以看到过去的海底沉船、种类繁多的野生动物、风景如画的小镇等。

3 意外情况的应对

证件丢失了怎么办

不管去哪里旅游，都要注意保管好自己的物品，其中最重要的当属随身携带的证件，尤其是出境旅行必要的证件，一定要保管好，并且注意提前做好备份，以防丢失。比如护照中有照片的那页、签证、飞机票等可以补办的东西，最好复印2份，一份随身携带，一份留在家里。

假如护照丢失了，就要尽快向当地警察局报案，并索取报案证明书，其中必要的内容包括报案编号、地点资料、遗失者姓名，并注明遗失的物品。在报案后，应立即向当地的中国大使馆或总领事馆申请补办。如果在丢失护照后想要将签证补贴在新护照上，那么应该向大使馆提供新护照、公安部门出具的相关报告、护照丢失经过的陈述以及与护照丢失相关的登报启示。其受理时间需要3～5天。

中国驻澳大利亚使领馆

名称	地址	电话
中国驻澳大利亚大使馆（堪培拉）	15 Coronation Dr,Yarralumla	02-62734780
中国驻悉尼总领事馆	39 Dunblane St,Camperdown	02-85958002
中国驻墨尔本总领事馆	75-77 Irving Rdt,Toorak	03-98220604
中国驻布里斯班总领事馆	Level 9,79 Adelaide St,Brisbane	07-32106509转200
中国驻珀斯总领事馆	45 Brown St, East Perth	08-92220333

生病了如何求诊

澳大利亚的公共医疗保健系统叫做国民医疗保健（Medicare），电话132331。澳大利亚政府为旅游观光者提供了必要的医护治疗。在前往澳大利亚之前投一份医疗旅游保险，为自己在澳大利亚旅游提供必要的医疗保障是必要的。更多信息，建议浏览澳大利亚官方旅行健康网站：www.deat.gov.au。

到澳大利亚旅行，肠胃不适或者因饮酒过量身体不适是很常见的问题，出行前建议带些感冒药、晕车药、肠胃药、防暑药等常用的药物。此外还可在澳大利亚当地的药店买药，不过药店基本上周末不营业。假如身体出现严重不适，向旅馆服务人员求助是很明智的。若在旅行中出现不适症状，可求助身边的人叫救护车或者前往就近的医院，澳大利亚的医院及医疗体系很完善。此外，也可拨打澳大利亚的紧急电话000。

澳大利亚主要医院信息

名称	地址	网址
Canberra Hospital	02-62442222	www.health.act.gov.au
Catholic Health Australia	02-62032777	www.cha.org.au
Sydney Adventist Hospital	02-94879111	www.sah.org.au
The Alfred	03-90762000	www.alfred.org.au
Sandringham Hospita	03-90761000	www.sandringhamhospital.org.au
Melbourne Health	03-93427000	www.mh.org.au
Holy Spirit Care Services	07-40316977	www.holyspirit.com.au
Mater Hospital	07-31638111	www.mater.org.au
St Vincent's Hospital	07-32401111	www.stvincentsbrisbane.org.au
Cairns Base Hospital	07-42260000	www.health.qld.gov.au
Ashford Hospital	08-83755222	www.ashfordhospital.org.au

马里伯勒镇政厅

百年纪念公园

PART 3

悉尼→黄金海岸→布里斯班→凯恩斯

从机场前往市区

悉尼机场（Sydney Airport，02-96679111，www.sydneyairport.com.au）是全澳大利亚最繁忙的机场，北京、上海、广州等大城市都有直飞悉尼的航班。此外，从悉尼机场出发还有到达澳大利亚境内凯恩斯、珀斯以及黄金海岸等地的直达航班。悉尼机场距离市区很近，鉴于其噪声影响，在每日23:00至次日5:00期间会停飞。

悉尼机场有T1（国际线）、T2（国内线）和T3（Qantas国内）这三座航站楼，其中T2和T3距离较近，T1距离T2、T3航站楼较远，航站楼之间都会有巴士接驳。

从机场有多种方式可到达悉尼市中心，其中最为快捷的方式是乘坐机场火车。悉尼机场火车站位于澳大利亚航空公司国内候机室

交通方式	基本信息	运营时间	费用
机场巴士（02-96669988）	机场巴士通常需提前订票	每20~30分钟一班	单程13澳元，往返22澳元
机场特快班车	有绿色和金色2种颜色，有多条线路，均为20分钟一班	5:00~23:00	单程7澳元，往返12澳元
出租车	出租车很方便，可以到任何你想到的地方	5:00~23:00	悉尼约50澳元，北悉尼约62澳元

(Qantas Domestic Terminal) 下面，可从候机室前往，在候机室外可以看到明显的指示标志。一般每10分钟便会有一班火车，约13分钟便可到达悉尼市区。

除了火车，另外还有机场巴士、出租车等均可到达市区。

乘渡轮游悉尼

悉尼渡轮（Sydney Ferries）是观赏悉尼风光最受欢迎的一种交通方式，环型码头是其主要的启程及转运站。渡轮主要前往曼丽、北悉尼、莫斯曼等地，途中可欣赏悉尼港的美丽风光。渡轮运营的时间一般从6:00~24:00。关于渡轮的具体信息可从环形码头的渡船信息办事处(Ferry Information Office，www.sydneyferries.info，周一至周六7:00~17:40，周日8:00~17:40)了解。

乘轨道交通玩悉尼

轨道交通在悉尼占有重要的地位，它包括城市铁路、城市轻轨以及单轨铁路三种。悉尼的城市铁路十分发达，是一种非常便捷的旅游交通工具。城市轻轨以及单轨列车也是重要的交通工具，随着时代的发展，更具有未来色彩的是城市轻轨。

· 城市铁路

悉尼的火车类似于北京地铁，不过它的范围更广，只要坐上火车,便可以到达悉尼各个地区,甚至可到达远郊或者墨尔本。悉尼的火车和地铁是相通的,所以它又叫城市铁路（CityRail),它既可在地上、地下走，也可在城里、城外走。

悉尼的中央火车站（Central station）设施十分齐全，是最主要的火车站，从这里可坐郊区线和城际线到达悉尼的各个地区，也可换乘Country Link长途火车，这种火车的经济型票价有时甚至比公共汽车还要便宜。

悉尼火车站内一般都设有显眼的电子显示屏,可以很容易地了解到下一班车的到站时间，也可以在车站拿一份时刻表,合理安排自己的时间。火车每5~8分钟一班。

买张悉尼套票

悉尼套票（Sydney Pass，www.sydneybuses.info）有3天、5天、7天3种，使用套票可无限次乘坐公共交通工具和部分海港渡轮，包括悉尼的所有巴士线路、城市铁路、机场特快巴士、蓝线的邦迪海滩导游巴士、红线的悉尼导游巴士，以及STA运营的三艘海港游船、公交车、渡船。可从STA办事处、火车站、Bus Transit Shop、Sydney Ferry位于环形码头和曼利码头的办事处，及机场特快巴士和Explore公共汽车的司机处购买套票。其票价如下：

天数	3天	5天	7天
成人	110澳元	145澳元	165澳元
儿童	55澳元	70澳元	80澳元
家庭	275澳元	365澳元	410澳元

· 城市轻轨

悉尼的城市轻轨（Metro Light Rail）分两个区域运营，主要穿行在中央火车站和Pyrmont之间，途经唐人街、星港城赌场、鱼市场到利雷菲尔德，每个站点均可买票。

价格	1区成人3澳元，优惠2澳元；1和2区成人4澳元，优惠3澳元；一日票成人9澳元，优惠7澳元
运行时间	24小时，其中2区的Pyrmont与Lilyfield之间的站点周日至下周四23:00停运，周五、周六到24:00停运
发车间隔	6:00～24:00为10～15分钟一班；24:00～6:00为每30分钟一班

· 单轨铁路

悉尼单轨铁路（Metro Monorail）运行线路为循环线，从港边购物中心出发，经过展览馆、中国友谊花园，到达市中心的维多利亚女王大厦、皮特街等地，然后再绕回到达令港的海扇湾码头（Cockle Bay Wharf），全程只有7站。

价格	环游一圈5澳元，一日票成人10澳元、家庭23澳元
运行时间	周一至周四7:00～22:00，周五、周六7:00～24:00，周日8:00～22:00，每天间隔3～5分钟一班
网址	www.metrotransport.com.au

乘巴士游悉尼

在悉尼，巴士是人们出行不可或缺的交通工具。特别是前往邦迪海滩、库吉等距离火车站较远的地方，乘巴士是最好的选择。乘巴士可直接在车上买票，一般上车买票往往是单程车票，不像火车可以兼返程票。关于巴士的具体信息可以参照：www.sydneybuses.info。

· 公交巴士

悉尼的公交线路众多，每条线路都有相应的时刻表，主要的站点有环形码头、Wynyard Park和铁路广场。公交车票可在报摊、汽车换乘站的商店和车上购买。乘坐公交时，要注意，以“X”标明的公交汽车路线往往是开车路线，而以“L”标明的则表示该公交站点有限，还有一些标着“PrePay”的则表示登车前需预购票。

·观光巴士

悉尼的观光巴士可分红线和蓝线两条线路，又称为悉尼观光线和海滩观光线。

线路	途经地区	运行时间
红线悉尼观光线(Sydney Explorer Bus)	悉尼歌剧院、皇家植物园、英皇十字区、岩石区等一系列著名景点	首班车8:40从环形码头出发，末班“环程旅游”17:20从环形码头出发。最后的服务为19:20送游人到环形码头
蓝线邦迪观光线(Bondi Explorer Bus)	途经悉尼最美丽的海港及海滩，从海港的海岸线到悉尼富裕的东部市郊、屈臣湾及著名的邦迪海滩等	首班车8:40从环形码头出发，末班“环程旅游”在16:15从环形码头出发。最后的服务为18:15运送游人到环形码头

乘出租车逛悉尼

在悉尼各地随处可见出租车，在标有“Taxi Stand”的地方可搭乘出租车。出租车起步价3.2澳元/千米，超过后每千米1.9澳元。假如在22:00～次日6:00乘坐，加收20%的费用。此外，过路费、过桥费等都需要乘客自己支付。假如有行李需要司机帮忙搬运，要加付小费。

推荐几家悉尼著名的出租车公司，可以电话预约：

出租车公司	电话	网址
Premier	133410	www.premierms.com.au
No Birds	02-93603622	www.nobirds.com.au
Water Taxi Combined	02-95558888	www.watertaxis.com.au

自驾车玩转悉尼

悉尼的交通十分发达，玩转悉尼可以有多种方式。如果想要在悉尼玩得随心所欲一点，自驾车是不错的选择。在悉尼，自驾游有多种不同的线路选择，每种选择都可以欣赏到意想不到的美景。你可以沿着海滨大道前行，或在海边小镇稍作停留。若到荒野中探险，四驱越野车是最好的伙伴。

在国外自驾车，驾照必不可少。驾照在国内做了包含翻译件的公证，在澳大利亚使用完全没有问题，但驾照原件必须带上，无论是提车或者碰上交警时，一般都要出示驾照。

假如你对悉尼并不是很熟悉，或者是初来乍到，最好准备一份悉尼最新的地图，那样才能更好地玩转悉尼。

悉尼市区景点

悉尼歌剧院

悉尼歌剧院

悉尼歌剧院（Sydney Opera House）不仅是座艺术的殿堂，也是悉尼文化的象征。作为全世界最大的表演艺术中心之一，悉尼歌剧院每年都会有大约3000场的表演。剧院为独特的风帆造型，优雅大气，在悉尼港湾大桥的背景衬托下，更显伟岸。剧院内部有大型的音乐厅和歌剧院，音乐厅为歌剧院最大的厅堂，它忠实地呈现了澳大利亚的建筑风格。

旅游资讯

地址：Bennelong Point，Circular Quay East，Sydney

电话：02-92507111

交通：可乘坐333、396、L94、X94路公交车，在环头下即可

门票：一般坐席60澳元，演出站席约40澳元　**开放时间：**周一至周六9:00～20:30，周日9:00～17:00。

网址：www.sydneyoperahouse.com

旅游达人游玩攻略

1.悉尼歌剧院的导览游玩时间为9:00～17:00，每半小时便有一团。另外，每天11:00和14:30有中文导览。

2.想去悉尼歌剧院看表演，最好先去悉尼歌剧院的售票处预先订位。歌剧院接受团体预订，不接受网上预订，可电话预订（02-92507700），一般需要8.5澳元的预订费。

3.远观悉尼歌剧院全景，比较好的观赏点是在悉尼港湾大桥上。16:00左右的阳光最能烘托出歌剧院的美，这时拍照最合适。另外，歌剧院门口并不是拍摄的最佳地点，与歌剧院隔水相望的皇家植物园才是拍摄歌剧院的最好的选择。

悉尼海港大桥

悉尼海港大桥（Sydney Harbour Bridge）是一座外形如“衣架”的大铁桥，它的高大伟岸注定了它不凡的地位。它是连接港口南北两岸的重要桥梁，也是展现悉尼的一个古老符号。初到悉尼，伴随着海港大桥的魅力，你便被这座迷人的城市深深迷住了。夜色之中的海港大桥俨然就是悉尼的一盏明灯，更显仪态万千。

旅游资讯

地址：Cumberland St，Sydney

电话：02-92401100

网址：www.australia.gov.au

旅游达人游玩攻略

1.假如你想充分体会海港大桥的魅力，并且有足够的时间和精力，可以攀爬海港大桥。攀桥时，相机、手机等一切硬的东西不能随身携带，还要注意做好保暖措施。

2.大桥上有车道、铁轨、自行车道及人行道，可开车、搭乘巴士或坐火车穿越大桥。而步行是感受大桥气息最好的方式，其间还可在东南方的塔楼停留，此处有一些有趣的展览，另外，爬上阶梯进入塔楼瞭望台观赏远景，也是很不错的选择，这里可以摄取港口全景。

悉尼水族馆

悉尼水族馆（Sydney Aquarium）是世界上最大、最壮观的水族馆之一，馆内拥有各式各样的澳大利亚水生生物。水族馆由玻璃隧道连接，走在隧道上可看到世界上最不可思议的海洋动物，有巨大的鲨鱼从头顶游动，离奇而美丽的儒艮慢慢在水中滑行。在馆中，还可以亲手触摸一部分海洋动物。

旅游资讯

地址：1-5 Wheat Rd，Sydney

电话：02-82517800

交通：可乘坐Monorail单轨在Darling Park Monorail Stop下车步行即到

门票：成人30澳元，儿童14澳元，家庭63澳元

开放时间：9:00～17:00

网址：www.sydneyaquarium.com.au

旅游达人游玩攻略

在悉尼水族馆官网上可在线购买悉尼水族馆单人场券，用这种方式订票可节省高达30%的门票费用。可根据自身实际情况选择具体的参观日期，还有相应的门票种类。还可以打电话（02-82517800）或者发邮件（sydneyaquarium@merlinentertainments.com.au）进行咨询。

环形码头上的海港大桥

CISCO
Next Departure

达令港

达令港（Darling Harbour）又名情人港，既是悉尼最缤纷的旅游、购物中心，也是重大会议和庆典的举办之地。达令港由港口码头、绿地流水和各种建筑群组成。这里的夜景很不错，夜色下的达令港就像是一个神秘而性感的美女，哪怕只是在这儿静静地吹吹海风，也会觉得无比惬意。随心选个酒吧、舞厅玩个通宵，该是多么洒脱的一件事。

旅游资讯

地址： City Centre，Sydney

电话： 02-92408500

交通： 可乘单轨火车 Monorail 在 Harbourside Monorail Stop站下可到

网址： www.darlingharbour.com

旅游达人游玩攻略

1.选择一个阳光明媚的周末漫步达令港是很棒的,附近经常有很多狂欢活动,以及各种展览。你也可以去距离达令港很近的中国友谊花园转转,在这里可以品尝到中国菜,还可以就近观赏中国花园。中国友谊花园除了在耶稣受难日和圣诞节关闭外，其余每天的开放时间为9:30～17:00。

2.达令港每天都会有各种不同类型的娱乐节目，除了一些大型的文化表演之外，晚上还有烟花汇演，烟花具体燃放时间可参考达令港的官网。

皇家植物园

皇家植物园（Royal Botanic Gardens）自开园以来，一直在收集世界各地的植物，逐渐形成了现今庞大的规模。园内包括宫廷花园、棕榈园、蕨类植物区、展览温室等园区，每个园区内都栽种有不同地理带的植物，让人目不暇接。植物园内同时还设有餐厅和商店。另外，这里还是观赏悉尼歌剧院、悉尼大桥的好地方。

皇家植物园

旅游资讯

地址： Mrs Macquaries Rd，Sydney

电话： 02-92318111

交通： 乘200、441等路公交车可到

开放时间： 4月至9月10:00～16:00；10月至次年3月10:00～18:00

网址： www.rbgsyd.nsw.com.au

旅游达人游玩攻略

1.沿步行道走，在皇家植物园的东北角可找到麦考利的石座椅，这里不仅仅是著名的旅游点，更重要的是它是观看悉尼歌剧院和海港大桥的最佳地点。假如你想在此处拍照，可选择清早日出之际，顺光拍摄悉尼歌剧院可以有很不错的效果；而下午是逆光，对拍照会有些不利。

2.皇家植物园中有很多大片开放的草坪，可供休息。园中还设有很多徒步线路，你可以由向导带领进行徒步游，如果累了，可选择乘无轨火车游览植物园。

岩石区

岩石区(The Rocks)是古老形象的代表之一，记载着悉尼港悠久的历史，也见证了悉尼从一个没落的殖民地发展为今日的国际大都市的曲折历程。岩石区作为悉尼最早开发的地区，有着许多经典的老屋老街，护士道、道斯角公园、欢贝尔湾等都是有名的看点。

岩石区

旅游资讯

地址： George St，Sydney

电话： 02-92408500

开放时间： 9:30～17:30

网址： www.therocks.com

旅游达人游玩攻略

1.每年7月悉尼岩石区会举行一年一度的咖啡节。节日期间，岩石区的咖啡商会以低价出售咖啡，此时就是品尝各种澳大利亚优质咖啡的绝好机会。除了咖啡，这里还汇聚了世界各地的香料。

2.岩石区有很多有趣的东西，游玩时建议请个导游。在岩石区有个悉尼游客信息中心（02-82730000），可以在那里请到导游。此外，信息中心里面还有个不错的商店，可以顺便看看。

3.岩石区周边有很多特别的小店，周末的时候可到岩石市场去逛逛，营业时间一般为10:00～17:00。周五还可以去美食家市场品尝各种美食，营业时间一般为10:00～16:00。假如你想吃些点心，建议去Swagman’s Post Courtyard Cafe，那里的咖啡和自制的蛋糕很好吃，在咖啡馆后面的小花园用餐会很不错。

新南威尔士美术馆

新南威尔士美术馆（Art Gallery of New South Wales）虽不是澳大利亚最大的美术馆，但却陈列着澳大利亚优秀的艺术作品，是澳大利亚的艺术精华所在。馆内有澳大利亚各个时期的美术作品，及世界各地从古典到现代的美术精品。

旅游资讯

地址： Art Gallery Rd，Sydney

电话： 02-92251700

开放时间： 周四至下周二10:00～17:00，周三10:00～21:00（圣诞节和耶稣受难日关闭）

网址： www.artgallery.nsw.gov.au

旅游达人游玩攻略

新南威尔士美术馆入场是免费的，每天11:00、13:00、14:00会有免费的导游讲解，每周三17:00～21:00会举行活动。每周日14:00～15:00还会举办与孩子们有关的活动，此时带孩子来玩最好不过了。

海德公园

海德公园（Hyde Park）距离悉尼市区仅几步之遥，这里曾是关押各地囚犯的地方，现已成为展示澳大利亚早期流放犯生活及实物的博物馆。公园干净而优雅，树荫下随处可见修剪得整整齐齐的草坪，是人们在慵懒的午后休息的最佳场所。园内还有很多鸽子飞来飞去，它们悠闲自得的身影，为海德公园也增添了一丝生气。

旅游资讯

地址： Elizabeth St，Sydney

电话： 02-92659333

网址： www.cityofsydney.nsw.gov.au

悉尼塔

悉尼塔

悉尼塔（Sydney Tower）为悉尼市地标性建筑，其塔楼有九层，其中一、二层是两个旋转式餐厅，三、四层是瞭望层。在瞭望层凭窗眺望，可将悉尼市内美景一览无遗。瞭望层中还有专门为游客准备的高倍望远镜，凭借它可望穿70千米内的景物。

旅游资讯

地址： Centrepoint Podium Level/100 Market St，Sydney

电话： 02-93339222

门票： 成人26澳元，儿童15澳元

开放时间： 9:00～22:30

网址： www.sydneytowereye.com.au

旅游达人游玩攻略

可选择傍晚参观悉尼塔，尤其是在太阳落山时俯瞰整个城市，会有不一样的美。塔上面的4D电影一定不要错过，通过电影可以了解澳大利亚的历史，值得一看。

悉尼周边景点

蓝山

蓝山（Blue Mountain）与悉尼市区接壤，曾被英国伊丽莎白女王二世誉为“世界上最美丽的地方”。正如其名，那一道道山脉，笼罩在芬芳的蓝色氤氲之中，那种隐含的美使得蓝山清丽脱俗。蓝山之中最著名的当数三姐妹峰，陡峭的壁崖在阳光映照下，别有一番情趣。

旅游资讯

地址： 悉尼以西约100千米处

交通： 从悉尼中央车站搭乘空调双层火车，途径Strathfield Penrith, Emu Plains等站可到达蓝山

电话： 02-47878877

旅游达人游玩攻略

1.卡通巴地区的蓝山美景世界（Scenic World）不容错过，在这里可360°观赏蓝山的美景。此外，这里还可以享受一种空前的刺激，那就是乘坐呈52°一路向下的空中缆车深入谷底，整个过程只需3分钟左右。另外，你也可乘坐横跨于山谷上方底部由透明玻璃制成的高空缆车，从脚底饱览三姐妹峰、卡巴通瀑布等蓝山美景。

2.每年6～8月份，蓝山都会举行冬日奇迹节（Winter Magic Festival），期间你可围在熊熊火堆旁尽情享用圣诞烧烤与布丁等美食。

猎人谷

猎人谷（Hunter Valley Gardens）是澳大利亚著名的旅游胜地。未到猎人谷，便嗅到了浓浓的葡萄酒香，伴随着香气，一幅幅美景映入眼帘。这里的葡萄酒产量不多，不过那高品质与好口碑却是无庸置疑的，这个美丽的葡萄酒产地，还有许多迷人的港口，为猎人谷锦上添花。

猎人谷

旅游资讯

地址： 2090 Broke Rd，Sydney

电话： 02-49984000

交通： 可乘从悉尼往返猎人谷的一日游巴士，在Cressnock、猎人谷酒乡旅游局游客服务中心或猎人谷花园下车。

开放时间： 9:00～17:00

网址： www.huntervalleygardens.com.au

邦迪海滩

邦迪海滩（Bondi Beach）是南海滩和北海滩中最受欢迎的海滩。这里环境很好，无论冬季还是夏季，到此游玩都非常舒适。每逢夏季，这里便成了晒日光浴和冲浪的绝佳地点。邦迪海滩边的街道上还有各式各样的酒吧、餐厅和咖啡馆，那股热闹劲儿完全不输于市区。

旅游资讯

地址： Queen Elizabeth Dr，Sydney

电话： 02-83623406

交通： 乘333、381、382等路公交车到Campbell Parade Opp Hall St即到

旅游达人游玩攻略

1.夏季是去邦迪海滩游玩的最佳季节，你会感觉整个悉尼的人都聚集在这里，他们晒日光浴或者冲浪，享受悠闲的夏日海滩风情。

2.邦迪有条通往库吉的徒步线路，这条线路全程都可以看到被大海侵蚀而成的砂石悬崖景观。你还可从邦迪漫步去库吉，沿途饱览太平洋的迷人风光。另外，还可站在库吉海滩（Coogee Beach）的半圆形大看台上，将全海滩美景尽收眼底。

邦迪海滩

曼利海滩

曼利海滩（Manly Beach）是悉尼人最喜爱的海滩之一，除了阳光、大海和沙滩，还有美不胜收的自然风光。这里还汇集了各种各样的购物商店和新潮精品店，以及涵盖了世界各地风味的美食街。在五光十色的霓虹灯下，品一杯咖啡，享受一下真正美味的澳大利亚美食，是一件非常惬意的事。

旅游资讯

地址： North Steyne St, Sydney

电话： 02-99761430

交通： 乘136、139路公交到Manly站下即可

网址： www.manly.nsw.gov.au

旅游达人游玩攻略

1.乘渡船前往曼利海滩是比较便捷的方式，从环形码头（Circular Quay）乘船需要约半个小时就可到达，沿途可观赏悉尼的众多美景，绝对值得一试。

2.曼利游客信息中心（02-99761430，周一至周五为9:00～17:00，周末及节假日为10:00～16:00）。该中心会提供一些有用的信息和建议，其中还包括小册子和地图。

3.在曼利海滩有很多别具特色的餐馆，推荐：

名称	地址	电话	特色
Jellyfish	5/93–95 North Steyne	02–99774555	简约澳式
Whitewater Restaurant	35 South Steyne	02–99770322	海鲜拼盘
Bower Restaurant	7 Marine Parade	02–99775451	地中海菜肴

植物学湾

植物学湾(Botany Bay)是澳大利亚新南威尔士州的小海湾，乔治河和科克河的河水源源注入湾内。植物学湾由1770年科克船长于此首登澳大利亚大陆，发现了许多新植物而得名。植物学湾一带风景如画，白色的海滩与茂盛的灌木林遥相呼应，十分美丽。

旅游资讯

地址：悉尼市区以南15千米的边缘地带

电话：02-96682000

交通：乘Eastern Suburbs and Illawarra Line火车到Cronulla下，然后换乘987公交前往

开放时间：9月至次年5月7:00～19:30，6月至8月7:00～17:30

旅游达人游玩攻略

1.在距离植物学湾2千米处有个索兰德海角（Cape Solander），每逢6 月鲸鱼迁徙时节，在那里可看到大批的鲸鱼迁徙奇景，到植物学湾国家公园探秘的朋友千万不可错过。

2.在植物学湾北边还有个奇异的Bare Island（02-92475033），这个小岛是著名电影《碟中谍2》的取景地之一，十分漂亮。

植物学湾

皇家国家公园

皇家国家公园（Royal National Park）是继美国黄石国家公园之后的世界上最早古老的国家公园。这个庞大的公园，从悉尼以南的Port Hacking港开始一直向南延伸了近20千米。皇家国家公园不仅拥有悬崖、海滩、灌木密林，还有无数的土著遗址、工艺品等。

旅游资讯

地址：Farnell Avenue, Sydney

电话：Farnell Avenue, Sydney

交通：乘坐CityRail火车至Cronulla，然后再乘Cronulla 国家公园渡轮到达Bundeena

门票：小汽车15澳元，行人和骑自行车者免费

开放时间：9:00～16:00(公园游客中心)

网址：www.environment.nsw.gov.au

旅游达人游玩攻略

1.在皇家公园中，你可选择在美丽的袋鼠溪（Kangaroo Creek）海滩上游泳，也可在伽立海滩（Garie Beach）上冲浪，不过尽量不要去Hacking River，那里的水流比较湍急，比较危险。

2.公园内最大的河流Hacking River旁边是Audley，附近长有高桉树林。这里既是观赏各种鸟类的最佳地点，同时也是公园的主要烧烤（BBQ）场所。沿着Hacking River从Audley向南有条小道，可步行也可骑自行车。假如时间充裕，推荐环绕公园东部边缘海岸徒步行走。

3.如果你想在公园内露营，可在游客中心办理露营许可，在那里你还会得到一些地图和详细信息。此外，在Audley Boat Shed（02-95454967，周一至周六为9:00～17:00，周日为9:00～17:30）还可租到划艇、独木舟、皮筏、水上摩托车和自行车等。

华特森湾

华特森湾

华特森湾（Watsons Bay）是一个宁静迷人的地方，它拥有迷人、柔软的沙滩，那细细的沙令人忍不住有种想要触摸一下的冲动。这里还有个漂亮的公园,可以野炊,是人们放松休闲的乐园。在沙滩上散步，有一种远离城市喧嚣的宁静。

旅游资讯

地址： Robertson Place

交通： 乘轮渡Eastern Suburbs到达Watsons Bay Wharf，再步行即到

旅游达人游玩攻略

1.假如你时间充裕，精力旺盛，富有探索的好奇心，可走到断崖公园,在这里能看见悉尼湾入口的美景。爬上断崖继续前行，可以远离拥挤的人群，并且大路边上有巴士前往西郊和悉尼，不用再返回去坐渡船，十分方便。

2.乘渡船前往华特森湾是不错的选择，你可从环形码头或从达令港乘船。乘渡船不仅方便快捷，常常还可以看见帆船游艇航行的壮观场面，很热闹。

3.在著名的Doyles餐馆（11 Marine Parade, 02-93371572，www.doyles.com.au) 中,临窗而坐，可以一边享受美味，一边回望悉尼城，是一个不错的用餐地和观景点。

伊丽莎白庄园

伊丽莎白庄园(Elizabeth Farm)是一个感受历史的好地方，徜徉在这个古老的花园中，可以看见很多精致的家具以及特别的饰品，还有那突兀的灌木丛，让你有在古今之间穿越的快感。这里独特的建筑特色和历史意义，是悉尼的一些现代建筑无法与之媲美的。

旅游资讯

地址： 70 Alice St

电话： 02-96359488

交通： 乘坐909 从Parramatta 离开到Alfred St Near Alice St下

门票： 成人8澳元，儿童4澳元，家庭17澳元

开放时间： 在新南威尔士州学校假期期间每天开放，周六和周日10:30～15:30

网址： www.hht.net.au

旅游达人游玩攻略

伊丽莎白庄园茶室历史气息浓厚，值得一看，不过只有周六、周日才开放，开放时间为10:30～15:00。

克雷蒙点

克雷蒙点（Cremorne Point）是海港半岛之一，其边缘还有环境优美的海滨公园。在这美丽的海港周围散步，欣赏那平静的港口和别致的房子，那感觉真是妙不可言。在这里，你会感觉自己在以一个不同的方式重访悉尼，可以收获从未有过的满足感。

旅游资讯

地址： Start at Cremorne Ferry Wharf, Milson Rd

电话： 02-924085009(游客中心)

交通： 从环形码头2号码头乘渡轮Mosman 到Cremorne Point Ferry Wharf 即可

贝壳海滩

贝壳海滩（Shelly Beach）是个环境优美的地方，它很安静，以至于很少有人关注它，假如你到曼利海滩游玩，不妨顺便来贝壳海滩看看。这个隐蔽的小海湾，拥有平静的浪、清凉的水，几乎没有大浪，简直是游泳的最佳场所。当然，如果你游泳技术欠佳，还是不要轻易尝试。

旅游资讯

地址： 38 Bower St

交通： 从曼利海滩步行即到

旅游达人游玩攻略

1.从曼丽海滩沿小路漫步到贝壳海滩,途中风景如画，还可看到一些小型航海雕塑；在贝壳海滩上游泳相对比较安全，不过也要根据自己的能力进行选择，儿童需在家长陪同下在浅水区玩，潜水者可穿过沙滩,到更深的水域里探索。

2.贝壳海滩附近的海岸上有许多餐馆，其中The Bower的咖啡屋（7 Marine Parade，02-99775451）不错。吃完饭后可到咖啡屋对面的店里淘宝，里边有许多纪念品。假如好奇心大，还可穿过停车场去曼丽景观大道探索一下。

卧龙岗

卧龙岗（wollongong）是澳大利亚著名的旅游观光城市，这里有连绵的山坡、蜿蜒的海滩、美丽的国家森林公园，是探索大自然的理想场所。置身于卧龙岗之中，静静地观赏灯塔、炮台，还有与之相映成趣的山峦、海湾与绿地，时间仿佛戛然而止，如油画一般的美景让人内心无比恬静。

旅游资讯

地址：Northfields Ave, Wollongong

交通：从Martin Place Station 乘火车South Coast Line 到wollongong Station即到

旅游达人游玩攻略

1.到卧龙岗可以乘摩托快车去参观各大旅游景点。还可以挑战刺激的高空滑翔（Hang Gliding),从山崖上一跃而起，最后落在细软的沙滩上，在玩时，一定要注意风向，记住安全是第一位的。

2.在卧龙岗游玩，有几个值得推荐的地方，如下：

景点	地址	电话	开放时间
野生动物园（Symbio Widlife Gardens)	Lawrence Hargrave Dr,Stanwell Tops	02-4294 1244	9:30～17:00
天文科技馆(Science Centre and Planetarium)	Squires Way, Fairy Meadow	02-4286 5000	10:00～16:00
南天寺(Nan Tien Temple)	180 Berkeley Rd, Berkeley	02-4272 0600	9:00～17:00

卧龙岗

悉尼美食

在悉尼，你几乎可以找到自己喜欢的各种饮食口味，当然，地道的澳大利亚风味美食是不能轻易错过的。整个澳大利亚地区畜牧业发达，悉尼不乏新鲜的牛羊肉类的美味。另外，又因悉尼为发达的沿海城市，海鲜也是一大美食亮点。澳大利亚的蔬菜鲜果品种繁多，在悉尼可一饱口福。悉尼最好的风味美食集中在中国城、岩石区、英皇十字区等地。

澳大利亚美食

· Est

来到这个餐厅，你会为它干净与优雅的环境而感叹。餐厅的招牌菜是蒸墨累鳕鱼,另外还可以品尝到西番莲果汁、冰糕等各种好吃的美味。在这里，每一口葡萄酒和每一道食物都会让你赞不绝口。

地址： Level 1, Establishment 252 George St

电话： 02-92403000

营业时间： 午餐周一至周五12:00 ～14:30，晚餐周一至周六18:00～22:00

网址： merivale.com.au

· Quay

这是一个在澳大利亚多次获奖的特色餐馆，厨师彼得·吉尔摩所创建的菜式令人肃然起敬，他的招牌甜点——雪蛋（MasterChe），在澳大利亚曾引起了轰动。那些想象力丰富的菜肴，不仅美观，更有极佳的口感。

地址： Upper Level, Overseas Passenger Terminal, Circular Quay West, The Rocks

电话： 02-92515600

营业时间： 12:00～14:30，18:00～22:00

网址： www.quay.com.au

旅游达人游玩攻略

在去之前，最好提前预订，以确保你可以选择到较好的位置，推荐预订室外阳台上的位置。在阳台上可俯瞰悉尼海港大桥和悉尼歌剧院，同样的价格却会有不同的视觉感受。可直接从网上预订，也可电话预订（02-92518683），一般复活节、圣诞节、除夕，还有公众假期等特殊节日期间，需电话预订。

· Cafe Sydney

Cafe Sydney优质的服务、安静的氛围以及高品质的标准，成为悉尼最受瞩目的餐厅之一。绝佳的视野与壮观的海港景色完美融合，品着鸡尾酒，让人可以好好享受一下现代小资生活。

地址： 5th Floor, Customs House 31 Alfred St Circular Quay
电话： 02-92518683
营业时间： 周一至周五和周日提供午餐，周六提供晚餐
网址： www.cafesydney.com

· Selah

这个餐厅全面融合了澳大利亚和新西兰的风味，并结合世界其他风味，巧妙研制出独特的美味。完美的商务午餐，再加上一个精致而轻松的用餐环境，让这里成了一处独特的品味美食、商务洽谈的佳所。

地址： 12 Loftus St
电话： 02-92470097
营业时间： 午餐12:00～15:00，至周五提供晚餐17:30 ～19:00
网址： www.selah.com.au

· China Doll

这并不是个传统的中国式餐厅，而是属于现代澳大利亚版本。餐厅里的食物有多种口味，可从酒单上随心所欲地选择你所想要的美味，这里的红酒与鸡尾酒，绝对让你心服口服。这里的服务也相当好，无论是宴会，还是小聚，都会提供贴心的、也相当好的服务，绝对让你满意而归。

地址： 4/6 Cowper Wharf Rd
电话： 02-93806744

· Rockpool Bar & Grill

这里的食物味道不错，精选的牛肉是特色，很受欢迎，若想要选择最优质的牛肉，费用会比较贵。餐厅高高的天花板令人惊叹，古朴典雅的室内装饰设计风格耐人寻味。在这里就餐，会很享受。

地址： 66 Hunter St
电话： 02-80781900
营业时间： 周一至周五提供午餐，周一至周六提供晚餐
网址： www.rockpool.com

· The Fine Food Store

这是个时尚可爱的小餐厅，服务态度十分友好、热情。在这里可享受到各种早餐，午餐会供应新鲜出炉的食品，如美味的三明治、冰淇淋，以及热腾腾的咖啡，都是很棒的食品，那口感令人赞不绝口。

地址： Kendall Lane, The Rocks
电话： 02-92521196
网址： pinterest.com

· Blackbird Cafe

这是个从早到晚一直忙碌不停的餐馆。在这里你可以尝到丰盛的意大利面，还有纽约风味的比萨。这里是一个欢快轻松的地方，是夜生活补充能量的好场所。

地址： Balcony level，o Cockle Bay Wharf St
电话： 02-92837385
网址： www.blackbirdcafe.com.au

旅游达人游玩攻略

1.周四和周五在18:00前都会供应特价19.9澳元的午餐，包括饮料和主餐，还是很划得来的；每周四17:00之后为女士之夜，此时前来的女士都会获得很多的优惠。

2.每周六晚上这里会点燃美丽的烟花，那时会看到壮丽的海港与壮观的烟花汇演，非常美丽。具体燃放时间参照饭店网址，最好提前预订观赏座位。

· The Wharf

这个餐厅的氛围简直太赞了，静静地坐在餐厅的大窗子前，可看到那伟岸的悉尼海港大桥。在如此轻松的氛围下，熏鳟鱼这道开胃菜一定不容错过。无论什么时候来到这里，都会被这里的一切所感染，在这里吃东西可是会吃得很饱哦。

地址： 2/13 Hickson Rd, Walsh Bay
电话： 02-80845770
营业时间： 12:00～23:00
网址： www.pier2.com.au

中国美食

·鼎泰丰

鼎泰丰（Din Tai Fung）的总部位于台北，这家是台北鼎泰丰全球连锁店的一家分店，在悉尼很受欢迎。当你看到排在店门口那长长的队伍时或许会有些惊讶，不过当你尝到他们的特色小笼包时，便会恍然大悟。

地址： World Square Shopping Centre，644 George St

电话： 02-92646010

营业时间： 午餐周一至周五11:30～14:30，周六和周日11:00～15:00；晚餐周一至周三17:30～21:00，周四、周五及周六17:00～22:00，周日17:00～21:00

网址： www.dintaifungaustralia.com.au

·中国面馆

中国面馆（Chinese Noodle Restaurant）具有浓烈的中国北方风味，虽然规模不大，不过食客众多。这里有除了北京以外最棒的蒸饺，非常好吃，远远闻到那香味，就足以让人垂涎欲滴。

地址： Shop 7,Prince Centre,8 Quay St

电话： 02-92819051

·烧烤王餐厅

烧烤王餐厅（B.B.Q. King Restaurant）服务周到，供应大份烧鸭、烤乳猪和其他的广东美食。在这里可以叫外卖，一般开门时间较晚，晚上打烊时间也晚，很受许多喜欢夜生活的人的欢迎。

地址： 18 Goulburn St

电话： 02-92672586

·水井坊四川酒楼

水井坊四川酒楼（Red Chilli Sichuan Restaurant）是吃川菜的好地方，每道菜都会让你感受到浓浓的川味文化，那纯正进口的四川红辣椒绝对带给你刺激的感受。这里有水井坊白酒，不过价格比较贵。

地址： 3/51 Dixon St，Haymarket

电话： 02-92118122

网址： www.redchilligroup.com.au

亚洲美食

· Longrain

这里有高品位的鸡尾酒和丰盛的食物,环境很好，性价比也比较高。梦幻般的氛围、现代化的室内装饰，还有快捷的服务，让每个前来用餐的人都有一个不同的用餐体验。

地址： 85 Commonwealth St

电话： 02-92802888

营业时间： 午餐、晚餐不同时供应。午餐周五12:00～14:30；晚餐周一至周三16:00～22:00，周四及周五16:00～23:00，周六17:30～23:00，周日17:30～22:00

网址： longrain.com

旅游达人游玩攻略

这里的晚餐接受6个人及以上的团体预订，最好在18:00～18:30到达并找好座位，以免预订被取消。另外，这里还有条件较好的私人包间，一般包房要12人或以上的团体才可预订。

· Nakashima

这是一个高水准的日本料理餐厅，这里的日本料理正宗、新鲜且美味。在高标准的服务下，你可以和朋友吃到划算的饭菜，真是十分难得!

地址： 7 Cambridge St

电话： 02-9241136

· Sailor's Thai

海港地区高价餐厅太多、太贵，不妨到这个小地方看看。这里的泰式河粉、蕉叶大虾，还有新鲜的春卷都很出色。分量足、价值高是这个餐厅的饮食特点，能在澳大利亚吃到这么划算且美味的泰国菜，真是不容易。

地址： 106 George St

电话： 02-92512466

营业时间： 午餐、晚餐不同时供应。楼下，午餐周四和周五中午12:00～14:30,晚餐：周一至周六16:00～22:00；楼上，周一至周日中午12:00～22:00

网址： sailorsthai.com.au

旅游达人游玩攻略

在这里用餐可选择楼上和楼下。其中楼上价位较高，不过比较安静，尤其是阳台更为宁静。在阳台有一张长条桌,适合社交活动,不过不太适合约会。在靠近阳台的位置，还可以看到码头的美景。相比较而言，楼下的传统点菜座位会比较便宜，不过也有些嘈杂。

· Blue Ginger

这里是大家公认的悉尼西区餐厅的典范，其高品质东南亚美食，让人印象深刻。菜中不含味精，咖喱酱为手工制作，十分美味。餐厅中最流行的菜肴有红烧五花肉、青木瓜沙拉、烤澳大利亚肺鱼鱼片等。在这里点些菜肴，再来一杯调酒师精心调制的葡萄酒，感觉真是美极了。

地址： 241 Darling St
电话： 02-98184662
网址： www.blueginger.com.au

· Pink Peppercorn

用最新鲜的熟食以及极尽完美的服务打动人心，这里无论是精致的菜肴，还是创新的东南亚美食，都令人印象深刻。该餐馆基于传统老挝和缅甸的美味，同时融合了现代美食风格，创意独特，令人回味无穷。

地址： 122 Oxford St
电话： 02-93609922
网址： www.pinkpeppercornrestaurant.com.au

意大利美食

· Pendolino

这里的环境并不是很安静，不过这并不会影响它的魅力，因为这里的食物总会物超所值。这里的生牛肉片、蘑菇馅饼都很有特色，也很美味。假如你想在悉尼尝到真正的意大利风味食物，一定不能错过这里。

地址： Shop 100-1-2, Level 2, 412-414 George St
电话： 02-92316117
网址： www.pendolino.com.au

· Hugos Manly

这里的位置很棒，服务也很周到，自始至终你都不会受到冷落，并且服务员那种贴心的服务让人挑不出任何毛病。这里人气很足，每天晚上都会有很多人前来用餐，这里的比萨很正宗，值得一尝。

地址： Manly Wharf, East Esplanade, Manly
电话： 02-81168555

· Pilu At Freshwater

来悉尼的旅行者，一定不要错过这里具有撒丁岛风格的红酒和饭菜。这个餐馆的菜品极富创新性，食物的新鲜程度和口感都很好。如果你真的想去的话,最好提前预订。

地址：On The Beach, Moore Rd, Freshwater
电话：02-99383331

· Fratelli Fresh

那些美味的食物，令人难以置信的新鲜，在悉尼，如此优质的意大利美食可不多见。餐馆中的海鲜意大利面很有特色，值得品尝。

地址：81 Macleay St, Potts Point
电话：02-93686655
网址：www.fratellifresh.com.au

印度美食

· Aki's Indian Restaurant

餐厅拥有绝佳的地理位置，鱿鱼和蟹都很不错，肉质口感嫩滑。与众不同的味道和变化多样的菜色让人食欲大增。在这里，你可以跟家人朋友拥有一个美好的夜晚，还可以预订宵夜。

地址：1/6 Cowper Wharf Rdway, Woolloomooloo
电话：02-93324600
营业时间：周六12:00以后供应午餐，周一至周日18:00以后供应晚餐
网址：www.akisindian.com.au

· Zaaffran

这里主要供应印度地方美食，菜肴十分丰富，选择多样。主厨维克兰特卡普尔曾担任新加坡著名的莱佛士酒店的主厨，操作标准很高。更赞的是，这家印度餐厅有露天阳台可俯瞰海港美景。

地址：Level 2, Harbourside Centre/10 Darling Dr, Darling Harbour
电话：02-92118900
营业时间：午餐周一至周日12:00～14:30；晚餐周日至周四18:00～22:30，周五和周六18:00～22:15
网址：www.zaaffran.com

悉尼购物

悉尼简直是一个完美的购物天堂，分布着太多的繁华商场、购物中心，在市中心，几乎每幢大楼都有地下走廊购物市场。这里既有豪华的维多利亚女王大厦，也有热闹的岩石区假日市集等。在悉尼，无论是昂贵的热门货，还是异域的廉价商品，应有尽有。悉尼市内主要的购物地集中在岩石区、达令港、乔治区、伊丽莎白街，商店的营业时间一般为周一至周五9:00～17:30，周四通常会持续到21:00。每年的圣诞节后至1月之前，以及7、8月份，是前往悉尼购买廉价商品的最佳时机。

皮特街购物中心

人气旺盛的购物大街

· 皮特街购物中心

皮特街（Pitt St）购物中心是悉尼中央商务区的心脏，也是澳大利亚最繁忙的时尚购物区。作为悉尼最知名的高档购物区，这里汇集了Myer、 David Jones等众多精品专卖店，足可以让你找到血拼的理由。

地址： Pitt St, Sydney
网址： www.pittStmall.com.au

· 牛津街

牛津街（Oxford St）是悉尼最别具风情的特色街区之一，假如你自认为是淘货的行家，那么一定不能错过这条街道。那些精美的小店，一家挨着一家，名牌时装、前卫设计、二手服饰、艺术画廊等都随处可见。甚至还有一些大型百货公司都很少见到的时尚品牌，这里是时尚的年轻人、先锋艺术家的聚集地。

· 唐人街

唐人街（Chinatown）的地理位置非常好，东面接近悉尼的豪华之城维多利亚女王大厦，西面为悉尼娱乐中心和悉尼展览中心。现在的悉尼唐人街早已远远超出街道的范围，被澳大利亚政府称为“中国城”，可见，悉尼唐人街仍然是澳大利亚华侨社区的主要聚集地。

时尚名品集中地

·维多利亚女王大厦

维多利亚女王大厦（Queen Victoria Building，简称QVB），建成于1898年，这是一座很有气场的建筑，精心制作的罗马式建筑，高贵、大气而又不失一份优雅。在这里逛一逛，可以感受一把维多利亚时代的时尚与奢华的购物体验。不用一味地购物，付出血本，仅仅是看看那些色彩斑斓的底板、线条优雅的老式楼梯与宏伟壮观的中央穹顶，也是一种很美的享受。

地址： 455 George St，Sydney
电话： 02-92656869
网址： www.qvb.com.au

维多利亚女王大厦

·大卫琼斯

大卫琼斯（David Jones）是到悉尼必逛的名品店，否则你便无法体会一百多年前此地的繁华情景。它占据了两栋大楼，一栋销售女性及儿童服装，建筑物外墙都是明星海报；另一栋则为男性用品专卖店，商品很齐全。

地址： 86-108 Castlereagh St，Sydney
电话： 02-92665544
网址： shop.davidjones.com.au

旅游达人游玩攻略

大卫琼斯百货公司每逢9月花季，便会在百货公司内举行各种主题花展，此时会看到各种缤纷盛开的花卉，吸引许多市民及游客前来参观及拍照留念，特别是挑高的大厅使这些美丽花朵更得以争奇斗艳。

·海岸百货

海岸百货（Strand Arcade）由著名的英国名建筑师设计，是悉尼最精巧华丽的商场之一。这里有许多时装店、皮具店、精品店，以及咖啡厅和餐厅。与维多利亚女皇大厦相比，海岸百货的建筑风格有其特别之处一筹，是购物的理想场所。

地址： 193/195 Pitt St，Sydney
电话： 02-92324199
营业时间： 9:00～18:00
网址： www.strandarcade.com.au

·悉尼韦斯特菲尔德商场

韦斯特菲尔德商场(Westfield Sydney）中有一系列设计华丽的高端品牌商品和昂贵的商店，假如你打算在悉尼“血拼”购物，可以在这里开始消费之旅。另外，商场的布局十分新颖，为购物提供了一个良好的环境。

地址： 188 Pitt St
电话： 02-82369200
网址： www.westfield.com.au

物美价廉的淘宝地

・帕丁顿市场

帕丁顿市场(Paddington Markets)是周末逛悉尼的好去处，在这里购物可以尽情讨价还价，从那些眼花缭乱的摊位里，一般都能找到你所感兴趣的东西。在附近的广场上还有一些杂耍艺人和流浪歌手，可以去凑凑热闹，看看表演，领略独特的异国风情。想要尽情享受一把淘宝、砍价的乐趣，这里不可错过。

地址： 395 Oxford St, Paddington
电话： 02-93312923
营业时间： 每周六9:00～17:00，冬季10:00～16:00
网址： www.paddingtonmarkets.com.au

・悉尼鱼市

悉尼鱼市（Sydney Fish Market）有各种当天捕获的海鲜出售，依据不同的捕获地点，具体价格也不尽相同。鱼市整体规模并不是很大，这里有几家比较大的店铺，基本上采用现买现做的模式，也有一些做好直接卖。这里的悉尼湾产的泥蟹，以及悉尼生蚝，都很鲜美，味道不错，价格合理，可尽情饱餐一顿。

地址： Bank St, Pyrmont
电话： 02-90041100
网址： www.sydneyfishmarket.com.au

・岩石区市场

岩石区市场（The Rocks Market）是悉尼最大的市场之一。这里有摊主自主设计的衣服和各种原创的艺术品和版画，是游客必到之地。一排排白色的帐篷之下，出售着各种独特且富有创意的手工艺品，令人眼花缭乱。此外，精彩的街头表演也是岩石区市场的一大特色。

地址： George St, The Rocks
电话： 02-92408717
营业时间： 周六、周日10:00～17:00
网址： www.therocks.com

・帕迪市场

帕迪市场（Paddy’s Markets）的商品琳琅满目，并且价格便宜。这里主要分为两部分，其中一部分为一般商品区，以手表、摆饰品等为主；另一部分则销售许多价廉物美的蔬果。逛帕迪市场，一定不能心急，尽量不要在你逛的第一家店里买东西，货比三家会更有把握。

地址： Thomas St
营业时间： 9:00～18:00
网址： www.paddysmarkets.com.au

・悉尼免税店

悉尼免税店（Sydney DFS Galleria）是澳大利亚最大的市内免税店，在这里可购买到世界及澳大利亚闻名的品牌商品，还有各式各样的澳大利亚纪念品和当地艺术品。在这里很容易就能挑到满意的商品，一定控制好自己的购买欲望。

地址： 155 George St
电话： 02-82438666
网址： www.dfsgalleria.com

悉尼娱乐

悉尼的娱乐活动丰富多彩，五花八门的娱乐方式与娱乐场所都十分吸引人。白天，你可以骑马巡游、扬帆出海，攀桥、乘游艇观光、坐热气球巡游，也可到悉尼的各大剧院欣赏一出生动的戏剧及歌舞表演。晚上，你可到酒吧、夜总会，享受一个激情澎湃的夜晚；或者看场露天电影，那感觉也很美妙。总之，无论你来自哪个国家，在悉尼，你都能激情澎湃地找到最适合自己的娱乐地点与方式来好好玩一场。

酒吧

·Opera Bar

Opera Bar就坐落在悉尼歌剧院里面，这里的档次就不用多说了。在这里，你可以一边饮酒，一边欣赏海滨美丽的风光。悉尼港、悉尼港口大桥和整个悉尼海岸线的风光就在眼前了。这里无与伦比的景色是在别的地方找不到的，不要错过了。

地址： Sydney Opera House，Sydney Harbour Tunnel，Sydney NSW2000

电话： 02-92471666

交通： 乘坐公交车在Circular Quay Railway Station下可达

网址： operabar.com.au

·The Lord Nelson

这是一个精致的小酒吧，历史悠久，现代澳大利亚风格的装饰，令人为之心动。在这里你可以品尝到一流的啤酒和食物，在整个岩石区，这样的酒吧并不多见。这里舒适、温馨，建议饮一杯啤酒，感受那份并不张扬的快乐。

地址： 19 Kent St, The Rocks

电话： 02－92514044

网址： lordnelsonbrewery.com

·Marble Bar

在悠扬的现场音乐演奏中，慢慢品味一杯鸡尾酒，用心聆听音乐，是十分美好的事情。这里可以让你彻底放松心情，投入到现场热闹的氛围中。假如你想以一种轻松的形式开始或结束你的悉尼夜晚之旅，就一定不要错过这个地方。

地址： Level B1, 488 George St

电话： 02-92662000

·Blacktown RSL Club

这里处在悉尼的繁华地带中，常常有乐队到这个俱乐部酒吧里进行现场表演，非常热闹。各种自助餐不仅种类丰富，价格也实惠，供应的烤肉价格在9.5～11.5澳元，味道十分鲜美。

地址：Second Avenue, Blacktown
电话：02-96225222
网址：www.blacktownrsl.com.au

·SOHO

这个酒吧很别致，从舒适的休息区到热闹的舞池，都可以令人很兴奋，也许你在这里可以真正地放松自我。

地址：171 Victoria St, Potts Point
电话：02-93586511
网址：sohobar.com.au

夜总会

·Home Sydney

在这里你可欣赏到壮观的美景，俯瞰美丽的达令港。完美的音响系统、各种饮料和食物，可以满足你不同的需求。假如你想要享受一下悉尼的疯狂之夜，就来这里吧。

地址：Tenancy 101 Wheat Rd, Darling Harbour
电话：02-92660600
网址：homemadesaturdays.com

·Chinese Laundry

这家夜总会在悉尼有些年头了，这个地方有点隐蔽。在这里听着各种音乐，伴随着各种嘻哈音乐舞动，也是别有情趣，大大的舞池总是活力无限。

地址：111 Sussex St
电话：02-82959999
网址：chineselaundryclub.com.au

·Arq Sydney

这是一个令人疯狂的地方，这里的人们都乐于表现自己。那巨大的舞厅、音乐厅，让人惊讶。假如你想彻底放松自己，体验一把轰轰烈烈的狂欢之夜的活力，不妨到这里来感受一下。

地址：16 Flinders St , Taylor Square
电话：02-93808700
网址：www.arqsydney.com.au

· The Basement

在这里说不定能看到你最喜爱的乐队演出，作为一个夜总会的新宠，这里非常受年轻人的欢迎。美妙的音乐、可口的食物以及丰富的娱乐活动，都很棒。

地址：7 Macquarie Place, Circular Quay
电话：02-92512797

歌剧院

· 悉尼歌剧院

悉尼歌剧院（Sydney Opera House）中的大音乐厅，常常用于举办交响乐、室内乐、歌剧流行乐、爵士乐等多种表演。这是一个美妙而高雅的地方，能让人在音乐中陶醉，被表演感染。

地址： Bennelong Point
电话： 02-92507111
营业时间： 周一至周六9:00～17:30
网址： www.sydneyoperahouse.com

· 悉尼喜剧商店

悉尼喜剧商店（Sydney Comedy Store)是澳大利亚首屈一指的喜剧俱乐部。这个指向明确的喜剧商店与传统的喜剧俱乐部差别不是特别明显，只是它吸引了更多的澳大利亚以及国外的喜剧演员前来表演。

地址： 22 Lang Rd, Moore Park
电话： 02-93571419
营业时间： 售票处周一10:00～1 8 :00，周二至周六10:00到午夜（售票点）
网址： www.comedystore.com.au

· 比弗街剧院

比弗街剧院（Belvoir St Theatre）分楼上和楼下为两种不同风格的表演，楼上主要表演一些经典剧目，而楼下舞台主要表演新剧作家的新作。但无论经典还是新颖的作品表演，都颇受人们欢迎。

地址： 18 Belvoir St, Surry Hills
电话： 02-96993444
营业时间： 周一及周二9:30～18:00，周三至周六9:30～19:30，周日14:30～19:30
网址： belvoir.com.au

电影院

·IMAX

电影院拥有八层楼高的巨型银幕映像、气派的运动场式座位、高超的数码音响配置，给人以超强震撼的完美体验。非凡的视觉效果，如置身于影片中。这里既放映有对孩子有教育意义的纪录片，也有一些趣味的电影。

地址： Tenancy 101 Wheat Rd, Darling Harbour
电话： 02-92660600
网址： homemadesaturdays.com

·Open Air Cinema

它拥有良好的地理位置，悉尼海港大桥就是它最好的背景。电影院中梦幻般的美给人似曾相识的感觉,仿佛在某些明信片里出现过。夏天的夜晚，吹着海港的风，静静地看场电影，特别享受。去看电影一定要提前订票，晚了可就没有了。

地址： Mrs Macquaries Rd
电话： 02-92318111
网址： www.stgeorgeopenair.com.au

·Palace Verona

从售票处到影院内部，让人感受到一种特殊的时尚氛围。单是那些高贵的欧式地毯，豪华的吊灯，就透露着一份与众不同的别致。这里设有酒吧、小型的咖啡馆，还有各种棋类游戏，在这里可以玩到很尽兴。

地址： 17 Oxford St, Paddington
电话： 02-93606099
网址： www.palacecinemas.com.au

·Dendy Newtown

这家影院内的装修很前卫，银幕大部分都较小，可能比不上一些大影院，不过那温馨舒适的感觉令人感到快乐。

地址： 261 King St, Newtown
电话： 02-95505699
网址： www.dendy.com.au

现场音乐

· 悉尼剧院

悉尼剧院（Sydney Theatre）外观独特。这里常常有专业戏剧、舞蹈表演，很多剧目的口碑都不错。这个拥有八百多个座位的大剧院，吸引着人们前去观看表演，常常座无虚席。

地址： 22 Hickson Rd，Walsh Theatre
电话： 02-92501999
营业时间： 售票处周一至周六9:00～20:30，周日15:00～17:30
网址： www.sydneytheatre.org.au

· 城市独奏厅

城市独奏厅（City Recital Hall）拥有完美的设施，常常有一些著名的单位在此举行音乐会，如悉尼音乐学院等。除此之外，这里还会有悉尼交响乐团、知名独唱家等的团队及个人表演。

地址： 2-12Angel Pl，Sydney
电话： 02-82562222
营业时间： 周一至周五9:00～17:00，周六、周日到表演开始前3个小时（售票处）
网址： www.cityrecitalhall.com

· 悉尼娱乐中心

悉尼娱乐中心（Sydney Entertainment Centre）是悉尼十分重要的流行音乐会场，曾举行过各种音乐会，常常上演一些舞台剧及戏剧，是个让音乐爱好者非常着迷的地方。

地址： 35 Harbour St，Darling Harbour
电话： 02-93204200
营业时间： 周一至周五9:00～17:00，周六10:00～13:00（售票处）
网址： www.sydentcent.com.au

悉尼的住宿业十分完善，无论是高档的五星级酒店，还是经济型的青年旅舍，应有尽有。住宿场所一般集中在商业频繁的市中心、车站、国王十字区及一些著名景点和海滩附近。豪华高档酒店一般为每晚240～550澳元，中档宾馆的价为每晚95～170澳元，经济旅馆的价格为每晚55～90澳元。每年11月至次年2月为澳大利亚旅游旺季，旅馆价格会明显提高，尤其是海边的旅馆，相反冬季时价格就相对比较便宜。

中心区

青年旅舍			
名称	地址	电话	网址
Springfield Lodge	9 Springfield Ave, Potts Point	02-83074000	www.sydneylodges.com
Sydney Backpackers	7 Wilmot St	02-92677772	www.sydneybackpackers.com
Base Backpackers	477 Kent St	02-92677718	www.stayatbase.com
City Resort Hostel	103-105 Palmer St	02-93573333	www.cityresort.com.au
Challis Lodge	21-23 Challis Ave, Potts Point	02-93585422	www.sydneylodges.com
Big Hostel	212 Elizabeth St	02-92816030	www.bighostel.com
Bounce Hotel	28 Chalmers St	02-92812222	www.bouncehotel.com.au
Bounce Hotel	28 Chalmers St	02-92812222	www.bouncehotel.com.au
Home Backpackers	238 Elizabeth St	02-92119111	www.homebackpackers.com
Cooper Lodge Hotel	20 City Rd, Chippendale	02-92818895	www.secureinns.com

中档酒店			
名称	地址	电话	网址
Travelodge Sydney Hotel	27 Wentworth Avenue	02-82671700	www.travelodge.com.au
Hilton Sydney Hotel	488 George St	02-92662000	www.hiltonsydney.com.au
Metro Sydney Central Hotel	431-439 Pitt St, Haymarket	02-92816999	www.metrohotels.com.au
Y Hotel Hyde Park	5-11 Wentworth Avenue	02-92642451	www.yhotel.com.au
The Australian Heritage Hotel	100 Cumberland St	02-92472229	www.australianheritagehotel.com

高档酒店			
名称	地址	电话	网址
Hyde Park Inn	271 Elizabeth St	02-92646001	www.hydeparkinn.com.au
Hilton Sydney	488 George St	02-92662000	www.hiltonsydney.com.au
The York by Swiss-Belhotel	5 York St	02-9210500	www.theyorkapartments.com.au
QT Sydney	49 Market Stree	02-82620000	www.qtsydney.com.au
Ibis Sydney Darling Harbour Hotel	70 Murray St	02-95630888	www.ibis.com

中心区

青年旅舍			
名称	地址	电话	网址
Glenferrie Sydney	12 Carabella St, Kirribilli	02-99551685	www.glenferrielodge.com
Chatswood Inn	34 Fullers Rd, Chatswood	02-94118979	www.chatswoodinn.com.au
Garden-Lodge Sydney	17-23 Parramatta Rd, Haberfield	02-97976111	www.swissgarden.com
Blue Parrot Backpackers	87 Macleay St	02-93564888	www.blueparrot.com.au
Dunkirk Hotel	205 Harris St, Pyrmont	02-96601038	www.dunkirkhotel.com.au
Glebe Point YHA Hostel	262-264 Glebe Point Rd, Glebe	02-96928418	www.yha.com.au

中档酒店			
名称	地址	电话	网址
Rydges North Sydney Hotel	54 McLaren St, North Sydney	02-99221311	www. rydges.com
Hotel Urban St Leonards	194 Pacific Highway, St	02-84368901	www.hotelurban.com.au
Rydges Camperdown Hotel	9 Missenden Rd, Camperdown	02-95161522	www.rydges.com

海边酒店			
名称	地址	电话	网址
Manly Backpackers	24 Raglan St, Manly	02-99773411	www.manlybackpackers.com.au
Surfside Bondi Beach	35a Hall St, Bondi Beach	02-93654900	www. surfsidebackpackers.com.au
Cronulla Beach YHA	40Kingsway, Cronulla	02-95277772	www.cronullabeachyha.com
Watsons Bay Boutique Hotel	1 Military Rd, Watsons Bay	02-93375444	www.watsonsbayhotel.com.au
Manly Pacific Sydney Hotel	55 North Steyne Rd,Ma	02-99777666	www.novotelmanlypacific.com.au

2 悉尼→黄金海岸

Xini→Huangjinhai'an

黄金海岸交通

从悉尼前往黄金海岸

·乘飞机前往

从悉尼有直达黄金海岸的航班，黄金海岸机场设在库尔加塔，距离布里斯班市中心约100千米，机场有往返于悉尼、墨尔本以及新西兰奥克兰和基督城的航班，还有部分前往日本、泰国、新加坡的航班。其中有Qantas、Virgin Blue、Jestar、Tiger Airways等公司提供航班服务。出于安全考虑，机场每天23:00～次日4:30关闭，此段期间禁止任何人出入机场以及在机场过夜。

从机场前往黄金海岸市区：从机场到大厅出来往右走可以看到一个公交站，在那儿乘坐702路公交车可以到达市区，票价约6澳元。从机场前往Robina火车站可乘706路公交车，站点在国内到达门外，从Robina火车站可乘火车前往布里斯班。

· 乘汽车前往

从悉尼中央火车站外乘大巴可抵达黄金海岸冲浪者天堂长途汽车站，发车时间一般为22:00，次日13:00点到达，全程行驶约15个小时，终点是布里斯班市。

乘公交游黄金海岸

黄金海岸城市不大，公交车数量并没有悉尼、墨尔本之类的大城市那么多，不过公交系统比较完善，并且票价便宜，主要为本地人提供服务。每个公交车站都有明显的指示站牌，可在上车时向司机购买车票，或者是使用提前充值的公共交通优惠卡（Go Card）。到站时，需按铃叫停下车，为以防万一，可在上车时提前跟司机说明要去的地方，并尽量坐在靠前的位置。一般市区内的景点坐公交车均可到达。在Translink网站（www.jp.translink.com.au）上可以找到黄金海岸公共交通工具旅行方案，通常只要输入起始地以及目的地，就可以根据相应的票价规划路线，以及大概费用预算。

从市区可乘702路公交车，每半小时就有一班公交车前往机场。从市中心可乘坐TX1、TX2、TX5前往电影世界、梦幻乐园、激浪世界，也可乘坐750、715路公交车前往海洋公园。

Go Card的使用

使用Go Card大约可以节省30%的票价，假如在一周内使用此优惠卡10次，那么周末就可以从第11次获得半价优惠。在布里斯班市铁路（Airtrain）的售票柜台以及黄金海岸机场的旅游柜台可以买到此卡，购买优惠卡需交5澳元的押金，不过押金在退卡时返回，假如你多次乘坐公交的话，完全可以将其节省出来。在使用Go Card时一定要记得上下车都刷卡，如果忘记刷卡，会被扣除全程费用。

乘出租车逛黄金海岸

在黄金海岸可以提前打电话或者是上网预订出租车。各地里程价一般为每千米1.74澳元。从黄金海岸机场搭乘出租车到冲浪者天堂大概需要50澳元，可以在相应的网站（www.gccabs.com.au）查询费用。出租车司机通常会严格按照计程表进行收费，不会出现拒载现象。市中心的繁华地带有相应的出租汽车车站。在非繁华地带、非交通干道的地方，则可通过电话叫车，在叫车后一般5分钟左右出租车便会赶到，另外，电话招车需另外加预订费。在打电话时要留下姓名、出发地、目的地，并且询问起步价，可以不付给司机小费，不过现在很流行将零钱留给司机的做法。假如你在酒店住宿，可到酒店行李部，让服务人员为你叫出租车。

黄金海岸市区景点

冲浪者天堂海滩

冲浪者天堂海滩（Surfer’s Paradise Beach）几乎可与黄金海岸齐名，是游者的必访景点。绵延的金黄色海滩和绝佳的冲浪场地，与沿岸华丽的度假公寓、高低错落的商店相结合，形成了一个完美的人间天堂。海滩上总是挤满了慕名而来的度假者，他们悠闲地晒着日光浴，还有很多冲浪者拿着冲浪板大显身手。

旅游资讯

地址： Main Beach Rd, Surfers Paradise, Queensland

电话： 07-55920155

交通： 从黄金海岸步行可抵达

旅游达人游玩攻略

值得一提的是，在冲浪者天堂海滩附近的沿海大道上，每周三和周五17:30～22:00，都有热闹的海滩夜市。夜市上，当地艺术家、小摊贩会一起出动，到此销售富有当地特色的街头工艺饰品。假如你吃过晚餐，不妨到这里转转，淘些精美的纪念品回去。

库尔加塔海滩

库尔加塔海滩（Coolangatta Beach）是黄金海岸的一小部分，这是一个安全性较高、老少皆宜的海滩，很适合家庭出游。库兰加塔是黄金海岸的一小部分。迷人的海滩、清灵的冲浪水、以及繁华的购物区使之成为理想的旅行之地。绕着海滩散散步，静坐在海滩上,享受一个安静的下午，让人足够放松。

库尔加塔海滩

旅游资讯

地址： Coolangatta, Queensland

电话： 1300309440（黄金海岸预订中心）

开放时间： 周一至周五8:30～17:00，周六9:00～15:00（黄金海岸预订中心）

伯利头海滩

伯利头海滩（Burleigh Heads Beach）是一个热闹且安全的地方。在海滩上，你常常可以看到一家人到此游玩的场景。除了漂亮的海滩风景外,这里还有公园、庭院烧烤、个性的咖啡店和餐馆，会让你忍不住爱上这个地方。

旅游资讯

地址： Burleigh Heads, Queensland

梦幻世界

梦幻世界（Dreamworld）是黄金海岸最受欢迎的家庭主题公园之一，这里丰富多彩、惊险刺激的游乐项目让人忍不住尖叫，各种珍贵的野生动物也让人充满无限惊喜。此外，这里可以看到孟加拉虎。

梦幻世界

旅游资讯

地址： Dreamworld Parkway, Coomera

电话： 07-55881111

交通： 从布里斯班乘坐火车到达Coomera station下车即到

门票： 成人67澳元，儿童43澳元

开放时间： 10:00～17:00

网址： www.dreamworld.com.au

旅游达人游玩攻略

如果天气比较暖和,还可以去白水世界（White Water World，10:00～16:00)玩。建议最好买套票，这样会比较节省。

海洋世界

海洋世界（Sea World）中有包括鲨鱼、海豚、海狮等在内的各种海洋生物。在这里，你甚至可与海豚游泳或与鲨鱼浮潜，将手探入水中，轻轻抚摸那些柔软的海洋生物，那是多么美好的感觉啊。此外，跟饲养员下海一同训练可爱的海豚，也可享受到真正与自然融为一体的乐趣。

旅游资讯

地址： Seaworld Dr, Main Beach

电话： 07-55882222

交通： 从黄金海岸乘黄金海岸旅游班车到达

门票： 成人84.99澳元，儿童49.99澳元

开放时间： 10:00～17:00

网址： seaworld.com.au

旅游达人游玩攻略

假如你想访问多处园区，或者想要多次参观海洋世界，那么可以花109.99澳元办一张VIP通行证，这样你就可以自由进入电影世界、海洋世界和潮野水上乐园（Wet'n' Wild Water World）。更多的优惠政策，请参照官网（themeparks.com.au）。

华纳兄弟电影世界

华纳兄弟电影世界（Warner Bros Movie World）有“黄金海岸的好莱坞”之称，曾获“澳大利亚旅游业名人堂奖”。这里规模庞大，拥有完美的游乐设施及令人惊叹的精彩表演，能满足不同年龄段游客的喜好。在这个充满好莱坞电影文化的主题公园中，与那些卡通大明星和超级英雄约个会，该是多么完美。

旅游资讯

地址：Pacific Motorway, Oxenford

电话：07-55733999

开放时间：10:00～17:00

网址：10:00～17:00

旅游达人游玩攻略

当你进入华纳兄弟电影世界之前会拿到一张电影放映时间表，可仔细查看一下有没有喜欢的电影播放。这里还提供推车（服务费及押金各10澳元）和轮椅（押金10澳元）服务，交还后可退押金，轮椅数量有限，最好预订。

潮野水上世界

潮野水上世界（Wet ‘n’ Wild Water Park）是澳大利亚人气很高的的主题公园。这里是一个老幼皆宜的度假胜地，也是夏季避暑的好地方，不管天气有多热，只要置身在清凉的水中，就会豁然开朗。这里简直是孩子们的快乐家园，他们可以全身心投入到水世界所带来的快乐中去。

旅游资讯

地址：Pacific Motorway, Oxenford

电话：07-55561660

门票：成人59.99澳元，儿童34.99澳元

开放时间：10:00～17:00

网址：themeparks.com.au

旅游达人游玩攻略

潮野水上世界提供的食物往往很有限，内部的饭馆多提供一些油炸食品、苏打水一类的食物，味道不是很好。在游玩时不妨自己带些食物，这样会吃的比较好，即使在饭店吃会收取一定的费用，自带食物也是值得的。

黄金海岸周边景点

伯蕾赫兹国家公园

伯蕾赫兹国家公园(Burleigh Head National Park)是一个天然的博物馆，同时也是许多稀有动物的栖息地。在一片玄武岩、母岩丰富的黑土壤上，生长着各样的植物。当你越过那些热带雨林和开阔的森林时，会发现许多有趣的岩石和动植物。

旅游资讯

地址： on the Gold Coast, 90 km south of Brisbane

电话： 1300309440

网址： www.nprsr.qld.gov.au

旅游达人游玩攻略

伯蕾赫兹国家公园内的分级步行道很有趣，做好准备可跟自己的伙伴一起，体验到达指定步行道的乐趣。这里的每个轨道是按照澳大利亚标准进行分类。其中3级轨道比较平缓，有稍微的倾斜，要时刻注意需松散的沙砾，穿合适的鞋，以免摔倒。海景步行道，单程1.2千米，步行时间约30分钟，周围有岩石岬角，可以站在上边看玄武岩石柱。热带雨林电路，步行时间约45分钟。为了安全起见，在潮湿天气下会有部分步行道关闭，具体信息可关注公园警报。

坦伯林山国家公园

坦伯林山国家公园（Tamborine Mountain National Park）如同一个美丽的仙境，拥有无数个十分漂亮的自然景观。可游览著名的卡梅伦瀑布（Cameron Falls）、女巫瀑布（Witches Falls）以及最受欢迎的雪松溪瀑布（Cedar Creek Falls），在这个公园可享受无尽的乐趣。

拉明顿国家公园

旅游资讯

地址： Doughty Park,Main Western,North Tamborine

电话： 07-55453200

开放时间： 周一至周五10:00～15:30，周六、周日9:30～15:30

可伦宾国家野生动物园

可伦宾国家野生动物园（Currumbin Wildlife Sanctuary）距离可伦宾海滨咫尺之遥，在这里你可以看到可爱的考拉、有趣的袋鼠、霸道的鳄鱼，与澳大利亚本土动物来个近距离接触。夜幕降临时，动物园里也热闹起来，吃完各种烧烤自助餐，深入公园，寻找那些野生夜行动物的踪迹，也是一次非常难得的体验，不过要注意安全。

旅游资讯

地址：28 Tomewin St, Currumbin

电话：07-55341266

门票：成人49澳元，儿童33澳元

开放时间：8:00～17:00，澳新军团日（Anzac Day）13:30～17:00开放（圣诞节关闭）

网址：www.cws.org.au

旅游达人游玩攻略

可伦宾国家野生动物园每天9:30都会上演精彩的土著表演；10:30及13:00，可看到精彩动物秀，包括多种澳大利亚野生动物，以及澳大利亚野狗、袋貂类等澳大利亚特有动物的表演，十分有趣；每天11:30及14:00有鸟儿自由放飞秀，届时可感受当鹰、鸢等俯冲而过的震撼；15:30游客可参与土著部族传统的歌舞盛会，体验土著独特的音乐及舞蹈文化。

拉明顿国家公园

拉明顿国家公园（Lamington National Park）是一个珍贵的生态基地，已被列入世界文化遗产名录。这里有典型的亚热带雨林生态系统，肥沃的火山土壤中孕育着如青葱的环境，是动植物的美好家园。公园内有崎岖的山脊，也有草木丛生的山谷，更有无数瀑布飘荡。在这里找个地方野餐，欣赏古老的树木和当地特有的鸟类，可感受真切的自然。

旅游资讯

地址：Binna Burra

网址：www.derm.qld.gov.au

旅游达人游玩攻略

1. 拉明顿国家公园有2个入口，可从三条不同的路前进，一条是经由甘伦格拉小镇（Canungra）从布里斯班南的绿山（Green Mountains）进入；一条是经奈蕴（Nerang）从距离冲浪者天堂70千米处进入绿山；或者经由甘伦格拉从距距黄金海岸55千米的宾纳布拉（Binna Burra）进入。第一种前进路线因山路陡峭，不太受欢迎。

2. 在拉明顿国家公园露营是个不错的选择，在绿山有一个露营区，在宾纳布拉附近也有一家私人管理的露营地。要露营需办理一个露营许可证，周末、公众假期及学校假期之前可提前在网上预订，或拨打137468电话预订。

澳大利亚黄金海岸

黄金海岸美食

黄金海岸称得上是美食家的天堂，这里有大大小小、形形色色的餐厅与食府，在这里，你可以品尝到地中海、欧洲、亚洲等不同地区的风味，还可以享受富有当地特色的海鲜大餐。呷一口浓浓的咖啡，尝一口爽口的美食，望望远处金灿灿的海滩，便可享受到旅途中美好的静时光。

澳大利亚美食

· Dracula's Cabaret Restaurant

这是一个非常有名的主题餐厅，用餐必须提前预订。餐厅装饰如同真正的吸血鬼德库拉的城堡，食品、酒水，还有服务生的着装与举止，都充满着诡异。走进餐厅，你便会乘坐小车，开始你奇妙的幽灵古堡探险之旅。然后你会被引领到座位上，边用餐边欣赏舞台剧、杂技，甚至是欣赏摇滚乐队的表演，非常有趣。

地址：1 Hooker Blvd, BRdbeach

电话：07-55751000

网址：www.draculas.com.au

· My Gelato Kirra

纯正优质的原料，使这里的冰淇淋变得不一样。新鲜的水果、醇香的牛奶和奶油，让人沉醉。在淡淡飘香的清爽气氛中，来一个火龙果果汁冰糕，那种感觉妙不可言。这里有真诚而热情的服务，你可以品尝到各种新鲜的美味。

地址：1 Douglas St, Kirra

电话：04-10738281

网址：www.mygelato.com.au

· **RockSalt Modern Dining**

这家餐厅提供了当地特色十足的海鲜大餐，可口的味道兼具漂亮的外观，再加上细致周到的服务，及合理的价格，可谓是完美的选择。

地址： 15 Albert Ave, BRdbeach
电话： 02-55706076
网址： www.rocksaltmoderndining.com.au

中国美食

· **南海渔村**

南海渔村（Ocean Seafood Chinese & Malaysian）是一个典型的中国餐厅，提供各种地道的海鲜，以及美味的亚洲菜肴。食物新鲜便宜，绝对让你赞不绝口。

地址： 3110 Gold Coast Hwy, Benowa
电话： 07-55703766

· **罗比娜饮茶**

罗比娜饮茶（Yum Cha Robina）中有以新鲜海产品为主的广东料理，以及地道的北京菜。这个饮茶餐厅同时开放饮茶午餐以及中国美食晚餐。

地址： Shop 1015/16, Robina Town Centre, Lido Promenade , Robina
电话： 07-55808181
营业时间： 周一至周日10:00～19:00
网址： ww.yumcharobina.com.au

· **万寿宫**

万寿宫（Mandarin Court）是黄金海岸上历史最为悠久的中国饮茶餐厅，自1979年营业以来，就深受人们欢迎。这里主要提供传统风味饮茶、粤菜等中式食物。这里的中国食物都采用正宗的中国调料和食谱做成，新鲜美味，是品尝地道的中国食物的最佳去处。

地址： 2374 Gold Coast Hwy, Mermaid Beach
电话： 07-55723333
网址： www.mandarincourt.com.au

世界美食

· Allure on Currumbin

这是一家法国式的浪漫餐厅，无论是团体用餐，还是情侣约会，都是最佳选择。这里的食物从头盘到主菜再到甜点,味道都很棒,并且服务也超好，绝对可以让你度过一个极其美好的夜晚。建议尝一尝樱桃鸭肉和香梨甜点，很美味。

地址：136 Duringan St, Gold Coast
电话：07-55256006
网址：allureoncurrumbin.com.au

· Hellenika

在这家时髦的餐厅就餐，可谓是一次绝美的体验。这里的服务真诚，气氛活跃，挤满了前来享受美味的人们。来到黄金海岸，不在这家餐厅吃点东西会有点遗憾。

地址：2235 Gold Coast Hwy, Nobby Beach
电话：07-55728009
网址：hellenika.com.au

· hellenika.com.au

这家德国餐厅，拥有美味正宗的德国美食，鲜嫩的猪脚是他们的招牌菜，绝对香嫩可口。走进餐厅，品味那些可口的蔬菜与甜点，令人心情愉悦。

地址：15 Victoria Ave, Broadbeach
电话：07-5538118
网址：bavariankitchen.com.au

· Champagne Brasserie

被香槟甜点装点出的一个完美餐厅。天然牡蛎与田螺无疑是美味的，蟹味十足的薄饼鲜香可口。在这里你会感到格外轻松，无论是店员的服务，还是菜肴的味道，都无可挑剔。

地址：2 Queensland Ave, Broadbeach
电话：07-55383877

黄金海岸购物

黄金海岸是澳大利亚的购物天堂，这里拥有世界各国名牌产品、大型购物中心以及小型工艺品摊档。在黄金海岸购物，你可从各种名设计师衣饰逛到普通纪念品。另外，还能找到多家咖啡座与餐厅，还有娱乐场所等。值得一提的是，这里有各种专卖店与折扣商店，是“血拼”的最好借口。黄金海岸拥有十分丰富的特产，如名贵的蛋白石、土著人手工艺品、各种热带水果与干果等，很值得一购。

时尚名品集中地

·海港城购物中心

海港城购物中心(Harbour Town Outlet Shopping) 拥有120多家直销店，是黄金海岸海港城购物中心所有名牌的集中地。这个大型的购物中心有90多家折扣店，以市场价4折左右的价格出售。这里除了耳熟能详的国际精品流行服饰、衣服配件之外，还有大型的专属商场，销售运动、家居等用品。

地址： Corner Gold Coast Highway & Oxley DrBiggera Waters

电话： 07-55291734

营业时间： 周一至周三 9:00～17:30，周四9:00～19:00，周五至周六9:00～17:30，周日10:00～17:00

网址： www.harbourtown.com.au

·太平洋购物中心

太平洋购物中心（Pacific Fair Shopping Centre）是在黄金海岸购物的上佳选择，从各种时尚前卫的衣饰到礼品、家居用品，应有尽有。周边的那些咖啡馆与餐厅可供你在逛街之余休闲娱乐。在黄金海岸度假，到太平洋购物中心逛逛，买份特别的礼物回去送朋友。

旅游达人游玩攻略

在太平洋购物中心，可到顾客服务台(Customer Service Desk)领取一张贵宾通行证（VIP Visitor’s Pass），可以享受折扣和优惠。

地址： Hooker Blvd, BRdbeach

电话： 07-55815100

营业时间： 周一至周三及周五、周六9:00～17:30，周四9:00～21:00，周日9:00～17:00

· Marina Mirage Mall

这个3层高的大型购物中心，设计独特，紧靠著名的范思哲皇宫酒店，无论气质还是风格，都与旁边的大酒店交相辉映，惹人注目。商场按照商品类别分成不同的区域，约有100多家商店，包括各种世界名牌以及本土品牌，另有美食餐厅、超市，这里每天都热闹非凡，是一个很好的购物天堂。

地址：74 Seaworld Dr, Main Beach
电话：07-55556400
营业时间：10:00～18:00　**网址**：marinamirage.com.au

物美价廉的淘宝地

· 罗比纳购物中心

罗比纳购物中心（Robina Town Shopping Centre）是一个很大的购物中心，翻新修建后，更加受到人们的欢迎。无论是琳琅满目的商品，还是美味的食物，都能吸引你在这里逛数小时。

地址：19 Robina Town Centre Dr, Robina
电话：07-55750480
网址：robinatowncentre.com.au

· 澳大利亚购物中心

澳大利亚购物中心(Australia Fair)里尽是各种专卖店与折扣商店，可满足你逛不尽的购物瘾。“血拼”之后，可去电影城及欧式食品市场消遣一下。

地址：42 Marine Parade, Southport
电话：07-55566633
网址：www.australiafair.com.au

· 渔人码头

渔人码头（Fishermans Wharf Marina）附近有各种商店和精品店，还有可供孩子们嬉水游乐的游泳池。市场的一大特色是每天都出售各种新鲜的海鲜，并有游艇从码头出发。你大可坐在海滩的平台上赏着海滩的美色，享受那丰盛的佳肴与美酒。

地址：864 Boat Harbour Dr, Urangan
电话：07-41289119

· 雪佛龙文艺复兴商场

雪佛龙文艺复兴商场(Chevron Renaissance Shopping Centre)距离冲浪者天堂没有多远，在这样一个巨大的购物中心中，你可淘到自己所满意的各种商品。在购买时，一定要注意货比三家。

地址：3240 Surfers Paradise Blvd, Surfers Paradise
电话：07-5592518
网址：www.chevronrenaissancecentre.com

·绿洲购物商场

绿洲购物商场（The Oasis Shopping Centre）中有不少的折扣店、邮局、报摊、药店和一些小店。这里不仅仅有一些高端品牌疯狂折扣店，也有很多纪念品店铺，以及一些咖啡店和小吃店，很适合享受逛街乐趣。

地址： Victoria Ave, BRdbeach

电话： 07-55923900

营业时间： 专卖店，周一至周三，周五、周六9:00～17:30，周四上午9:00～19:00，周日及公众假期，10:30～16:00；零售，周一至周六7:00～22:00，周日8:00～20:00

网址： www.oasisshoppingcentre.com

·卡拉拉市场

卡拉拉市场（Carrara Markets）是黄金海岸附近著名的水果市场，这里的水果往往要比超市的价格要低很多。除了水果，你在市场不远处还可以找到很多便宜的衣服、家居用品、电子产品等。

地址： Manchester Rd, Carrara

电话： 07-55799388

营业时间： 周六、周日7:00～16:00

网址： carraramarkets.com.au

黄金海岸娱乐

黄金海岸的夜生活十分热闹，更是成为人们在黄金海岸娱乐的亮点。只要你放得开，肯定会爱上这里的璀璨生活。黄金海岸的街道上，各种夜总会、酒吧林立，著名的Tupitors Casino更为其增加了热闹的气氛，只要你喜欢，可在这里尽享一个轻松而美好的夜晚。

·Jupitors Casino

这里一天24小时营业，是黄金海岸夜生活格外引人注目的一大娱乐场所，也是黄金海岸的地标性建筑。这里不仅有酒吧、派对场所，还有各种高级餐厅，绝对会令人流连忘返。在这里你可以看到融合印度风格和百老汇歌舞剧的精彩表演。

地址： Gold Coast Hwy, BRdbeach

电话： 07-55928100

网址： jupitersgoldcoast.com.au

·Shooters

想要追随狂野与刺激的感受，就一定要亲临这里。在这个酒吧中，有运动桌、台球桌、雪茄贵宾厅，也有舞池。在最流行的音乐中，你是否也想要放下身段，去放纵一回呢？

地址： Level 1, The Mark Building, 3 Orchid Ave, Surfers Paradise

电话： 07-55921144

网址： shooterssuperclub.com

·EAST

无论你身从那里来，只要在这里，都会被那尖端的娱乐设计，以及完美的餐饮服务所打动。来一杯鸡尾酒，并享受现场表演的魅力，与疯狂的DJ和世界顶尖级舞台带来的完美体验。无论是商务还是休闲，这里都是最适合你的地方。

地址：88 Surf Parade, BRdbeach
电话：07-5538 8868
网址：www.east88.com.au

·Strike Bowling Bar

这里相当于一个多功能厅，集保龄球、卡拉OK与夜总会于一体，拥有浓郁的灯光渲染，极具酒吧风情。厅内有个摆满美酒的吧台，非常引人注目，在这里可以让人度过一个难忘的夜晚。

地址：55 Cavill Ave, Surfers Paradise
电话：1300787453
网址：strikebowling.com.au

·Melbas

这是一个古老的神话，自1981年开创以来，便以其提供的优质服务质量，为人们的娱乐和夜生活提供了一个良好的空间，可谓是黄金海岸的一个真正的图标。这里拥有极其丰富的娱乐场地与设施，包括具有现代风情的餐饮和娱乐的餐厅及酒吧，以及丰富的鸡尾酒和游戏厅，是一个令人疯狂的地方。

地址：46 Cavill Ave, Surfers Paradise
电话：07-55387411
网址：www.melbas.com.au

黄金海岸住宿

黄金海岸的住宿地主要在海岸线附近和内陆区域。一般喜欢热闹、爱冲浪的游客会选择主海滩、冲浪者天堂附近的旅馆。如果你喜欢一些雅致的咖啡小巷，可去伯利岬。当然了，如果你想深入内陆与当地居民一起体验澳大利亚，可选择到库尔加塔的高层公寓小住。在海滩玩尽兴之后，在黄金海岸内陆森林住上几天，可体会一下不一样的原生态环境。

经济型旅馆			
名称	地址	电话	网址
Coolangatta YHA	230 Coolangatta Rd	07-55367644	www.coolangattayha.com
Surf N Sun Beachside Backpackers	3323 Surfers Paradise Blvd	07-5592 2363	www.surfnsun-goldcoast.com
Sleeping Inn	26 Peninsular Dr	07-55924455	www.sleepinginn.com.au
Tropicana Motel Mermaid Beach	2595 Gold Coast Hwy	07-55398151	www.tropicanamotel.com.au
Gold Coast Holiday Park	66-86 Siganto Dr	07-55144400	www.goldcoastholidaypark.com.au
D'Arcy Arms Motel	2923 Gold Coast Hwy	07-55920882	www.darcyarms.com.au
Bilinga Beach Motel	281 Golden Four Dr	07-55341241	www.bilingabeachmotel.com

中档酒店			
名称	地址	电话	网址
Surf Regency Holiday Apartments	9 Laycock St	07-55380888	www.surfregency.com.au
Watermark Hotel and Spa	3032 Surfers Paradise Blvd	07-55888333	www.watermarkhotelgoldcoast.com.au
Royal Woods Resort	16 Mulyan Pl	1300880009	www.royalwoods.com.au
Treasure Island Resort & Holiday Park	117 Brisbane Rd	07-55008666	www.treasureisland.com.au

高档酒店			
名称	地址	电话	网址
Palazzo Versace Resort	94 Seaworld Dr	07-55098000	www.palazzoversace.com.au
Hilton Surfers Paradise Residences	6 Orchid Ave	07-56808000	www.hilton.com
QT Gold Coast	7 Staghorn Ave	07-55841200	www.qtgoldcoast.com.au
Sea Temple Surfers Paradise	8 The Esplanade	07-56355700	www.mirvachotels.com

3 黄金海岸→布里斯班

Huangjinhai'an→Bulisiban

布里斯班交通

从黄金海岸前往布里斯班

从黄金海岸前往布里斯班，可从黄金海岸机场出来后乘坐汽车到ROBINA火车站，再从Citytrain各个站点乘坐城市铁路Airtrain（07-32155000，www.airtrain.com.au)前往布里斯班。ROBINA火车站从早上五点就开始有车，每半个小时就有一趟前往布里斯班的车发出，一个多小时就能到达布里斯班机场（Brisbane Airport，BNE）。布里斯班机场位于布里斯班东北部的鹰厂区（Eagle Farm），提供地区性的航班，有国际和国内两座航站楼，不过有些国内航线也从国际航站楼出发。无论从哪个航站楼出发，最好不要根据飞行目的地就直接判断出发的航站楼。

从机场前往市区：

名称	电话	运行时间	经过站点	网址
Airtrian	07-32163308	周一至周五5:20~20:00，周六、周日6:00~20:00	罗马街客运中心、中央车站	www.airtrain.com.au
Skytrans	07-33589700	5:45~24:00	布里斯班市区、黄金海岸	www.skytrans.com.au

乘渡轮转布里斯班

布里斯班作为一个海滨城市，有着拥有比较发达的海上交通。布里斯班河贯穿于布里斯班，因而乘坐渡轮是游览布里斯班的最佳方式。布里斯班是国际邮轮Portside Wharf的终点站，布里斯班的渡轮有Inner City Ferries和City Cats，这两种渡轮都很适合用来游览布里斯班。Inner City Ferries是一种比较传统的渡轮，负责短距离运输，有多个停靠站点。City Cats是一种高速的双体船，主要停靠在South Bank和城市中心以及郊外的河畔。

名称	运行时间	停靠站点
Inner City Ferries	6:00~23:00	North Quay、Mowbray Park等
City Cats	5:40~23:45	15个站点，包括昆士兰大学、南岸1号码头和2号码头、New Farm Park等

乘火车玩布里斯班

布里斯班的城市火车（Citytrain）主要有7条线路，速度与澳大利亚其他城市的轻轨、地铁差不多。最北可到达阳光海岸，最南可到黄金海岸，且都经过罗马街火车站(Roma Street Station)、中央车站(Central Station)和Brunswick Street。另外，城市火车有快速（Express）和普通车之分，快速车并不是逢站必停，在出行前一定要查清楚。值得注意的是，上下车时需要自己去按开门按钮。

乘公交游布里斯班

布里斯班的公交系统比较发达，公交车上一般都有电子显示牌显示车次以及首末站。市区内的公车首末班车时间分别为6:00、23:00，很多车的终点站为皇后街站（Queen Street Bus Station）和佛特谷站（Fortitude Valley）。城区外则有所不同，其车次首末时间不同，在乘坐这些车次前一定要提前确定好行程时间。通常在东区和北区有公交车专用的高速通道，这里行驶快速巴士，快速巴士并不会在每个站都停，尤其是高峰时段。另外，在坐公交时，不能抢座不能插队。

乘出租车逛布里斯班

在布里斯班乘出租车非常方便，街上空车的车头会亮灯，招手即停，乘出租可去任何地方。出租车接受现金、信用卡和借记卡支付。提前预订出租车是最佳的选择，在机场和市中心都能找到汽车租赁公司，不过很多租车公司会要求你支付接送费用。主要的出租车公司有Yellow Cabs和Black & White Cabs。

名称	电话	运行时间	网址
Yellow Cab	7 Albion Street，Woolloongabba	07-38910000	www.airtrain.com.au
Black & White Cabs	Brisbane International Airport	07-38601800	www.skytrans.com.au

布里斯班市区景点

布里斯班南岸公园

南岸公园

南岸公园（South Bank Parklands）是1988年澳大利亚举办世博会的旧址，经重建后成了深受民众欢迎的市内公园。南岸公园是游览布里斯班的首选之地，也是感受布里斯班亚热带气候的最佳去处。从干净的柯达海滩到青葱的绿草地,这里的诸多美景都令人感到心旷神怡。在这里野餐、烧烤,骑辆自行车穿越树林,甚至看场街头表演，都是很有趣的体验。

旅游资讯

地址： South Brisbane Queensland

电话： 07-32351008

开放时间： 日出至日落

网址： www.queenslandrail.com.au

旅游达人游玩攻略

1.在南岸公园你想怎么玩就怎么玩，可在电影院看场超大银幕的电影；也可搭乘以蒸汽桨为动力的库卡布拉王后游艇或独木舟，在中国城与南岸公园之间航行一遭，遍览布里斯本河两岸风光，同时欣赏精美的园林之景。晚上，你甚至可以在游船上享受丰盛的烛光晚餐。

2.南岸公园是个拍照的好地方，可站在那里拍摄对岸的滨江公路。尤其是在夕阳西下之际，路旁的高楼大厦上均被装点得十分美丽。假如你赶上有热气球飘在空中时，那就非常幸运了。

3.公园的一大亮点是克莱姆琼斯步行道(Clem Jones Promenade)，其美丽的景色延伸到河对面的市中心，你大可放下烦恼，乘车沿着大道兜兜风。

4.南岸公园从周五傍晚到周日傍晚，都会举办生活方式市场（Lifestyle Market）集市，可以在周末时到这里的集市看看。

市政厅

市政厅（City Hall)是一座具有意大利典型新古典主义派风格的建筑，是布里斯班的标志，也是澳大利亚最为富丽堂皇的市政厅。这是澳大利亚一笔相当宝贵的历史财富，被称为“百万市府”。气势凌人的市政厅钟塔，非常壮观，可作为人们旅行时的方向导游，无论你是在布里斯班的哪个角落，都能看到它的身影。

旅游资讯

地址： Adelaide and Ann St，Brisbane

电话： 07-34038888

开放时间： 周一到周五8:30～16:30，周六10:30～16:30，电梯、观景台10:00～15:00

网址： www.brisbane.qld.gov.au

旅游达人游玩攻略

从正面进入钟塔，乘电梯上升到观景台，可在那里远眺布里斯班整个市区，别有一番趣味。从这里看布里斯班的街景，壮观且有氛围。向市区更北处，隐约可以看见布里斯班热闹的唐人街—佛特谷（Fortitude Valley)。

罗马街公园

罗马街公园（Roma St Parkland）是一座依地形而建的城市公园。园内除了种类繁多的植物外，还有大型的亚热带花园、儿童乐园、小型室外剧场以及公共烧烤台。另外，园内还展示了许多本地艺术家的作品。虽身在闹市，可是这座没有围墙的公园里却显得格外宁静，真是修身养性的好去处。

旅游资讯

地址： 1 Parkland Crescent，Brisbane

电话： 07-30064545

开放时间： 24小时，免费导游时间为每天10:00、14:00

网址： www.romaStparkland.qld.gov.au

城市植物园

城市植物园（City Botanic Gardens）十分古老，至今已有180多年的历史。园内有很多非常罕见的新奇植物，曾被昆士兰遗产中心誉为“昆士兰最为杰出的非原住民文化景观”。园内生长的苏铁属植物、棕榈植物、无花果等，都是植物园的亮点。同时，这里为人们提供了一个放松身心、舒缓压力的理想之所。

旅游资讯

地址： Alice St，Brisbane Queensland

电话： 07-34038888

开放时间： 24小时，周一至周六免费导游11:00～13:00

网址： www.brisbane.qld.gov.au

旅游达人游玩攻略

城市植物园东侧，沿河建造有红树林木板路，沿途的路灯将天空照亮，晚上你可以在这里发现负鼠(Possum）的踪迹。

布里斯班前财政大楼

昆士兰文化中心

昆士兰文化中心（Queensland Cultural Centre）是布里斯班的艺术中心，综合展现了澳大利亚文化、艺术等方面的成就。这里有昆士兰博物馆、昆士兰美术馆、昆州图书馆及综合表演艺术中心等诸多展览馆，是昆士兰州文化活动的主要场所。文化中心内，风景园林、水榭等林立其中，更增添了别样的美丽风情。

旅游资讯

地址：Grey St，South Brisbane

门票：昆士兰博物馆里科学中心成人10澳元、儿童8澳元、家庭29澳元

开放时间：昆士兰现代艺术博物馆、昆士兰州立图书馆和昆士兰美术馆周一至周五10:00～17:00，周六、周日9:00～17:00；昆士兰博物馆9:30～17:00

旅游达人游玩攻略

在昆士兰博物馆之中，不仅有很多珍奇的展览，还有一个有趣的科学中心（Sciencentre）适合孩子来游玩。

布里斯班周边景点

龙柏考拉公园

龙柏考拉公园（lone pine koala sanctuary）已有80多年的历史了，有一句经典的标语是“地球不仅仅是人类的”。这个野生动物园中，除了大量慵懒可爱的考拉外，还有袋鼠、袋熊、鸭嘴兽、针鼹鼠以及其他各种爬虫类动物。整个园区内的环境很好，在这里你可以尽情与大自然亲近。

旅游资讯

地址：708 Jesmond St，Fig Tree Pocket Queensland

电话：07-33781366

门票：成人20澳元、儿童15澳元、家庭52澳元，与考拉合影15澳元

开放时间：8:30～17:00

网址：www.koala.net

旅游达人游玩攻略

可以花2澳元买一包袋鼠食物，去喂喂袋鼠，很有趣。另外，不要忘了抱着可爱的考拉照张相，这里应该是全球最便宜的抱考拉照相的合法之地了。

龙柏考拉公园

库塔山植物园

库塔山植物园（Mt Coot-tha Botanic Gardens）又名布里斯班植物园，园内有各种热带及亚热带植物。目前园中已有5000多株植物，根据不同的植物种类，植物园被分为不同的区域，包括有盆景房、澳大利亚雨林、温带植物、竹林等。除了这些繁茂的植物外，还有一些仙鹤、野鸭子、蜥蜴等小动物在园中安逸地生活着。

旅游资讯

地址：布里斯班市区西面，距离市中心8千米

电话：07-34032532

交通：乘坐471、599路公交车可到

旅游达人游玩攻略

可以坐471路公车到库塔山，从库塔山瞭望台（Mount Coot-tha Lookout）远眺布里斯班与摩尔顿湾的美景。也可以沿着阿德莱德街，穿过植物园，回程时还可以去一些蜿蜒的当地街道上转转。

布里斯班河

布里斯班河（Brisbane River）是目前布里斯班市的主要水源，也是昆士兰最伟大的自然资产。蜿蜒曲折的布里斯班河流过市中心，给城市带来了无限生机。它将城市一分为二：一边是高楼林立，另一边则是著名的南岸公园。河边有许多人工海滩、游泳池等人造场所，水中不时有游艇、帆船驶过，那热闹的场景叫人过目难忘。

旅游资讯

地址：Brisbane, QLD

欣钦布鲁克岛国家公园

欣钦布鲁克岛国家公园（Hinchinbrook Island National Park）森林茂密，山峦起伏，以瀑布和山洞闻名。岛上有众多陡峭山脉，包括鲍恩山（Bowen Mountain）、迪亚曼蒂纳（Diamantina）、塞姆山（The Thumb Mountain），均地势崎岖陡峭，雄伟壮丽。

旅游资讯

地址：Hinchinbrook Island

电话：1300130372

网址：www.derm.qld.gov.au

鲍恩山

最容易让人忽略的景点

摩顿岛

摩顿岛（Moreton Island）如世外桃源般静谧而美丽，因野生海豚而闻名世界，也被称为“海豚岛”。这里地处太平洋，不仅是观看鲸鱼、海鸟、海豚的好地方，也是个滑沙的好地方。摩顿岛不大，但却有澳大利亚标志性的树海，以及各种水上项目与海洋生物。此外，在热带树林中还隐藏着一片专属自己的沙漠。

旅游资讯

地址：07-34082710（摩顿岛国家公园信息中心）

交通：乘坐Tangalooma公司的船可到

网址：www.derm.qld.gov.au

旅游达人游玩攻略

1.每天晚上，海豚都会如约而至，在岸边戏水，你可以免费体验一把亲手喂食海豚的乐趣。还可以起个大早，在码头和鹈鹕（pelican）玩耍。

2.假如你想要到沙漠中大开眼界，可搭乘岛上的特别巴士前往。沙漠中最刺激的活动当属滑沙橇了。将滑板放在身下，双手抓紧，以高达65千米的时速滑行，简直是激情四射。

摩顿岛

阿尔马动物园

阿尔马动物园(Alma Park Zoo)中喂养着世界各国以及澳大利亚本土的动物。这个亲切的动物园，十分惹人喜爱。在这里，你可以看到动物园中的马来熊、环尾狐猴等外来物种，还可以亲手给它们喂食。

旅游资讯

地址：18 Alma Rd

电话：07-32046566

门票：成人28澳元，儿童19澳元，家庭75澳元

开放时间：9:00～17:00

网址：www.almaparkzoo.com.au

旅游达人游玩攻略

每天14:30，可进入考拉围场，尽情拍照；可以在11:00～15:00，花3澳元买袋饲料，给众多小动物喂食。

故事桥

故事桥（Story Bridge）是布里斯班著名的大桥，以设计师的名字“Story”来命名。这座钢板拉力桥的所有建筑材料几乎都取自澳大利亚当地，是全世界唯一两座手工制作的大桥之一。故事桥是澳大利亚第二个开放的可以攀爬的大桥，攀爬故事桥是到布里斯班的一个必玩项目。

旅游资讯

地址： Main St, Brisbane

电话： 07-32218411

网址： www.storybridgeadventureclimb.com.au

旅游达人游玩攻略

攀登故事桥观赏布里斯班全景是不能错过的。爬完共需两个半小时，在指挥员的带领下登上距河面80米高的桥上，可遍览布里斯班景观。假如你有足够胆量以及好奇心的话，可以爬一下。大桥的安全措施齐全，在出发前还会有安全讲解。

布里斯班美食

布里斯班是一个著名的海滨城市，同时也是一个美食之城。无论是独有的美味佳肴，还是世界各地之美味，你都可以在这里品尝到。这个近海城市的海鲜最有特色，像小龙虾、生蚝、泥蟹（MudCrab）等，都是鲜嫩入口的好东西。布里斯班市中心餐馆主要集中在皇后街购物中心（Queen St Mall）、老鹰街（Eagle St）、帕丁顿（Paddington）、巴尔东（Bardon）以及佛特谷（Fortitude Valley）。

澳大利亚美食

· Urbane Restaurant

这里有专业独到的服务、精美独特的食物。在这里你尽可以享受最为出色的宵夜，可以品尝精致的甜点，还可以搭配一杯葡萄酒。另外，这里提供各种特色的素食。

地址： 181 Mary St

电话： 07-32292271

网址： www.urbanerestaurant.com

· Customs House Restaurant

这里是个特殊的浪漫就餐地，除了浪漫的夜晚氛围，食物和服务也都是上乘的。你可以在这里跟家人聚会，也可以跟朋友一起聊天休闲。

地址： 399 Queen St
电话： 07-33658999
网址： www.customshouse.com.au

· Esquire

这里的每一道菜都很特殊，假如你想进一步了解这个餐厅，甚至可以到开放的厨房去观看厨师娴熟的操作，感受一次不同的用餐体验。

地址： 145 Eagle St, Brisbane
电话： 07-32202123
网址： www.esquire.net.au

· Alchemy Restaurant & Bar

这家在布里斯班河畔的餐厅，真是一个令人欣喜的地方。在这里用餐，既能品尝到布里斯班的美食，还能将布里斯班河一览无遗。另外，在这里可欣赏到非常美的故事桥夜景。

地址： 175 Eagle St，Brisbane
电话： 07-32293175
网址： www.alchemyrestaurant.com.au

中国美食

· 永盛金铺

永盛金铺（Golden Barbeque）是以提供非常美味的烧烤为主的店铺，这里有丰盛的烤鸭、多汁的叉烧猪肉、鲜美的大豆鸡肉以及香脆五花肉等。同时，还提供分量十足的米饭或面条，价格很便宜。此外，这里也有免费赠送的小碗汤、水和中国茶，可供选择。

地址： 57 Wickham St
电话： 07-38525222

· 食为先

食为先（Enjoy Inn）是一家中国餐厅，内部装饰采用的是中国的传统元素，很像中国古老的庭院。这里的艺术气息很浓，曾多次获得餐饮界的大奖，备受关注。来到布里斯班，一定不可错过这个时尚的中国餐厅。

地址： 167 Wickham St
电话： 07-32523838

· 王朝

王朝（Wang Dynasty）餐厅十分干净，提供了各种优质的食物，尤其是饺子很受人欢迎。无论你在布里斯班的任何地方，都衷心推荐到这里就餐。

地址：Riverside
电话：07-38447618
网址：www.wangdynasty.com

亚洲美食

· Sono

这里的海鲜很棒,并且有很多从日本进口的酒水饮料。假如你想要找一个欣赏河边美景的位置，可提前预订座位。这个餐厅还有一个特点，就是重视细节,从你踏进这家餐厅的第一步起,你就会被热情地招待，会有种进入了一个特别之地的感觉。

地址：39 Hercules St
电话：07-32686655
网址：www.sonorestaurant.com.au

· The Nook Caffe Restaurant

假如你对城市中的各种传统餐馆已经司空见惯，那么对这里一定会情有独钟。它的一切朴素却不单调，对于所有的一切，餐厅都有自己的标准。食物中最值得称道的是山羊奶酪、凯撒色拉以及熏鲑鱼。

地址：235 Sinnamon Rd
电话：07-37157772
网址：www.thenook.net.au

· Soul Bistro

这是一个简约清新的休闲餐厅，有大量面筋食物和奶制品可供选择。餐厅内不管什么菜肴都是采用新鲜的食材做成，美味的孜然鱼， 配上一杯荔枝薄荷柠檬水，这简直就是布里斯班最好的午餐。

地址：16 Baroona Rd
电话：07-33678188
网址：www.soulbistro.wix.com

· Verve Cafe

这是一家标准的意大利美食餐厅，供应的香草面包很美味。这里的食物让人不禁为之心动。假如你吃完香草面包后，依然没有吃够的话，可以点份沙蟹和甲鱼烩饭，味道很棒。

地址：109 Edward St
电话：07-32215691
网址：www.vervecafe.com.au

· Mariosarti Ristorante Italiano

每份菜肴分量都很足，而且美味。这里提供的儿童餐，既实惠又符合孩子们的口味，深受欢迎。餐厅内值得推荐的菜肴是尖吻鲈和红烧牛肉，这都是店内的特色。甜点方面，蓝莓冰淇淋是最棒的选择。总而言之，这是一个神话般的餐厅，让人很乐意再次拜访。

地址： 41 Sherwood Rd
电话： 07-38704933
网址： mariosarti.com.au

· The Spice Avenue Balti Restaraunt

这是一家英式的印度美食餐厅，传统的英式咖喱，似乎别有风味。无论是家庭聚会，还是朋友聚餐庆祝晚会，都适合来这里，不过要尽早预订。露天就餐也是这家餐厅的一大特色，深受人们欢迎。值得一提的是，这里可以自带酒水。

地址： 190 Birkdale Rd
电话： 07-38229822
网址： www.thespiceavenue.com.au

· Tartufo

这里的食物主要是一系列的自制面食和其他的典型意大利美食。可以想象一下，在一个美好的氛围之中，享受着美味的澳大利亚肺鱼、口感十足的牛排，再点一杯不是很便宜的葡萄酒，是多么美好。

地址： 1000 Ann St
电话： 07-38521500
网址： www.tartufo.com.au

· Raj's Palace Indian Restaurant

这家印度餐馆是布里斯班众多的印度餐馆中数一数二的，每份菜肴的味道都很正宗，很受人们的喜欢。另外，这里的价格很便宜，是一个真正物美价廉的餐馆。

地址： 4/33 Lytton Rd，East Brisbane
电话： 07-33922339
网址： www.rajspalace.com.au

· Halims Indian Taj

这里提供很受欢迎的印度餐，所有的菜肴都很美味，一流的烤饼令人垂涎欲滴。食物价格低廉，且非常美味。

地址： 1/155 Baroona Rd
电话： 07-33693544
网址： www.halimsindiantaj.com.au

· Indus Restaurant

干净漂亮的装饰、优秀上乘的品质，再搭配上各种印度美食，这种无可挑剔的地方，可真是难得。来到这里，点一份印度式番茄汤餐，就可以让你满足了。

地址： 3/147 Latrobe Terrace
电话： 07-33699599
网址： indusrestaurant.com.au

布里斯班购物

布里斯班是一个充满活力与创造力的时尚大都市，在这里购物可谓是一种享受。从世界名牌服装聚集的皇后街购物步行街，到汇集了澳大利亚流行指标的街道，那些琳琅满目的物品，足以让你眼花缭乱。此外，这里周末还有各种特色露天市场，是你淘宝和购买土特产的好地方。在布里斯班，你可以买到那些名贵的矿石、土著民手工艺品、羊皮制品、昆士兰果仁等。这里的气候温和，一边享受布里斯班带来的怡人气息，一边买些令自己心动的纪念品，真可谓是一种绝佳的享受。布里斯班的购物场所主要集中在皇后街、帕丁顿区。

人气旺盛的购物大街

· 皇后街

皇后街（Queen St）是布里斯班一颗耀眼的明珠，它的繁华似乎成为了布里斯班的一个象征。作为最著名的购物步行街，这里有700多家专卖店。从时尚的设计师时装、华贵的美容产品，到别致的纪念品店、高耸的百货商场，这里应有尽有，是一个逛一天都不会累的地方。

·爱德华街

爱德华街（Eward St）就在皇后街的附近，是一条繁华的街道，这里包括了一系列高端的精品，还有很多顶级澳大利亚零售商。几乎从很远的地方，就能嗅到它的富贵味儿。

·帕丁顿区

帕丁顿区(Paddington)是布里斯班的一个独特购物场所，这里的商店大多为老式殖民风格的建筑，里面主要出售各种澳大利亚本地与进口的流行商品、礼品、书、古董等物品。

·詹姆士街

詹姆士街（James St）在佛特谷（Fortitude Valley），是一条长度有限的街道，可却聚集着各种各样的精品店。在这里，你往往能找到澳大利亚最棒的时装设计师及时装店，如Sass & Bide、Mimco、Chelsea de Luca、Gary Castles、Scanlan & Theodore等。

时尚名品集中地

·Queen St Mall

这是皇后街上的一颗璀璨的明珠，是国际奢侈品牌专卖店的聚集之所。它拥有500多家专卖店、食品店、娱乐场所及3家大型的购物场。它作为步行区，每天都有无数游人悠哉闲逛于这大大小小的专卖店里。另外，购物中心内还分布着好几家典雅的咖啡馆，逛累了便可在里边休息一下。

地址： Queen St，Brisbane
电话： 07-30066290
网址： www.bnecity.com.au

·Westfield Chermside

这个连锁购物中心内有350多家店铺，距离布里斯班市区也只有短短二十分钟的车程，是布里斯班令人向往的一个大型购物中心。

地址： Hamilton Rd, Chermside
电话： 07-31175300
网址： www.westfield.com.au

· Jean Brown

这是一家多品牌概念店，聚集了无数著名品牌，如Yves Saint Laurent、Lanvin、Miu Miu等，是选购世界大牌饰品产品的好去处。

地址：1000 Ann St，Fortitude Valley
电话：1800-253882
网址：www.jeanbrown.com.au

· Brisbane Arcade

这家坐落在皇后街上的购物中心，是布里斯班市区内最知名、最富丽堂皇的购物中心之一。它的欧式建筑，历史悠久，韵味十足，近百家店铺在这里营业，包括各种高档时尚品牌店、珠宝行，及化妆品店、新潮服装店等。

地址：160 Queen St，Brisbane
电话：07-38312711
网址：www.brisbanearcade.com.au

物美价廉的淘宝地

· South Bank Lifestyle Market

这是一个周末市场，紧临布里斯班河，有120多个摊位。在这里，你可以尽情淘宝。另外，还能看见各种玩飞镖、塔罗牌的人，热闹非凡。

地址：Stanley St Plaza/Stanley St，Southbank
电话：07-38442440
营业时间：周五17:00～22:00，周六11:00～17:00，周日9:00～17:00
网址：www.southbankmarket.com.au

· Riverside Centre Market

这个周末市场是个地地道道的购物地，里面有近120个摊位。这里每周五至周日都会开放，但一些店面只有在周日开放，主要出售各种艺品、珠宝、衣饰、陶器和木雕品。

地址：123 Eagle St，Queensland
营业时间：周日7:00～14:00

· Blonde Venus

这是一家女装精品折扣店，在这里常常可以买到那些很有潜力可挖的设计师的作品，像Dhini、Carl Kapp等，适合那些钟爱独特的、前沿风格的作品的购物者前来购物。

地址：707 Ann St
电话：07-32161735
网址：www.blondevenus.com.au

布里斯班娱乐

布里斯班这个璀璨之城，酒吧、夜总会、剧院、电影院比比皆是，热闹非凡。白天，这里激情四射，去大剧院看场表演，或是到各大音乐中心听听音乐，十分美妙。到了晚上，在霓虹灯的照耀下，宁静的布里斯班多了一分生气，各种各样的酒吧、电影院，都十分惹眼，总是让人忍不住进去看看，哪怕是一个短暂的夜晚，也能抓住布里斯班的美丽。

酒吧

·The Bowery

这个酒吧面积不大，就是这样的精致很受大家欢迎。这个酒吧曾经几次获奖，每天都有乐队在靠近入口的舞台上演出，酒吧也因此名气大涨。来这里要尽量穿得整齐一点，毕竟这是一个中规中矩的地方。

地址： 676 Ann St，Brisbane
电话： 07-32520202
网址： www.thebowery.com.au

·Story Bridge Hotel

这家酒吧在整个布里斯班酒吧行列之中都占有遥遥领先的地位，很受欢迎。去之前要提前订座，以免落空。酒吧提供各种美味，充实的分量，非常实惠。无论是牛排，还是汉堡和鲜鱼，都让人连连称赞。

地址： 200 Main St, Kangaroo Point
电话： 07- 33912266
网址： www.storybridgehotel.com.au

·Anise

新颖别致的格调、浓厚温馨的氛围，让你为之动容。置身于酒吧中，你看不到醉醺醺的酒鬼，与之相反的是一些时尚且充满活力的年轻人。酒吧中的的每个房间都有熏香，与其他酒吧内闷闷的酒气相比，这里淡淡的清香令人沉醉。

地址： 697 Brunswick St，New Farm
电话： 07-33581558
网址： www.anise.com.au

夜总会

·The Beat Mega Club

这家夜总会可是布里斯班人十分喜欢去的地方，每个到来之人都徜徉于美妙的音乐之中，疯狂地舞动自己。这里有5个舞池、6个吧台，是一个狂欢的好去处。值得一提的是，22:30之前可以免费入场。

地址： 677 Ann St，Fortitude Valley
电话： 07-38522661
网址： www.thebeatmegaclub.com.au

·Alhambra Lounge

假如你想享受一下热情奔放的生活，那么就赶紧到这里来吧。这个夜总会的装饰色彩为深红色，正是一种低调而不是风雅的颜色。整个夜总会空间被一个个沙发和隔间挤满，新潮的音乐，令人们耳目一新。

地址： 12 McLachlan St
电话： 07-32160226
网址： www.alhambralounge.com

·Family

这家夜总会有四层楼，是布里斯班最大的狂欢夜总会，每天都人潮涌动。里面常常播放各种类型的音乐，如House、Trance，以及Electro等，大多周六夜晚还有国际上知名的DJ前来助兴表演，还等什么，赶紧盛装出动吧。

地址： 8 McLachlan St，Fortitude Valley
电话： 07-38525000
网址： www.thefamily.com.au

剧院

·昆士兰表演艺术中心

昆士兰表演艺术中心（Queensland Performing Arts Centre）是一个大型的艺术中心，是各类表演艺术的聚集地。这里面积庞大，可容纳上万人，每天都有很多不同节目在此上演，如戏剧、歌剧古典音乐、音乐剧等。

地址： Cnr Grey St and Melbourne St，South Bank
电话： 07-38407444
网址： www.qpac.com.au

·朱迪斯·莱特当代艺术中心

朱迪斯·莱特当代艺术中心（Judith Wright Centre of Contemporary Arts）是一家中型的艺术中心。这里的表演场地不大，不过演出却是顶尖的。在这里你可以看见最好的国际舞蹈、音乐、原住民戏剧等表演。

地址： 420 Brunswick St，Fortitude Valley
电话： 07-38729018
网址： www.judithwrightcentre.com

· 布里斯班发电厂

布里斯班发电厂（Brisbane Powerhouse）经改造后，成为新兴的剧院、戏剧舞蹈之地。这里有着涂鸦遍布的墙壁，在这里你既可以看到新兴的戏剧和视觉艺术，也可欣赏到摄影展、现场喜剧和实验音乐。

地址： 119 Lamington St
电话： 07-33588600
网址： brisbanepowerhouse.org

电影院

·Eldorado Cinema Complex

这是西郊的一个标志性建筑，近几年，电影院经过重金重建。电影院内采用的是高靠背座椅、数字声音技术，完成了完美的蜕变。这里的门票价格非常的经济实惠，里边还建有一个糖果酒吧，看完电影可以进去吃点甜点。电影院对面还有购物城，购物十分方便。

地址： 141-149 Coonan St Indooroopilly Brisbane
电话： 07-33781566
网址： www.eldoradocinema.com.au

·Hawthorne Cinemas

这个电影院拥有最新的电影屏幕，以及最为先进的技术。这里的门票价格非常经济实惠。假如你来的话，一定不会有任何失望。这个电影院包括三个小型电影院，电影院历史悠久，拥有一个大屏幕；电影院2拥有具有现代风格的体育场座位；电影院3有些小，但是很舒服。

地址： 261 Hawthorne Rd
电话： 07-38991588
网址： www.cineplex.com.au

·Schonell Cinema

这个大学电影院，价格十分合理，总是学生满座。除了电影院，这里还有咖啡馆，也经常有一些大学之外的文化活动在这里举行。电影院放映的大多是世界各国电影节上的获奖电影，比如选自威尼斯国际电影节、圣丹斯电影节、韩国电影节等的著名电影。

地址： Union Rd, The University of Queensland Saint Lucia Brisbane
电话： 07-33217690
网址： www.schonell.com

现场音乐

·Brisbane Entertainment Centre

这里环境不错，很多活动都会在这里举行。很多大型的体育活动都选择在这里举办，还吸引了一些国际性的音乐会前来举办活动。这里不管是体育活动，还是音乐会，场面都很热烈，深得人们喜欢。

地址： Boondall
电话： 07-32658111
网址： www.brisent.com.au

·Brisbane Jazz Club

这个俱乐部就在河边上，每当夜幕降临，俱乐部就会变得热闹非凡。在这里，你可以欣赏到传统音乐、摇摆乐以及当代爵士乐。正因为美好的环境和氛围，所以有很多爵士乐界知名人士前来表演。

地址： 1 Annie St
电话： 07-33912006
网址： www.brisbanejazzclub.com.au

·The Zoo

看名字你可能会觉得这个地方是动物园，其实不然，这里是一个名副其实的音乐殿堂。这里的表演舞台虽不大，但是却受到很多乐队、歌手等的喜爱，很多人都会在这里表演。表演风格从嘻哈、摇滚、民乐到雷鬼音乐，应有尽有。

地址： 711 Ann St，Fortitude Valley
电话： 07-38541381
网址： www.thezoo.com.au

布里斯班住宿

布里斯班的住宿选择地较多，不过相对于悉尼、墨尔本那些大城市来说，还是稍微欠缺些。主要的星级酒店分散在市中心，交通比较方便，一些比较经济的酒店和旅馆都离市中心要远一些。一般背包客们常常会选择价格较便宜的青年旅舍或背包客旅馆。目前，布里斯班的酒店平均价格在120澳元左右，四星级和五星级酒店在200澳元左右。假如你是自驾，可以选择在距离布里斯班较远的旅馆，一晚一般为100澳元左右。

青年旅舍

名称	地址	电话	网址
Bunk Backpackers	11 Gipps St	07-32573644	www.katarzyna.com.au
Brisbane City YHA	392 Upper Roma St	07-32361004	www.yha.com.au
Brisbane Manor Hotel	555 Gregory Terrace	07-32524171	www.brisbanemanor.com
Edward Lodge Accomodation	75 Sydney St	07-33582680	www.edwardlodge.com.au
Explorers Inn Hotel Brisbane	63 Turbot St	07-32113488	www.explorers.com.au
Brisbane city YHA	392 Upper Roma St	07-32361004	www.yha.com.au
YHA Ltd	231 N Quay, Brisbane	07-32364999	www. Yha.com.au
Chill Backpackers	328 Upper Roma St	07-32360088	www.chillbackpackers.com
Woodduck Backpackers	390 Upper Roma St	07-32362961	www.woodduck.com.au
Brisbane Backpacker	110 Vulture St	07-38449956	www.brisbanebackpackers.com.au

中档酒店			
名称	地址	电话	网址
The Collingwood	32 Collingwood St	07-35117430	www.thecollingwood.com.au
Spicers Balfour Hotel	37 Balfour St	07-33588888	www.spicersgroup.com.au
Cream Gables Bed & Breakfast	70 Kent St	07-33582727	www.creamgables.com.au
Emporium Hotel	1000 Ann St	07-32536999	www.emporiumhotel.com.au
Brisbane Holiday Village	10 Holmead Rd	07-33416133	www.brisbaneholidayvillage.com.au
Abbey on Roma Apartments	160 Roma St	07-32360600	www.abbeyonroma.com.au

高档酒店			
名称	地址	电话	网址
Quest River Park Central	120 Mary St	07-38381000	www.questriverparkcentral.com.au
Meriton Serviced Apartments	485 Adelaide St	07-31715100	www.meritonapartments.com.au
Quest Spring Hill	454 Upper Edward St	07-30262500	www.questspringhill.com.au
Marriott Hotel	515 Queen St	07-33038000	www.marriott.com
Hilton Hotel Brisbane	190 Elizabeth St	07-32342000	www.brisbane.hilton.com
Spicers Balfour Hotel	37 Balfour St	07-33588888	www.spicersgroup.com.au

4 布里斯班→凯恩斯

Bulisiban→Kai'ensi

凯恩斯交通

从布里斯班前往凯恩斯

·乘飞机前往

从布里斯班到凯恩斯乘飞机是非常方便的，布里斯班机场从7:00~21:00，有航班频繁前往凯恩斯，行程约2.5小时。其中凯恩斯国际机场（Cairns International Airport，07-40806703，www.cairnsairport.com）是澳大利亚最为繁忙的机场之一，提供飞往澳大利亚各大城市及布里斯班、悉尼、墨尔本、达尔文、黄金海岸等旅游胜地的航班。这里也有飞往日本、香港、新加坡等亚太地区的国际航班。机场分为国际线航空站和国内线航空站，两航空站相距约1千米。

· 乘火车前往

从布里斯班火车站可乘The Sunlander号（www.railaustralia.com.au）以及The Queenslander号火车到达凯恩斯站，凯恩斯火车站距海滨广场步行只需10分钟。此外，为方便游览，布里斯班还设有旅游列车，其中有“布里斯班—普罗瑟派恩(Proserpine)—凯恩斯”的“昆士兰人号”(The Queenslander)列车及来往于“布里斯班–凯恩斯”的“热带风情号”(Spirit of Tropics)列车。

乘公交游凯恩斯

凯恩斯城市较小，每个地区都有公交车，无论市区还是海滩，都能搭乘公交车抵达。持有一份公交车时刻表是很有用的，通常在宾馆、公车站或北昆士兰旅游局在海滨路的游客服务中心里都可获得。此外，各公交车上也备有时刻表，你也可向司机索要。

凯恩斯共有4家公共汽车公司，其中Cairns Trans 主要连接南方的Gordonvale及北方的yorkeys Knob；The Beach Bus以前往马林海岸(The Marlin Coast)为主；West Cairns Bus Service 以及Southern Cross Bus Service则主要连接市区及周边地方，这些汽车公司中，The Beach Bus 最受旅行者欢迎。The Beach Bus来往于凯恩斯与各海滩之间，始发站在市区广场附近的雷克街，途经凯瓦拉海滩(Kewarra Beach)、克里弗顿海滩、棕榈湾(Palm Cove)等众多海滩，运行时间为7:55 ~ 17:40。

此外，主要的公交车公司是Sunbus（07–40577411，www.sunbus.com.au），主要经营凯恩斯市内以及周边的公共汽车服务。Sunbus从Late St客运中心发车，从清晨一直运营到深夜。在周五以及周六时段，公共汽车所经过的站点几乎都有24小时的夜间服务。

乘出租车逛凯恩斯

在凯恩斯乘出租车很方便，在机场有几家大汽车公司柜台专门为到站的游客提供出租车服务。在市区，更有很多出租车公司，建议在抵达机场前预订。这里的出租车公司主要为“黑与白”(Black & White，07–40488333，131008)，其车体通白，容易辨认，价格也比较合理。无论是在机场、火车站，还是长程巴士转运站都能发现该公司的出租车，其候车点遍布凯恩斯全城。通常在这里并不容易直接招手就能打到车，大多是通过打电话进行提前连络的。假如，你是住在饭店之中，可使用免费叫车服务。另外，你在市区的固定排班点也可以找到，在各个邻近小镇之间都随处可见这家公司的出租车。

骑自行车逛凯恩斯

在凯恩斯，自行车也是十分方便的交通工具。这里提供24小时租车服务的公司有：

名称	地址	电话	费用
Bandicoot Bicycles	153 Sheridan St	07-40410155	每天18澳元
Bike Man	99 Sheridan St	07-40415566	每月60澳元
Cains Bicycle &Scooter Hire	47Sheridan St	07-40313444	每天15澳元，每周60澳元

凯恩斯市区景点

凯恩斯博物馆

凯恩斯博物馆（Cairns Museum）的建筑前身是20世纪初的美术学校。博物馆综合介绍了凯恩斯自原住民时期到现代农业发展的历史状况，从这里可以了解到凯恩斯早期的面貌。馆内有从采矿拓荒时期的生活用具、复古火车器材、第二次世界大战时的通运用具到雨林区的历史图片、早期中国移民的照片及凯恩斯周边地图和城市风景照片等丰富的展品。

旅游资讯

地址： School of Arts Building, Cnr Lake & Shields Street

电话： 07-40515582

门票： 5澳元

开放时间： 周一至周六10:00～16:00

网址： www.cairnsmuseum.org.au

凯恩斯博物馆

佛烈科植物园

佛烈科植物园（Flecker Botanic Gardens）拥有120多年的历史，以100多种棕榈树及其他各种热带植物而闻名中外，游客能在这里了解到热带植物的进化历史。此外，园内更有羊齿类及兰花的展览室，详细介绍了植物的进化情形。植物园绝佳的环境及气候，使得这里成了各种珍奇鸟类的栖息地。

旅游资讯

地址： Collins Avenue Edge Hill

电话： 07-40443398

交通： 从市政府搭乘阳光巴士（Sunbus）1B号，或自行开车从Sheridan St往北在Collins St左转即到

门票： 免费

开放时间： 周一至周五7:30～17:30，周六、日8:30～17:30

旅游达人游玩攻略

在佛烈科植物园内，每天13:00会有一场园区导览。

凯恩斯区画廊

凯恩斯区画廊(Cairns Regional Gallery)所处的是一座传统式建筑，装饰得富丽堂皇，值得一看。这是凯恩斯本地的一个艺术气息浓厚的地方，展品以本地艺术家的为主，其中包括一些土著民的珍贵艺术品。这些作品深刻反映了当地人的的思想，是你了解本地文化的一个好去处。

旅游资讯

地址： Collins Avenue Edge Hill

电话： 07-40464800

门票： 每月的第一个周六免费

开放时间： 周一至周五9:00～17:00，周六10:00～17:00，周日10:00～14:00

网址： www.cairnsregionalgallery.com.au

玻璃穹隆顶野生动物园

玻璃穹隆顶野生动物园（Wildlife Dome）建于索菲尔特礁赌场的屋顶上，是拥有圆形玻璃顶的室内动物园。园内有多种热带植物，置身其中，你仿佛漫步于真实的热带雨林自然环境之中。沿着道路漫步走来，沿途可看到各种鸟类、两栖类及爬虫类等动物。在这里，你甚至还可以抱着考拉拍张照。

旅游资讯

地址： 35-41 Wharf St

电话： 07-40317250

门票： 22澳元

开放时间： 7:00～18:00

网址： www.cairnsdome.com.au

玻璃穹隆顶野生动物园里的考拉

凯恩斯热带动物园

凯恩斯热带动物园（Cairns Tropical Zoo）内生活着各种本地以及世界各地引进的动物，包括专属澳大利亚的袋鼠、考拉；以及各种外来物种，如尼泊尔的红熊猫、环尾狐猴等。假如你想切实体验一把与野生动物亲密接触的乐趣，这里无疑是来澳大利亚旅游的最佳选择之一。

旅游资讯

地址： Captain Cook Highway

电话： 07-40553669

门票： 33澳元

开放时间： 8:30～16:00，周一至周四、周日夜晚19:00～22:00

网址： www.cairnstropicalzoo.com.au

旅游达人游玩攻略

在凯恩斯热带动物园中你不仅可以看到那些罕见的动物，还可以观看每天的定时动物表演。9:30你可花1澳元，买一包专用粮食亲手喂温顺的袋鼠；10:00及15:00有自由飞行鸟类表演；11:30及13:30有与考拉、蛇、鳄鱼拍照的机会。

大堡礁

大堡礁（Great Barrier Reef）是世界上最大最长的珊瑚礁群。落潮时，部分的珊瑚礁露出水面形成珊瑚岛。这是一个美丽神奇的地方，风平浪静之时，乘游船观赏那绵延不绝、色彩斑斓的珊瑚景色，美不胜收。大堡礁有千余个岛屿，甚至有那些由几毫米的珊瑚虫组成的珊瑚群。就在这样的环境下，聚集着成千上万的海洋生物，可谓是海洋动物的天堂。美丽的凯恩斯是前往大堡礁的必经之路，来了凯恩斯，当然不能错过神奇的大堡礁了。

旅游资讯

交通：乘船或直升飞机从凯恩斯大堡礁船队码头及附近出发，其中乘船需用1～2个小时，乘直升飞机需20分钟左右即可抵达外堡礁的海上浮动平台。

旅游达人游玩攻略

1.在大堡礁，最好玩的是要游客体验精彩刺激的水下世界，亲自参与活动的项目。观赏水下世界可分走水路、走旱路两种，其中走水路为最佳体验，穿上游泳衣裤、浮潜漂浮衣等一系列潜水装备，即可亲自下水。不过，注意不要站在珊瑚上，以防止腿脚被划伤。如果不会游泳，可尝试“海底漫步”头盔式平台漫步潜水。

2.游客在海上平台进行各种观光活动时，会有专业摄影师不断抓拍各种精彩瞬间。在返航时，各种精彩照片会在游船的电视屏幕上展示，还有冲印好的彩色照片展览，可供游客选择。这些照片价格不菲，如果你想留作纪念，可选购一些自己喜欢的照片。

3.大堡礁有内堡礁和外堡礁。内堡礁价钱便宜，海上航行时间较短。假如你不喜欢下水观光，可在海岛和沙滩上行走观光。不过，这里常常看不到真正的珊瑚和鱼类，而且稍有风浪海水易变浑，不利于水下观光。假如你想真正领略大堡礁风情，并资金充裕的情况下，还是去外堡礁看看。想要真正领略大堡礁的曼妙风情，一般需乘船或直升飞机进行观光。

库兰达

库兰达（Kuranda）是一个隐匿于热带雨林中的小镇，拥有一片古老且面积庞大的热带雨林，因美丽的热带雨林风光闻名遐迩。雨林处处高耸密集的树木，有奔腾的瀑布、潺潺的小溪与之映衬，各种野生动物活跃其中，宛如一个不被打扰的世外桃源，被称为“童话之地”。

旅游资讯

地址：距离凯恩斯市约27千米处

交通：从凯恩斯搭乘风景列车前往，一个半小时便可到达

旅游达人游玩攻略

在库兰达你可体验多种有趣的旅游项目，可先乘空中铁路游览热带雨林，然后换车前往库兰达热带雨林自然公园，去观看原住民舞蹈、乐器和掷回力镖表演；还可参加热带雨林水路两栖战车活动，在导游的带领下乘坐这种战车穿越茂密的热带雨林，并观看丛林中的松鼠、蜥蜴等动物，简直是妙趣横生。

拜伦峡谷国家公园

拜伦峡谷国家公园（Barron Gorge National Park）因拜伦瀑布(Barron Falls)而闻名。瀑布从250米高的山上直泻而下，十分壮观。另外，公园中还拥有美丽的峡谷景色，吸引了很多摄影爱好者前来。

拜伦峡谷国家公园

旅游资讯

地址：凯恩斯东北面15千米处

门票：可在凯恩斯乘坐到库兰达的旅游列车，在拜伦峡谷国家公园下车

网址：www.nationalparksaccom.com.au

最容易让人忽略的景点

帕罗尼拉公园

帕罗尼拉公园（Paronella Park）会让你深切感受到古老城堡绚丽而又充满自在感的气氛。在这里，你可以聆听气势恢宏的瀑布流水声，可以静数关于公园浪漫的爱情故事，可以在不断的参观浏览过程中，尽享那种近乎神秘的美。

旅游资讯

地址： 凯恩斯南部约240千米处，因尼斯菲尔的郊外

交通： 07-40653225

门票： 28澳元

开放时间： 9:00～19:30

网址： www.paronellapark.com.au

旅游达人游玩攻略

帕罗尼拉公园设有晚间导赏，可夜游公园。来到这里，不仅仅只是目睹瀑布和城堡亮灯后那夺目的一瞬间，更有许多只有夜晚才可以赏到的美景以供选择。此外，园内导游还会用汉语进行讲解，你可以从中收获很多难忘的东西。

凯恩斯海底水族馆

凯恩斯海底水族馆（Cairns Marine Aquarium）地方不大，却拥有着多姿多彩的珊瑚礁海洋生物。水族馆中除了美丽的鱼与珊瑚，还有数以百万计的标本，供游客参观。海洋馆中还有专业的潜水员，你可在他们的带领下，与海洋动物共潜水。

旅游资讯

地址： 14 Industrial Ave, Stratford

电话： 07-40581711

网址： www.cairnsmarine.com

道格拉斯港

道格拉斯港(Port Douglas)是一个集海洋、热带雨林、沙漠于一体的地方。这里风景如画，环境静谧，独到的特色风光吸引了很多名人政要及世界各地的旅行者前来参观。这里不仅有很多保存完好的雨林自然保护区，也有高尔夫球场、豪华套房、别墅及餐厅等。

旅游资讯

地址： 凯恩斯北部约70千米处

道格拉斯港

凯恩斯美食

说到凯恩斯的美食，海鲜当然是必不可少的。这样一个绝佳的地理位置造就了凯恩斯海鲜的丰盛，所产的鲍鱼、生蚝、泥蟹、龙虾或老虎虾等，都是令人垂涎的美味。除此之外，本地的昆士兰牛肉、热带水果，都是顶尖的棒。凯恩斯融合了来自世界各地的名菜，如正宗的欧洲西餐、中国菜、亚洲美食和南美菜肴等。每当夜幕降临时，海滨大道上的迷人海景与多彩多姿的餐厅相映成趣，美不胜收。

澳大利亚美食

· Ochre Restaurant

这是一家正宗的澳大利亚餐馆，有澳大利亚独特的美食，能够品尝到各种当地菜。这里的每位员工都是友好且热情的,在此用餐会感觉十分愉快。

地址：43 Shields St
电话：07-40510100
网址：www.ochrerestaurant.com.au

· Tamarind

这是一家澳大利亚近现代风格的餐厅，主食和甜点做得都很完美，推荐菜肴鸡肉咖喱、亚洲牛排。假如，是两个人吃，甜点拼盘便足够了，非常可口。

地址：35/41 Wharf St,Cairns
电话：07-40308897
网址：www.reefcasino.com.au

· Dundee's Restaurant on the Waterfront

这是一家人气很高的餐厅，只要看看那满座的状况你就知道了。这里的海鲜拼盘很棒，尤其受到当地人的欢迎。假如你不喜欢海鲜，也可以尝尝这里别的套餐。

地址： Harbour Lights,1 Marlin Parade,Cairns
电话： 07-40510399
网址： www.dundees.com.au

· Bushfire Flame Grill

这家餐厅的牛肉、羊肉都很棒，推荐品尝味道很特别的烤肉。此外，烧烤外加糖凤梨，吃起来也很棒。这是个很有创造力的饭店，几乎能满足任何人的不同口味。肉的分量很足，而且好吃，菜肴可供选择的品种较多，花样不少，只是分量不太大。

地址： 43 Spence St,Cairns
电话： 07-40517888
网址： www.pacifichotelcairns.com

中国美食

· 饮食天

饮食天(Taste Of China Restaurant)是一家人气很高的中国餐馆，有各种价位的菜肴。在这里你既可以吃到便宜的面条，也能享受高档的鱼翅。另外，还有套餐售卖，菜品十分丰富。

地址： 36 Abbott St
电话： 07-40313668

· 食通天海鲜酒家

食通天海鲜酒家（Café China）是凯恩斯非常有名的中国餐馆，在这里，可以在享受安静的环境氛围的同时，品尝绝对正宗的中国菜。

地址： 32-40 Spence St
电话： 07-40412828
网址： www.cafechina.com.au

世界美食

· Little Ricardo's

这是一家正宗的意大利餐厅，提供晚餐及宵夜。这家餐厅氛围很好，服务也很周到，其中最受欢迎的是比萨饼。同时，在这里吃个宵夜也是件很棒的事情。

地址： 191 Sheridan St,Cairns
电话： 07-40515266
网址： www.littlericardos.com

· Krokodillos

这里的服务态度很好，有非常棒的牛排、可口的鲑鱼和龙鱼。饭后还可以点个焦糖布丁甜点，这是一个值得推荐的好地方。

地址： 459 Varley St, Yorkeys Knob
电话： 07-40557099
网址： www.krokodillos.com.au

· Bel Paese

这是一个很干净的地方，比萨饼和通心粉，是值得推荐的食物。此外，还有美味的面食以及可口的沙拉可供选择。这里的氛围很融洽，你能在这儿度过一个浪漫的晚上。

地址： 45 Spence St,Cairns
电话： 07-40516165
网址： www.belpaesecairns.com.au

· Al Porto Cafe Restaurant

这家正宗的意大利美食餐厅，绝对会让你沉醉。因为占据着优越的地理位置，所以很容易吸引那些在码头观光的友人。这里有甜美的果汁、鲜美的松饼、培根和鸡蛋三明治。

地址： 1 Spence St
电话： 07-40316222
网址： www.alportocairns.com

· Sushi Paradise

这是一家十分洁净的餐厅，有着美味的寿司和什锦以及新鲜可口的鱼，价格比较合理，此外，这里还有免费的茶水提供。

地址： 111-115 Grafton St
电话： 07-40283452
网址： www.sushiparadisecairns.com

凯恩斯购物

凯恩斯虽然不是澳大利亚最为繁华之地，但是也有着自己特色的购物聚集地，在这里往往会淘到一些令人惊喜的物品。史密斯菲尔德购物中心（Smithfield Shopping Center）是知名的购物场所。在码头购物中心（The Pier Marketp1ace）与三圣港购物中心（Trinity Wharf Shopping Complex）可以买到一些休闲、零售商品。假如你想购买一些旅行纪念品的话，可到凯恩斯夜市（Esplanade）去看

看，那里分布着很多大大小小的夜市，不要小瞧这些夜市，这可是淘宝的好地方，在买东西时，跟销售者好好讲讲价格，可以省下不少钱。另外，在这里还可以买到很多其他地方买不到的土特产品，如各种名贵宝石、葡萄酒、土著手工艺品及西南地区所产的羊皮制品、木制雕刻品、羊脂护肤膏等。

·油槽艺术中心

油槽艺术中心（Tanks Arts Centre）是凯恩斯当地很著名的艺术展示中心，是由三个油槽所改装成的大型艺术展览场。每月最后一个周日这里都会举办集市。届时，在集市上能找到各种艺术品、陶器及草本植物，另外还有现场音乐演奏。

地址： 46 Collins Ave
电话： 07-40326600
营业时间： 4月～11月
网址： www.tanksartscentre.com

·步行者书店

这是一个与众不同的书店。假如你对当地土著文化比较感兴趣的话，不妨到这里来研究一番。在这里可以看到《凯恩斯精华导览》(Pink Guide to Cairns)、《兄弟姐妹昆士兰》(Brother-Sister Queensland)、《昆士兰之光》(Queensland Pride)等经典书籍。

地址： 96 Lake St
电话： 07-40512410

·泥土市场

泥土市场（The Mud Markets)是一个露天集市，主要出售各种工艺品、珠宝与衣饰。假如你周末闲来无事，可以到这里来逛一下。

地址： The Pier Marketplace Pierpoint Rd
电话： 07-40517244
营业时间： 每周六、日的9:00～17:00

·鲁士迪市集

鲁士迪市集(Rusty’s Bazaar Markets)也是一个露天集市，这里不仅仅出售各种工艺品，还有各种水果售卖。

地址： Sheridan St
营业时间： 周五17:00，周六、日8:00～12:30

·考提卡二手店

考提卡二手店（Kaotica Secondhand）是一家非常有名的二手店，主要出售20世纪50至20世纪90年代流行的东西。假如你比较怀旧，喜欢玩味古物，就应该到这里来。在这里你会发现很多有意思的东西，有一些牛仔裤常常只卖到15～30澳元。假如你是自助旅行者，还可到这里卖掉一些多余的行李。

地址： 62 Grafton St
电话： 07-40519386

在凯恩斯“血拼”一番之后，当然要好好享受一下这里的娱乐了。凯恩斯可是世界上出了名的娱乐之都，汇集了澳大利亚各地各种不同的娱乐项目。不过，凯恩斯这个夜晚格外美丽的城市，往往白天大门紧闭，到了晚上才会“醒来”。想要尽情享受凯恩斯之夜，那可是很容易的事情，只需你有足够的精力，跑到酒吧消遣消遣。去看吧，凯恩斯大街上分布着无数大大小小的酒吧与夜总会。在朦胧的夜色中，你会感觉这个城市充满了欢乐。在凯恩斯的酒吧中，你可以尝到世界各地的名酒，更为难得的是，这些酒的价格都很优惠，酒吧通常以少的利润吸引顾客的眼球。假如你不喜欢那样的氛围，还可去电影院和音乐会馆，那里十分有意境，也会让你真正放松下来。

·Rhino Bar

在这里你丝毫不会感觉到任何的拘泥，自由自在的气氛吸引着每一个人。虽然是一个酒吧，但是这里很富有情调，每个人都那么温文尔雅，少了一分喧闹，多了几分快乐，是这个酒吧真正吸引人之处。

地址： Spence St
电话： 07-40315305

·Reef Hotel Casino

Reef Hotel Casino是一个五星级豪华的旅馆酒店，其内设有餐厅及酒吧。酒店内装饰风格时尚，布置合理，是值得一逛的地方。

地址： 35-41 Wharf St
电话： 07-40308888
网址： www.reefcasino.com.au

旅游城市凯恩斯有着很多的住宿地，经济型的旅馆、中档酒店、高档酒店及度假村随处都可找到。凯恩斯因城市较小，可选择住在市中心，其中经济实惠的旅馆多集中在海滨广场，自助旅馆大多分布在艾斯帕奈得。旅馆一般有投币式洗衣设备，并提供到巴士站、火车站及机场的接送服务。其中，经济型旅馆的价格都在100澳元以下，中档酒店的价格在100～200澳元，部分高档酒店也有在200澳元以下的，一些度假村酒店可能在300澳元以上。黄金海岸附近的住宿价格会比较高些。

6～10月是凯恩斯的旅游旺季，那时旅馆几乎客满，因此需提前预订。在10月至次年5月的淡季时候，房价会有所下降。

青年旅舍			
名称	地址	电话	网址
Cairns Central YHA Hostel	20–26 McLeod St, Cairns QLD 4870	07–40510772	www.yha.com.au
Cairns City Backpackers	274 Draper St, Parramatta Park, 4870	07–40516160	www.cairnscitybackpackers.com
Dreamtime Travellers Rest	4 Terminus St, Parramatta Park QLD 4870	07–40316753	www.dreamtimehostel.com
Travellers Oasis Backpackers	8 Scott St, Cairns QLD 4870	07–40521377	www.travellersoasis.com.au
Tropic Days Backpackers	26–28 Bunting St, Cairns QLD 4870	07–40411521	www.tropicdays.com.au
Dreamtime Travellers Rest	4 Terminus St, Parramatta Park QLD 4870	07–40316753	www.dreamtimehostel.com
Castaway's Backpackers	207 Sheridan St, Cairns QLD 4870	07–40511238	www.castawaysbackpackers.com.au

中档酒店			
名称	地址	电话	网址
Bay Village Tropical Retreat & Apartments	227 Lake St, Cairns QLD 4870	07–40514622	www.bayvillage.com.au
Hides Hotel Cairns	87 Lake St, Cairns QLD 4870	07–40511266	www.hideshotel.com.au
Rydges Esplanade Resort Apartments	209–217 Abbott St, Cairns QLD 4870	07–40449000	www.rydges.com
Hilton Cairns Hotel	34 Esplanade, Cairns QLD 4870	07–40502000	www.cairns.hilton.com
Best Western City Sheridan Hotel	157 Sheridan St, Cairns QLD 4870	07–40513555	www.citysheridan.com.au
Novotel Cairns Oasis Resort	122 Lake St, Cairns QLD 4870	07–40801888	www.novotelcairnsresort.com.au

高档酒店			
名称	地址	电话	网址
Shangri–la Marina Hotel	1 Pier Point Rd,Cairns	07–40311411	www.shangri–la.com
Jack & Newell Cairns Luxury Apartments	27 Wharf St, Cairns	07–40314990	www.jacknewellcairns.com.au
Cairns Aquarius	107 Esplanade, Cairns	07–40518444	www.cairnsaquarius.com.au
Getaway On Grafton	157–159 Grafton St, Cairns	07–40521200	www.getawaycairns.com.au

珀斯的摩天大楼

PART 4

珀斯→阿德莱德→墨尔本→堪培拉

从机场前往市区

珀斯拥有十分密集的航班服务，从这里可以到达国际各大城市及国内城市。珀斯机场（Perth Airport）是澳大利亚第四繁忙的机场，内部设有三个航站楼，其中1号楼为国际航线服务，2、3号楼为国内航线服务。国际航站楼和国内航站楼相隔10千米。

名称	珀斯国际机场
地址	Perth International Terminal，Redcliffe
电话	08-94788888
网址	www.vodafone.com.au

从机场前往市区的主要交通工具是公共汽车。东珀斯站是火车站，同时也是许多跨州的长途汽车站的总站所在地。此外，还有城市汽车站（Transperth City Busport）以及前往珀斯周边城镇的长途汽车站。在国际机场和国内机场候机厅前乘坐Airport City shuttle，即可从机场直达珀斯市区，单程仅半个小时左右；该汽车运营时间为每天7:00～19:00，运行间隔为每30分钟一班，票价比较便宜。

乘火车游珀斯

珀斯的主要火车站是东珀斯站（East Perth Stn）和珀斯站（Perth Stn），其中东珀斯站有Prospector号火车在东珀斯和卡尔古利之间穿梭。Prospector号火车从东珀斯站发车的时间为周一到周六7:15，周日14:10。除东珀斯站以外，珀斯的大部分火车均从珀斯站出发。通常一张票可通用于车票有效范围内的火车、汽车、渡轮这三种交通工具。珀斯站有五条铁道干线，共有69个站点，可到达珀斯大部分地区。由珀斯站发出的火车的终点站分别为西南面的弗里曼特尔（Fremantle）、北面的Clarkson、东面的米德兰（Midland）、东南面的Armadale及南面的Mandurah。其中，Mandurah线路通过Esplanade站前往城市南部。Mandurah线路白天每15分钟就有一班车，晚上19:00后及周末为每30分钟一班；运营时间为5:30至次日1:00，周六及周日运行至次日2:00。

乘公交玩珀斯

珀斯的公交由珀斯公共交通公司（Transperth）运营，其公交中转站包括公交总站(Busport)和惠灵顿街中转站（Wellington Street Bus Station）及费利曼特尔公车中转站。值得一提的是，惠灵顿街中转站和珀斯铁路总站是相连的，交通十分方便。此外，珀斯市内还有环城的98、99路公交车，这是为方便学生而设立的学校公交线，沿途会经过很多珀斯高校。

在同一个区内乘坐公交，车费约为2.3澳元。珀斯主要分为三个区域，其中第一区覆盖了包括苏比亚科 和Claremont在内的市郊区域，第二区扩展到西部的弗里曼特尔，第三区则扩展到了城市外围郊区。

名称	运行线路	工作日运行时间	周末运行时间
红色CAT	东西线，从Outram Street、西珀斯到东珀斯的WACA	6:50～18:20，每5分钟一班	10:00～18:15，每25分钟一班
蓝色CAT	南北线，从天鹅河到北桥	6:50～18:20，每7分钟一班；周五晚上会延长到凌晨1:00	周六8:00～凌晨1:00，周日10:00～18:15，每15分钟一班
黄色CAT	从东珀斯经过惠灵顿街到西珀斯	6:50～18:20，每10分钟一班	10:00～18:15，每30分钟一班

珀斯城内有三条免费的CAT公交路线，俗称猫车。猫车车身有大猫图案,可分红黄蓝三种颜色。这三条路线在珀斯城循环行驶，涵盖了市区的大部分地区。

乘出租车逛珀斯

珀斯拥有一个十分完备的出租车系统，白天往往比较容易租到出租车，晚上则比较困难。珀斯的出租车公司主要分布在市中心以及弗里曼特尔地区，由天鹅出租车公司（Swan Taxis）运营，电话为08–

94222222；还有就是黑白出租车公司（Black&White Cabs），电话为131008。这两家公司服务很好，车上都配有轮椅服务。

自驾车玩转珀斯

自驾游珀斯是一个很不错的选择，但需要你自己去租车公司租车。在珀斯有很多汽车租赁公司可提供租车服务。

珀斯市内除了汽车自驾，还设有专用的自行车道，是一个适合骑自行车游览的城市，其中最为受欢迎的骑行路线是沿天鹅河北岸游览。至于自行车的租赁问题就可以在自行车店内解决，大多数的自行车店都会提供循环地图。

自行车租车公司信息			
名称	地址	电话	网址
艾维斯租车公司（AVIS Rent a Car）	17 Queen Street	08-92399044	www.avis.com.au
澳大利亚网路租车公司（Web Car Hire）	471 Great Eastern Highway Redcliffe	08-92771000	www.webcarhire.com

珀斯市区景点

国王公园

国王公园

国王公园（Kings Park）是南半球最大的城市花园，犹如一颗翡翠傲立在天鹅河畔。这个漂亮的公园因曾是澳大利亚人送给英国爱德华国王的礼物，而得名国王花园。公园中拥有大面积的自然林地，其中央有个酷似皇冠一样的山顶。此外，公园中还有各种各样的鸟类群体以及大范围分布的野花，是游珀斯必访之地。

旅游资讯

地址： Fraser Avenue，Kings Park Western Australia

电话： 08-94803600

交通： 乘坐78、79、102等路公交车到国王公园站下即可

网址： www.bgpa.wa.gov.au

旅游达人游玩攻略

在珀斯国王公园内，你可以俯瞰整个珀斯市区。公园中每年举办的珀斯野花节（Perth Wildflower Festival），也是一大引人入胜之处。每年8月至11月，珀斯正值春季，国王公园百花齐放，是看野花的好去处；其中9月份国王公园都会持续一个月的时间开展热闹的野花节，期间会有现场音乐会、装置艺术和文化表演等。

天鹅河

天鹅河（Swan River）是一个神奇的地方，当年荷兰航海家首次踏上珀斯便被河边美丽的黑天鹅深深吸引，因而将这条河流命名为天鹅河。它将美丽的珀斯一分为二，其北岸是有“办公街”之称的圣乔治大道。圣乔治大道北邻的海伊步行街则是珀斯的商业闹市中心。美丽的天鹅河畔总是热闹非凡，只要漫步在河畔，你就会被它的魅力深深吸引。

天鹅钟楼

旅游资讯

地址： 20 Terrace Rd, East Perth WA 6004

电话： 08-92780900

网址： www.swanrivertrust.wa.gov.au

旅游达人游玩攻略

1.想要观赏天鹅河，你可以前往珀斯市中心的巴莱克街(Barrack)码头一带。这里聚集了很多咖啡馆、酒吧、餐厅，每天19:30都会有游船从巴莱克街码头启航，你可乘船夜游天鹅河并在船上享受自助餐和饮料、观看现场乐队表演。

2.从巴莱克街码头沿着天鹅河向东北行驶10多千米可到美丽的天鹅谷。这里是澳大利亚著名的葡萄酒产地之一，很多老字号酒厂都在这里酿酒。

3.天鹅河边的巴莱克街码头对面有个天鹅钟塔（Swan Bell Tower），这是珀斯的标志性建筑之一。钟塔除周三、周五外，每天12:00～13:00会举行敲钟仪式，你可以前去聆听，你也可以亲身体验一下敲钟。

西澳大利亚博物馆

西澳大利亚博物馆（Western Australia Museum）的建筑包括主楼展厅、殖民地时代的旧监狱和旧法院大楼，有着一股浓重的沧桑之感。馆内收藏有大量的地质生物化石、土著工艺美术品、欧洲的古董名车等。馆内还收藏有一块重达11吨的陨石，为博物馆增添了一丝神秘。

旅游资讯

地址： 16 Francis St，City Centre

电话： 08-92123700

门票： 免费

开放时间： 9:30～17:00

网址： www.history.sa.gov.au

西澳大利亚博物馆

西澳大利亚美术馆

西澳大利亚美术馆（Art Gallery of Western Australia）是西澳大利亚的艺术中心，馆中作品种类繁多，形式多样，有绘画、照片、现代艺术、雕刻等，其中以澳大利亚艺术家的作品为多。此外，还有大量珍藏的土著艺术作品，以及澳大利亚早期欧洲人画。

旅游资讯

地址： 6 James St， City Centre

电话： 08-94926600

门票： 免费

开放时间： 10:00～17:00

网址： www.museum.wa.gov.au

西澳大利亚水族馆

西澳大利亚水族馆（Auarium of Western Australia）曾是一家私人水族馆，后来作为海底世界对外开放。水族馆拥有400多种物种，你可在馆中长长的水下隧道中，观赏海龟、鲨鱼、海龙、海月水母、海蛇、海豹等海洋动物，体验一次奇幻的海底世界之旅。

旅游资讯

地址： 91 Southside Dr，Hillarys

电话： 08-94477500

交通： 乘坐423、456、458等公交车到West Coast Dr Before St Helier Dr下即可

开放时间： 10:00～17:00

网址： www.aqwa.com.au

珀斯铸币厂

珀斯铸币厂(Perth Mint)是澳大利亚现存最古老且仍在运转的铸币厂，因生产精美的金银纪念币而享誉世界。这里收藏数量可观的金块、珍贵硬币以及澳大利亚特有的珠宝。2011年，厂内制造出了世界上最大、最重、最有价值的金币，打破了皇家加拿大铸币厂的记录。

旅游资讯

地址：310 Hay St
电话：08-94217223
门票：15澳元
开放时间：9:00～17:00
网址：www.perthmint.com.au

珀斯周边景点

西澳海事博物馆

西澳海事博物馆

西澳海事博物馆（Western Australian Maritime Museum）与西澳大利亚海洋密不可分，是一个以历史为主题的地方。馆中收藏有各种与海洋息息相关的实物与资料，如海难沉船后被发现的零件与宝石、钱币等贵重物品，以及澳大利亚土著的木舟、巴塔比亚号(Batavia)的重组残骸等。每一件物品都是历史的见证，这一切将会让人们深深感受西澳大利亚的曾经。

旅游资讯

地址：Peter Hughes Dr
电话：08-94318334
开放时间：10澳元
门票：9:30～17:00

日落海岸

日落海岸（Sunset Coast）将整条珀斯以北的海岸线围住，是一个集海滩、阳光于一体的休闲圣地，也是欣赏日落的好地方。日落海岸的美不仅仅在于它那优美迷人的海岸线，更在于令人惊奇的内陆地区。

日落海岸

旅游资讯

地址： 珀斯东海岸

交通： 乘坐91、92、387等公交车可到

旅游达人游玩攻略

1.从特里格岛（Trigg Island）至本斯石（Burns Rock）的海岸线是玛米安海岸公园（Marmion Marine Park）的大本营，在这里清澈的环礁湖中，可以看见海豚和海狮。

2. 从索伦托码头（Sorrento Quay ）北上是尊达勒（Joondalup），这里的景色优美，还可以近距离接触袋鼠或野生雀鸟，可真正体验到回归大自然的感觉。

3.过了尊达勒便到了日落海岸最北端的兰斯林（Lancelin），这里海水清澈，可以进行冲浪、钓鱼、游泳等活动。

波浪岩

波浪岩（Wave Rock）是耸立于西澳大利亚中部沙漠中知名的观光景点。它并非是一个接一个的独立巨大波浪形岩石，而是连接北边海顿石、荷马岩、骆驼岩等串连起的风化岩石。早在25亿年前，这个现代西澳大利亚地标就已经形成，它的鬼斧神工，每年都吸引了大批观光游客慕名而来。

旅游资讯

地址： Hyden Lake King Rd

电话： 08-98805182（游客中心）

交通： 9:00—17:00

网址： www.waverock.com.au

南邦国家公园岩塔沙漠

南邦国家公园

南邦国家公园（Nambung National Park）中令人称道的是里边大片横跨沙漠的奇异活化石原始森林。原始森林中有数量众多、高达4公尺的石灰岩柱，好似活脱脱的一处尖峰石阵（The Pinnacles），着实是一大自然奇观。

旅游资讯

地址： Nambung Western Australia

电话： 08-96527913

交通： 从珀斯出发驾车前往，大约3小时可到

最容易让人忽略的景点

珀斯动物园

珀斯动物园（Perth Zoo）在一处花草掩映的园林之中，以各个不同的观赏区展现了多种各具特色的动物，置身展区之中，可以感受到大自然的神奇。动物园观赏区分为森林区、湿地区、非洲热带草原区等，里面有来自澳大利亚，非洲、亚洲等地不同的陆生、水生动物。

旅游资讯

地址：和珀斯市区隔斯旺河相望处

电话：08-94970444

交通：搭乘游渡轮前往南伯斯（South Perth），下船后步行约5分钟

门票：17澳元

开放时间：9:00～17:00

网址：www.perthzoo.wa.gov.au

罗金厄姆浅滩海洋公园

在罗金厄姆（Rockingham）这个优雅的小镇上，有宽吻海豚、冰激凌和一个著名的浅滩海洋公园（Shoalwater Islands Marine Park）。公园中有很多十分可爱的小动物，如海狮、海豹、企鹅、海鸥等。

罗金厄姆浅滩海洋公园

旅游资讯

地址：19 Kent St

电话：08-95923464

交通：从珀斯和弗里曼特尔都可乘坐Transperth公司的巴士前往

网址：www.rockinghamvisitorcentre.com.au

科特斯洛海滩

科特斯洛海滩（Cottesloe Beach）是珀斯最受欢迎的海滩之一，也是冲浪爱好者的最爱。这个白色沙滩从海德兰港一直向前延伸，每天都被潮汐冲刷得格外干净。漫步海岸上，随处可见五彩缤纷的贝壳。

旅游资讯

地址：Marine Parade

电话：08-92855000

交通：乘坐381路车在Marine Pde Before Princes St站下可以到达。

网址：cottesloe.wa.gov.au

弗里曼特尔

弗里曼特尔（Fremantle）是一座历史名城，也是珀斯的重要港口。这里虽距市区仅咫尺之遥，却没有大城市的喧嚣。这里因那些高雅的殖民建筑与古色古香的小巷，显得更加的宁静与别具风情，这座小城也因此被被誉为“世界上保存最佳的十九世纪港口城市”。

旅游资讯

地址：8 William St

电话：08-94317878

网址：www.fremantlewa.com.au

企鹅岛

企鹅岛（Penguin Island）是一个很小的岛屿，不过风景却格外好，在其中还能见到野生热带小企鹅，非常可爱。为了不打扰这些可爱的小东西们正常生活，澳大利亚冬日不接待游人，通常只在当年九月至次年六月开放。在这里开启一程小舟之旅很不错，你既可以去海鸥小岛上小憩一下，还可以看几场有趣的企鹅表演。

旅游资讯

地址：Corner Arcadia Dr and Penguin Rd

电话：08-95911333

网址：www.penguinisland.com.au

企鹅岛

珀斯美食

珀斯作为西澳大利亚的首府城市，是一个名副其实的美食城。这里的饮食极具西澳大利亚的特点，无论烹饪还是饮食都非常出色。走在珀斯，你在每条街上几乎都会发现那些价格公道且口味独特的美食。至于饮食场所，那更是多种多样了，可以去典雅的老茶馆，也可以去温馨的咖啡屋，还可以去热闹非凡的酒馆。关于珀斯的美食，市区的北桥可是世界美食与夜生活的聚集地。北桥中的詹姆斯街、威廉街、法兰西斯街上的美食餐厅，简直让人眼花缭乱。随便找个餐厅坐下，便可以尝到你所希望的美味。美食总要搭配上美酒才够味，到了珀斯这个美酒的天堂，一定要尝尝著名的天鹅啤酒，它可是西澳大利亚珀斯最受欢迎的啤酒之一。

澳大利亚美食

· Friends Restaurant

这家餐厅在美丽的天鹅河边，美丽的景色加上美味的食物，简直是无与伦比。这家西餐牛排馆，采用独特的澳大利亚传统方法料理烤出的牛排，色香味美，十分可口。餐厅清幽雅致的环境氛围，则给每一位进餐的客人留下难忘的回忆。

地址： 20 Terrace Rd
电话： 08-92210885
网址： www.friendsrestaurant.com.au

· Jackson's Restaurant

这是珀斯很火的一家餐厅，食物很棒，服务也很周到。在这里你可以尝试将葡萄酒与菜肴搭配，这里的葡萄酒种类很多，找到满足你口味的葡萄酒也非常容易。

地址： 483 Beaufort St
电话： 08-93281177
网址： www.jacksonsrestaurant.com.au

· Toast

这里的土司无疑是美味的，并且种类很多，有多种不同的吃法，绝对颠覆你对美食的传统想法。点一杯醇香的咖啡，你就可在这儿好好地享受下午茶的美好时光。天鹅河的美景为餐厅增色不少，向窗外望去，偶尔看见几只美丽的黑天鹅驻足河边，那景色美极了。

地址： Shop 21, 60 Royal St
电话： 08-92210771
网址： www.toasteastperth.com

· Halo

在这里你将会有一个良好的就餐体验，美味的海鲜，配以迷人的海滨景色，再有一个完美的天气，那感觉太赞了。这儿的美食采用高品质的当地食材烹制，每道菜肴都十分独特、新鲜，推荐品尝新鲜出炉的面包。

地址： Perth WA
电话： 08-93254575
网址： www.halorestaurant.com.au

中国美食

· 顺风

顺风（Shun Fung）在天鹅钟塔旁边，是一家远近闻名的中国菜馆。馆内主要供应正宗的粤菜。中午在这里可以享受广味茶式点心午餐，晚上可以品尝中式正餐。

地址： Old Perth Port，Barrack Square Jetty
电话： 08-92211868
网址： www.shunfung.com.au

· 汉宫酒家

汉宫酒家（Han Palace）的饭菜拥有过硬的质量和足够的分量。这里的中国菜可是很地道的，蟹钳、素食春卷、蒙古羊肉口味都出奇的棒。此外，还有各种葡萄酒，满足各种不同的人的口味。

地址： 75 Bennett St, Perth
电话： 08-9325888
网址： www.hanpalacerestaurant.com.au

· 德兴烧鸭店

德兴烧鸭店(Good Fortune Roast Duck House)以提供北京风味烤鸭为主，味道纯正。与之搭配的薄饼，以及烤猪肉面条，令人垂涎三尺。此外，店内，服务水平高、效率好，环境十分洁净，烤鸭分量足，很受人们欢迎。

地址： 344 William St
电话： 08-2283293
网址： www.goodfortuneduckhouse.com.au

世界美食

· Opus Restaurant

这个餐馆环境温馨，食物可口，是一家值得体验别样情调的餐馆。酒单上有很多选择,值得推荐的菜有鹅肝和鳟鱼，美食再配上高档红酒，那简直是绝了。

地址：32 Richardson St, Perth
电话：08-92178880
网址：www.opusrestaurant.com.au

· Restaurant Amuse

这是个很有情调的餐厅,不仅装修很漂亮,而且餐桌之间空间宽敞,地上还铺有地毯。食物美味，服务也非常周到,因而这里总是满座。假如你想要在这里进餐，享受愉快的用餐时光，最好提前打电话预约。

地址：Bronte St
电话：08-93254900
网址：restaurantamuse.com.au

· Matilda Bay Restaurant

这里的食物都很赞,尤其是海鲜，有很多品种可供选择，一定要品尝一下。餐厅内菜量丰富,而且还有一些好吃的特色菜。假如你能坐在靠窗的位子上,你还可欣赏天鹅河美景，看快艇匆匆驶过，享受一个美丽的午后时光。

地址：3 Hackett Dr, Crawley
电话：08-94235000
网址：matbay.com.au

· Ciao Italia

这里有正宗的意大利菜，服务很棒。这是个很具有人气的餐厅，虽然人多，但是工作人员的效率很高，你总可以看到他们的服务人员快速地穿梭于餐桌之间。带着孩子到这里来，将是十分美好的，良好的环境氛围以及美好的食物肯定让你胃口大开。

地址：273 Mill Point Rd
电话：08-93685500
网址：www.ciaoitalia.com.au

· Matilda Bay Seafood Restaurant

这是当地知名的西式海鲜餐馆，充满了优雅浪漫的情调。这里除了地道的西餐，还有澳大利亚当地的海鲜大餐。餐厅比较随意，到这里不用穿的太正式，享受轻松愉悦的就餐环境才是最重要的。

地址：3 Hackett Dr
电话：08-9423500
网址：www.matbay.com.au

珀斯购物

珀斯是西澳大利亚的购物胜地，有很多著名的购物大街、购物中心、专卖店、精品店等。主要购物街有古老的国王街（King St）、波弗特街（Beaufort St）、韩德森街（Henderson St）等。在市区内的大型购物中心，你可以找到很多百货公司、服饰店、纪念品店以及免税商店。另外，伦敦广场(London Court)是购买宝石的好去处。在珀斯，你不仅可以找到名贵的宝石、南澳葡萄园的高级名酒，还能发现许多土著人手工艺品、羊皮制品、珀斯铸币厂限量发行的纪念币，这些都是不可错过的商品。

· The Colonnade Dental Centre

这家购物中心，拥有炙手可热的时装专卖店，那些设计独特的时装具有一种高调的魅力，足以吸引你的眼球。在这里有很多奢侈的服装专卖店，在其中你既可以买到成品服装，也可以让设计师现场为你设计服装。

地址：257 York St，Subiaco
电话：08-93804700
网址：thecolonnade.com.au

地址：200Karrinyup Rd，Karrinyup
电话：08-94451122
网址：www.karrinyupcentre.com.au

· Karrinyup Shopping Centre

这是一个大型的购物场所，里面有多家精品店，是买纪念品和精品时装的好去处。这里为购物者提供了时尚感十足的购物氛围，可谓是珀斯的“购物者天堂”。无论你是想买时尚精品服饰，还是家庭服装装备，都可在这里轻易找到。此外，那些咖啡馆和美食广场，也为你购物之余增添了一丝情趣。

· Downtown Duty Free

这是一家闻名世界的大型免税商店，在珀斯机场还有一家分店。这家店有各种各样的物品，包括香水、宝石、化妆品、烟酒、手表等，还有世界知名品牌商品以及澳大利亚当地纪念品。

地址： Perth International Airport，Horrie Miller Dr
电话： 08-94771888
网址： www.dutyfree.com.au

· Floreat Forum Shopping Centre

这是珀斯知名的购物中心之一。在整个购物中心内，有着几十家专卖店，销售的商品范围很广泛，包括各种高档时尚品、珠宝、化妆品和新潮服装等。

地址： 1 Howtree Place，Floreat
电话： 08-93874722
网址： www.floreatforum.com.au

· Fremantle Markets

在这个大型市场里一共有150多个各具特色的摊位，西澳大利亚的各种特产和商品都能在这里找到。在这里，你既可以买到水果和蔬菜，还能淘到各种土著艺术产品，诸如回力镖、迪吉里杜管等。此外，这里还有绘画、摄影、珠宝首饰、化妆品、服装、配饰以及家居用品等。

地址： Henderson St，Fremantle
电话： 08-93352515
网址： www.fremantlemarkets.com.au

· Garden City Shopping Centre

这是一家知名品牌购物中心，各种登山服装、用具都可以在这里找到。这里的商品品质都很高，是一个购物的理想之地。假如你想要找到一些非常合适的登山、探险服饰，这里一定是最佳选择。

地址： 125 Riseley St, Booragoon WA 6154
电话： 08-93153699
网址： www.mountaindesigns.com

· Perth Cultural Centre

每逢周末，珀斯文化中心都会有很多小贩摆摊，在这里，你可以买到各种西澳大利亚商品，如各种鲜花、艺术品、时装、珠宝等。

地址： James St Mall & Roe St
电话： 08-94926622

Perth Cultural Centre

· The Body Shop

这是一家澳大利亚品牌化妆品和护肤品销售商店，店内销售的商品均采用澳大利亚天然原料制造，护肤效果非常好。假如你对澳大利亚地方特色物品比较感兴趣，推荐买一些回去。

地址：223 Murray St，Perth
电话：08-93214047
网址：www.thebodyshop.com.au

· The Perth Mint

在珀斯这家历史悠久的硬币和珠宝商店中，你会惊奇地发现澳大利亚不同历史时期的种类多样的金银硬币、徽章和首饰文物。

地址：310 Hay St，East Perth
电话：08-94217222
网址：www.perthmint.com.au

珀斯娱乐

珀斯是一座动感十足的城市，这里的娱乐生活可谓是丰富多彩，不管是听歌剧，还是看电影，或到酒吧、夜总会彻夜狂欢，这里都能满足你的要求。珀斯的夜生活无疑是美妙的，在气候宜人的晚上看场芭蕾舞表演，在喧闹的酒吧和俱乐部中寻找快乐，这就是西澳大利亚人天黑之后的夜生活选择。北桥是珀斯夜生活的重镇，在那里你能够找到各种俱乐部、餐厅及酒吧。此外，珀斯舒适的气候使人们喜欢上了更多的户外运动。温和的夏季，最适合在街道或者海滨举行庆祝活动。那时会有世界级艺术家造访珀斯，参加珀斯国际艺术节(Fremantle Festival)，感受戏剧表演、街头表演歌剧。

·Urswood International Resort Casino

这是西澳大利亚唯一一个特别之处，位于维多利亚公园百事伍德度假饭店内。这里拥有全套游戏桌、餐馆、鸡尾酒吧、各种歌舞表演餐厅以及高尔夫球场。

地址：Gre at Eastern Hwy，Burswood
电话：08-93627574
网址：www.burswood.com.au

·Burswood Theatre

这是一座比较豪华的影院，不仅仅拥有深刻的内涵与颇有气质的外表，还有非常棒的电影播放设备。在这里看大片也很有感觉，值得去尝试。

地址：Great Eastern Highway，Burswood
电话：08-93627777
网址：www.burswood.com.au

·His Majesty's Theatre

这家电影院位于珀斯市中心，地理位置优越，是一家非常著名的影院。在这里你能看到最新上映的大片。此外，一些经典老片，也常常在此放映。

地址：825 Hay St，Perth
电话：08-92650900
网址：www.hismajestystheatre.com.au

·Luna On SX

这是珀斯最好的电影院之一。电影院内拥有先进的声音设备以及超大屏幕，在此可享受到空前的观影乐趣。

地址：13 Essex St
电话：08-94305999
网址：www.lunapalace.com.au

·Hyde Park Hotel

这个酒店在2011年重新开放，现已被改造成为一个时尚现代型酒吧。这里有时候会有摇滚乐队演奏，其余晚上会有戏剧表演。

地址：331 Bulwer St
电话：08-93286166
网址：www.hydeparkhotel.com.au

·Rosemount Hotel

这是珀斯最好的现场音乐表演场所之一。作为珀斯领先的、独立的原创音乐场地，这里拥有一个强悍的扩声系统和独特的舞台设计，你在这里所看到和听到的都将是最令人难忘的。更值得一提的是，这里还有一个能令人完全放松下来的放松啤酒花园。

地址：459 Fitzgerald St
电话：08-93287062
网址：rosemounthotel.com.au

珀斯的住宿，可供选择的类型有很多，包括豪华的五星级大酒店、背包旅客的青年旅舍及供自驾车游客的汽车旅馆。珀斯的酒店主要聚集地分布在市区和天鹅河南岸。假如，你打算在西澳大利亚停留2个星期以上，不妨住当地的公寓酒店，这样会有很大的折扣。经济型旅馆的价格为30～

100澳元/晚，中档酒店的价格为100～200澳元/晚，高档酒店的价格则在200澳元/晚以上，你可根据自己的具体情况与需求，选择不同的住宿地。

经济型旅馆			
名称	地址	电话	网址
The Emperor's Crown	85 Stirling St	08-92271400	www.octopushospitality.com
Witch's Hat Backpackers Hostel	148 Palmerston St	08-92284228	www.witchs-hat.com
The New Esplanade Hotel	18 The Esplanade	08-93252000	www.newesplanade.com.au
Backpackers Inn Freo	11 Pakenham St	08-94317065	www.backpackersinnfreo.com.au
Rendezvous Observation City Hotel	The Esplanade	08-92451000	www.rendezvoushotels.com
Perth Ambassador Hotel	196 Adelaide Terrace	08-93251455	www.ambassadorhotel.com.au
Hotel Ibis Perth	334 Murray St	08-93222844	www.accorhotels.com

中档酒店			
名称	地址	电话	网址
Perth's La Casa Rosa Bed and Breakfast	62B Wittenoom St	08-92256868	www.lacasarosa.com.au
Verandah Apartments Perth	6 Antonas Rd	08-6142 5890	www.verandahapartments.com.au
Miss Maud Swedish Hotel	97 Murray St	08-93253900	www.missmaud.com.au
Hyatt Regency Perth	99 Adelaide Terrace	08-92251234	www.perth.regency.hyatt.com
Rydges Hotel	815 Hay St	08-92631800	www. rydges.com
Duxton Hotel	1 St Georges Terrace	08-92618000	perth.duxtonhotels.com

高档酒店			
名称	地址	电话	网址
The Richardson Hotel & Spa	32 Richardson St.	08-92178888	www.therichardson.com.au
The Terrace Hotel Perth	237 St Georges Terrace	08-92144444	www.terracehotelperth.com.au
Crown Metropol Perth Hotel	Great Eastern Hwy	08-93628888	www.crownperth.com.au
Broadwater Resort Apartments Como	137 Melville Parade	08-94744222	www.broadwaters.com.au
Hyatt Regency	99 Adelaide Terrace	08-92251234	www.perth.regency.hyatt.com
Crown Metropol Perth	Great Eastern Hwy	08-93628888	www.crownperth.com.au

2 珀斯→阿德莱德

Posi→Adelaide

阿德莱德交通

从珀斯前往阿德莱德

从珀斯乘飞机飞往阿德莱德是最为便捷的，通常只要5个多小时。阿德莱德国际机场(Adelaide International Airport)在市区西部大约7千米处，有国际和国内两座航站楼。在国内与国际航站楼之间有机场巴士(Transit Airport City Bus)提供接送服务。同时，乘机场巴士可到市区的北大街、维多利亚广场和南大街（South Tce）。

信息	阿德莱德国际机场
地址	1 James Schofield Drive，Adelaide
电话	08-83089211
网址	www.adelaideairport.com.au

乘轨道交通玩转阿德莱德

· 火车

阿德莱德的火车分为两种，其中一种是州际火车，是除了飞机之外，前往其他州比较便利的一种交通方式。前往爱丽斯泉的The Ghan与来自墨尔本的 The Overland等列车，均会在市区西边的凯思维克车站(Keswick Station)停靠。乘坐火车，与乘坐飞机的价格大致相当。如果你想体验一下沿途的风土人情，是可以选择火车的。要是商务旅行的话，还是选择飞机好一点。

还有一种是南澳州境内的火车，通常是住的比较远的本地人乘坐这种火车。这种火车没有堵车的担忧，可以让人好好地把握时间。

· 有轨电车

阿德莱德有一辆古老的有轨电车Tram，电车沿市中心一直运行到风景优美的Glenelg海滩。值得一提的是，电车是免费的，一头是从Victoria Square开往City west，另一头是从Brighton Road开往Moseley square。

乘巴士游阿德莱德

阿德莱德的交通工具主要以巴士为主，其巴士往返于市内及各市郊间。阿德莱德拥有世界上为数不多的使用专用车道的公共巴士。长途的州内与跨州巴士，都停靠在阿德莱德市内的中央巴士总站(Central Bus Terminal)。负责阿德莱德的长途巴士主要有三家公司，包括Grayhound Pioneer(澳大利亚灰狗巴士)，电话：132030；McCafferty's，电话：131499；Premier Stateliner，电话：08-84155555。无论是从澳大利亚的某个城市来到这里，还是从这里离开去往澳大利亚的其他城市，都可以咨询这三家公司。此外，在阿德莱德的110-111 Franklin St还设有一座巴士总站，在这里可以找到这三家公司的办公处 。

Grayhound Pioneer路线包含了澳大利亚的很多主要城市，如悉尼、珀斯、爱丽丝泉等。假如，你是自助旅行者，票价可享受9折优惠。McCafferty's与Grayhound Pioneer情况大致相同，同样对自助旅行者优待，不过它们并没有去往西澳的路线。

在King William及Currie St上设有公车的服务站(TransAdelaide)，电话08-82101000。你可在此免费索取公车指南及时间表。购买当地的1日券(Day-Trip Ticket)是再划算不过的了，

票价为5.4澳元。购买此票你便可整天搭乘火车或公车。此外，还有编号99的巴士可以免费搭乘，其运行路线为从维多利亚广场经过King William St、北街回到阿德莱德车站，每隔5~8分钟，便会有一班车从维多利亚广场发出。

自驾车玩转阿德莱德

在阿德莱德当地设有许多租车公司，当然也有许多国际连锁的租车公司。而价位比较便宜的有下列几家：

名称	地址	电话	网址
Access Rent-a-car	60 Frome St	08-83593200	www.accessrentacar.com
Delta Finance	南北线，从天鹅河到北桥	6:50~18:20，每7分钟一班；周五晚上会延长到凌晨1:00	周六8:0~凌晨1:00，周日10:00~18:15，每15分钟一班
Yellow Cabs	20 Rosslyn St	132227	www.yellowadelaide.com.au
Smile Rent-a-Car	315 Sir Donald Bradman Dr	08-82340655	www.smilerentacar.com.au

阿德莱德市区景点

南澳大利亚博物馆

南澳大利亚博物馆（South Australian Museum）建于1856年，是全球重要的自然历史和文化博物馆之一，以著名的澳大利亚原住民文物典藏而闻名。博物馆中的设置现代感强，并且具备互动功能，拥有全球最为完整的原住民文物展出，置身其中，将有机会更加深入地了解原住民生活的创新与适应环境的天性。

旅游资讯

地址： North Terrace，Adelaide

电话： 08-82077500

交通： 乘坐140、147、150、155等路公交车到Stop G3 North Tce-North Side下即可

开放时间： 10:00~17:00

网址： www.samuseum.sa.gov.au

旅游达人游玩攻略

南澳大利亚博物馆在11:00~15:00，会供应很多种咖啡、啤酒及葡萄酒。中午还有午餐供应，包括薯条配番茄酱、牛排三明治、啤酒鱼等，价格都不是很贵。

南澳大利亚艺术馆

南澳大利亚艺术馆（Art Gallery of South Australia）是一座著名的艺术殿堂。艺术馆内展出了澳大利亚艺术史上各大巨匠们的优秀艺术作品，也有一些欧洲文艺复兴时期的印象派的油画，其中很多是反映澳大利亚人生活方式的经典之作，具有很高的观赏价值。这是一个历史气息十分浓厚的地方，在这里，你可以安静地待上好几个小时。

南澳大利亚州艺术馆

旅游资讯

地址： North Terrace，Adelaide
电话： 08-82077000
交通： 乘坐144、147、150、155等路公交车到Stop G3 North Tce-North Side下即可
开放时间： 10:00～17:00
网址： www.artgallery.sa.gov.au

阿德莱德动物园

阿德莱德动物园（Adelaide Zoo）开放于1883年，是澳大利亚相当古老的动物园。园中有1400多只来自于本土和世界各地的动物，根据动物的不同"出身"，园内详细划分了相应的动物区域，积极为动物们营造最为原始、最接近自然的生活环境。园中最吸引人的数南澳热带雨林展区。

旅游资讯

地址： Frome Rd，Adelaide
电话： 08-82673255
交通： 乘235、239、271、273等路公交车到Stop 2 Frome Rd-East side下即可
门票： 成人20澳元，儿童12澳元，家庭60澳元
开放时间： 9:30～17:00
网址： www.adelaidezoo.com.au

澳大利亚国家葡萄酒中心

澳大利亚国家葡萄酒中心（National Wine Centre of Australia）是一座集展览、教育、餐饮多功能于一体的多功能中心，也是阿德莱德大学酿酒与葡萄栽培教育中心之一。在这里，你可以品尝澳大利亚葡萄酒，近距离观察酿酒工人劳动，甚至可以亲自尝试鉴定酒的品质。

旅游资讯

地址： Hackney Rd，Adelaide
电话： 08-83033355
交通： 乘281、506、548等路公交车到Stop 2 Hackney Rd-West side下即可
门票： 免费
开放时间： 10:00～17:00
网址： www.wineaustralia.com.au

阿德莱德植物园

阿德莱德植物园（Adelaide Botanic Garden）于1855年成立，拥有南半球最大的温室，还有大批澳大利亚和马来西亚植物。此外，植物园还设有美丽的国际玫瑰花园。漫步于这些珍贵的热带植物之中，你会有种极其轻松的感觉。

旅游资讯

地址： North Terrace, Adelaide

电话： 08-82229311

门票： 免费

开放时间： 周一至周五7:15到日落，周六、周日9:00到日落

网址： www.botanicgardens.sa.gov.au

灯塔眺望台

灯塔眺望台（Light’s Vision）是蒙蒂菲奥里山（Montefiore Hill）上的一个眺望台，视野十分开阔。当年威廉·莱特奉维多利亚女王之命，主持阿德莱德的建设，因为他的铜像伫立于此，灯塔眺望台也因此闻名于世界。

旅游资讯

地址： Pennington Terrace, North Adelaide

电话： 08-82674551

门票： 成人12澳元，儿童5澳元

开放时间： 9:30～16:00

网址： www.stpeters-cathedral.org

阿德莱德灯塔眺望台

阿德莱德周边景点

格莱内尔格

格莱内尔格（Glenelg）是一个美丽的海滨小镇，已成为阿德莱德当地人休闲的最佳去处。在这里你能随处可见古老的教堂和奢华的度假别墅，整齐地排列在街道两侧。漫步在海滨之上，尽情享受那美好的日光浴，是再美不过的事情了。假如你专程为享受阳光而来，最好错过三月底那段时间，因为那时这里往往是最热的。

旅游资讯

地址： 12 Chappell Drive，Glenelg（格莱内尔格旅游信息中心）

电话： 08-82945833

开放时间： 周一至周五9:30～17:00，周六9:30～15:00，周日10:00～14:00

网址： www.glenelgsa.com.au

旅游达人游玩攻略

在格莱内尔格游客信息中心附近有Beach Hire（08-82941477），可在那里租到冲浪板、自行车，以及轻便的折叠椅、太阳伞等装备。

袋鼠岛

袋鼠岛（Kangaroo Island）是澳大利亚第三大岛屿，庞大的岛屿上有一半以上区域范围是草木茂盛的野生地。袋鼠岛聚集了大批澳大利亚独特的野生动物，如考拉、袋熊、澳大利亚小企鹅，以及海狮和海豹等。在这独特的野生动物观赏区域中，你可充分感受大自然的原始气息及风貌。9～10月，是岛上野花盛开旺盛的月份，放眼望去，那漫山遍野的艳丽之景不得不令人心动。

袋鼠

旅游资讯

地址： Howard Drive，Penneshaw SA（袋鼠岛门户游客中心）

电话： 08-85531185

网址： www.tourkangarooisland.com.au

旅游达人游玩攻略

袋鼠岛上有福林德柴斯国家公园（Flinders Chase National Park，08-85534490），这里是看野生动物、探险的好去处。

维克托港

维克托港（Victor Harbor）坐落在风景如画的恩坎特海湾（Encounter Bay）边，拥有美丽的海滨及沙滩。这里曾设捕捞鲸鱼的码头，如今海港上仍有南澳大利亚捕鲸展览馆，向游人诉说着它那悠久的历史。

旅游资讯

地址： The Causeway，Victor Harbor（维克托港游客信息中心）

电话： 08-85510777

网址： www.tourismvictorharbor.com.au

维克托港

旅游达人游玩攻略

在港口不远处有个格拉尼特岛（Granite Island），那里是观看企鹅和海豹的好去处，在岛屿与陆地之间还有一座可供往返的堤道；7~9月份，在港口海域会看到南露脊鲸；港口周围有个古瓦尔小镇，在那里可看到墨累河的入海口。

墨累河

墨累河（Murray River）是澳大利亚的母亲河，发源于澳大利亚东南部的大分水岭，注入印度洋的大澳大利亚湾，其最大的支流为达令河。墨累河气势磅礴，清丽脱俗，浩浩荡荡的河水流经悬崖峭壁、高大的红胶树、春趣盎然的葡萄园，最后注入大海。墨累河边的墨累桥（Murray Bridge）是周围最大的城镇，独具魅力。

旅游资讯

地址： LOT 3 South Terrace，Murray Bridge

电话： 08-85391142

网址： www.murraybridge.sa.gov.au

墨累河

最容易让人忽略的景点

海事博物馆

海事博物馆（Migration Museum）是澳大利亚此类博物馆中最为古老的。这里展出有几艘很古老的船只，还有一些由电脑登记的早期移民资料。此外，标志性的阿德莱德港灯塔也是这里的一大亮点。

旅游资讯

地址： 82 Kintore Ave

电话： 08-82077580

开放时间： 10:00～17:00

网址： migrationmuseums.org

阿德莱德椭圆形球场

阿德莱德椭圆形球场（Adelaide Oval）被誉为“世界上最漂亮的板球场”，这个国际著名的球场，常常承办一些澳大利亚本国和国际上的比赛。此外，在冬季还会举办一些知名的南澳大利亚橄榄球联盟（SANFL)赛。球场的前方还屹立着唐纳德·布莱德曼爵士的雕像。

旅游资讯

地址： War Memorial Dr

电话： 08-83003800

网址： cricketsa.com.au

阿德莱德椭圆形球场

阿德莱德美食

阿德莱德是一个拥有众多美味佳肴的城市，高级的餐馆在这里随处可见。在阿德莱德，你几乎可以品尝到世界各地的美味，如中国烹饪、日本料理、意大利餐、马来西亚饭菜、德国料理等。在O'Connell Street有40多间各式餐厅、咖啡厅，你可一边享受那些美酒佳肴，一边欣赏秀色可餐的阿德莱德市区美景。阿德莱德的海鲜是不容错过的，沿着 Hindley Street，你可收获意想不到的惊喜。Gaucho's街更是餐馆遍地，从中国菜到阿根廷菜，各式美味佳肴可随意选择。当地美味有金枪鱼、鳕鱼、新西兰鲷鱼等多品种鱼类，以及岩石龙虾、生蚝和小龙虾等各类海鲜。此外，这里的名酒也是不容错过的，值得推荐的有夏多娜白葡萄酒(Chardonnay)、西拉红酒(Shiraz)、赤霞珠(Cabernet Sauvignon)。

澳大利亚美食

· Alphutte Restaurant

这是一家澳大利亚风味美食餐厅，不仅以独特的当地食物吸引人，更以与餐厅融合得恰到好处的装饰而令人回味无穷。当然，这里的服务员也是首屈一指的。建议大家来尝尝蒜味虾、牛排、葡萄酒。

地址：242 Pulteney St
电话：08-82234717
网址：www.alphutte.com.au

· Mesa Lunga

你喜欢一个餐前小吃吗？假如喜欢的话，就一定要来尝尝这家的蒜泥蛋黄酱串烧贝壳或小鱿鱼，之后再配点汽水与美酒，那就更棒了。

地址：140 Gouger St
电话：08-84107617
网址：mesalunga.com

· Austral

在这里美美地喝杯啤酒，你会感觉自己像个当地人。简单的座椅、明净的墙壁围绕着长长的吧台，每当现场欢快的音乐声响起，更增添了几分温馨的气息。这里有各种炸薯条和浸泡过牛汁和鲜橙汁的地中海炸羊扒，还有美味的啤酒。此外，这里还提供餐前小吃呢。

地址： 205 Rundle St
电话： 08-82234660
网址： theaustral.com.au

· Victory Hotel Restaurant

这是一个众所周知的餐厅，素食是餐厅的一大亮点。新鲜鸡胸肉沙拉很美味，新鲜蔬菜也非常的清脆可口。在这里吃点美食，品一杯价格略高的优质美酒，你便可好好地享受一下优良的品质服务和美好的气氛。

地址： Main South Rd
电话： 08-85563083
网址： victoryhotel.com.au

· Spats

这家餐厅似乎很忙，每天都会营业到深夜。在这里，你可以舒舒服服地坐在沙发里，品尝精美的菜肴、热巧克力以及咖啡。此外，还可以点一杯优质的南澳大利亚葡萄酒，细细品味美酒的醇香。

地址： 108 king William Rd
电话： 08-82726170

中国美食

· 滋味阁

滋味阁（East Taste Café）是一家顶级的中餐馆，这家餐厅可是不得了，曾经多次获得餐饮界大奖。到这里就餐，除了享受地道的中国美食之外，还能深切感受一下传统的中国饮食文化。

地址： 119 Gouger Street，Adelaide City
电话： 08-82310268
营业时间： 周一至周四17:00～次日1:00，周五12:00～15:00，周六、周日17:00～次日2:00
网址： www.easttasterestaurant.com.au

· 瀛洲餐馆

瀛洲餐馆（Ying Chow）是一家朴素的中国式餐馆，提供以中国广州特色菜为主的食物。推荐爽口的椒盐鱿鱼、咸味酱汁调制的蒸鸭肉等众多美食。在店门口会常常看到排着长队等候的顾客，你来过之后才会发现等一下绝对是值得的。

地址： 114 Gouger St
电话： 08-82117998

· 全聚德海鲜酒家

这家全聚德（Golden Crown Chinese Restaurant）是当地一家很著名的海鲜餐厅，看看里边数量众多的中国食客，你就知道这家餐厅的受欢迎程度了。这里的海鲜不仅新鲜，而且够味，早茶也很好吃。

地址：173 Henley Beach Rd，Mile End
电话：08-83542886

· 鸿发烧腊饭店

鸿发烧腊饭店（Hong Fat B.B.Q.Restaurant）位于阿德莱德的中国城中，店面虽不是很大，却总是满座，只因其菜肴味道上佳，价格也实惠。**推荐品尝双拼饭、干炒牛肉河粉、海鲜炒面、八珍烩饭。**

地址：3/75 Grote Street，Adelaide
电话：08-841009083
网址：Adelaide Central Market

·Concubine

这是一个现代化的中国式当代餐厅，融合东方风味与当地新鲜特产，曾多次入围年最佳中国餐厅之列。值得一提的是，在这里购买外卖食品还可享受20%的折扣。

地址：132 Gouger St
电话：08-82128288
网址：concubine.com.au

世界美食

· Sosta Argentinian Kitchen

这是一家别具一格的阿根廷西餐厅，精致的吧台上摆放着琳琅满目的酒瓶。橙色的灯光背景，将餐厅映衬得格外优雅。这家餐厅每天都会推出一些特价菜，味道都很不错。

地址：291 Rundle Street，Adelaide
电话：08-82326799
网址：www.sostaargentiniankitchen.com.au

· Good Life

这里的比萨饼可是很容易在很短的时间内就会被抢购一空的，薄薄的面饼配上鲜美可口的馅料，别提多诱人了，一定要记得提前预订。

地址：170 Hutt St
电话：08-82232618
网址：goodlifepizza.com

· Enzo's Ristorante

这家独特的意大利风味餐厅，拥有十分专业的服务人员，他们将你用餐的气氛掌握得恰到好处，为客人营造出一个轻松的用餐氛围。建议尝尝这里的比萨、牛排。

地址： 46 Port Rd，Hindmarsh
电话： 08-83462786
网址： www.enzosristorante.com.au

· Chianti Classico

这家餐厅的优质食物和上乘服务都无可挑剔。尤其推荐意大利面和牛排菜肴，再配上高贵的红酒，以及高雅的餐厅气氛，在这里就餐真是再美好不过了。

地址： 160 Hutt St
电话： 08-82327955
网址： chianticlassico.com.au

· Lenzerheide Restaurant

这是一个别致的瑞士餐厅，优质的服务以及口味上佳的菜肴、浪漫温馨的气氛，尤其适合情侣用餐。每道菜的分量都很足，饭后还有精致的甜点。这里的馅饼、三明治、牛排都很不错。

地址： 146 Belair Rd，Hawthorn
电话： 08-83733711
网址： www.lenzerheide.com.au

· Jasmin Indian Restaurant

这家印度餐厅的菜肴味道很好、分量很足，尤其是鸡肉非常鲜嫩可口。此外，建议尝尝咖喱羊肉、特色鱼等。

地址： 31 Hindmarsh Square，Adelaide
电话： 08-82237837
网址： www.jasmin.com.au

阿德莱德购物

阿德莱德的主要购物场所遍布于伦德广场购物中心（Rundle Mall），其中有大大小小的商店，及大型的百货商场。在购物中心和Grenfell St之间的拱形走廊处有很多零散的小商店。如果想要购买一些地道纪念品的话，可到坦达亚国家土著研究院附近去逛逛。阿德莱德商店一般营业时间为周一至周五9:00～17:30，周六9:00～17:00。郊区商店一般周四晚上停止营业时间较晚。伦德广场、Glenelg和其他一些郊区的商店周日11:00～17:00营业。

· Maggie Beer's Farm Shop

这家商店位于阿德莱德北边的一个农场上。这里的商品都是农场上自产自销的，是绝对的绿色食品，在这里购物你绝对不会失望。在这里，你不仅能购买到新鲜美味的食物，还能收获更多的愉悦心情。

地址： LOT 50 Pheasant Farm Rd，Nuriootpa
电话： 08-85624477
网址： www.maggiebeer.com.au

·Haigh's Chocolates

这家阿德莱德历史悠久的巧克力专卖店，其独特的英式外墙装饰格外显眼。你可以在这个店中搜寻到任何品种的巧克力，甚至还能看到熊猫包装的，不妨在这里买点精致的巧克力回去送给朋友。

地址： 2 Rundle Mal
电话： 08-82312844
网址： haighschocolates.com.au

·Rundle Mall

这个购物中心历史悠久，在阿德莱德的中心地段。这个由户外咖啡厅、树林和现代雕塑组成的风情街上，有700多个零售商店，其中包括品牌服饰店、书店、超市等，还有3个大型百货公司和10多个购物商城，逛在其中，从不会感到厌倦。此外，这里还设有多个露天咖啡馆和酒吧，以供购物者休息娱乐。

地址： Rundle Mall，Adelaide
交通： 乘148、190、195、203等路公交车到Stop X2 King William St-West side下即可

·Harbour Town Adelaide

这是阿德莱德大型的开放式购物中心，有数量众多的商店、气氛良好的街道，同时地理位置优越，毗邻机场，接近格雷尔旅游区。在这里你可以尽情选购你想要的物品，并可以讨价还价。除了商店，这里还有一个美食广场，在那里可以吃到各种美味的小吃。假如你足够幸运的话，还能找到很多折扣商品。

地址： 727 Tapleys Hill Rd
电话： 08-8355 1144
网址： harbourtownadelaide.com.au

· Adelaide Central Market

作为阿德莱德市中心的中央市场，你可在此看到琳琅满目的商品和特色土特产，还有种类繁多的新鲜水果、蔬菜、海鲜、欧式肉制品，吸引着无数美食家和百万市民往来于市场各摊位之间。

地址： 44-60 Gouger Street，Adelaide
电话： 08-82037494
营业时间： 乘203、208、251等路公交车到Stop T1 Victoria Sq-South West side下即可
网址： www.adelaidecentralmarket.com.au

阿德莱德娱乐

阿德莱德是一个美丽的城市，它那特有的宏伟建筑与高雅的文化景点，可能会让你觉得有些传统，但它温文尔雅的外表下却隐匿着一颗狂放不羁的心。阿德莱德被称作是节日之城，各类狂欢活动就是在市区众多整齐的街道上进行的，其中二月底举行的规模庞大的艺穗节（Fringe Festival），是最为热闹的节日。在这座生机勃勃的城市里，各种娱乐设施与夜生活场所极其丰富。在蓝道街（Rundle St）及新德理街（Hindley Street）分布着各式各样的酒吧、夜总会等娱乐场所。

夜总会

·HQ Complex

这是阿德莱德最为著名的俱乐部，它无疑是宏伟的，整整占据了一个老式的大楼。大大的房间之中到处闪烁着灯光、飘荡着音乐，在这里你可以享受一个伟大的俱乐部之夜。

地址：1 North Terrace
电话：08-72211245
网址：hqcomplex.com.au

·Mars Bar

这里是享受阿德莱德夜生活的关键场所，热闹的氛围似乎可以影响到这个宁静的城市。那些炫目的装饰、朝气蓬勃的狂欢者，让人在不知不觉间沉醉其中。

地址：120 Gouger St
电话：08-82319639
网址：themarsbar.com.au

·Lotus Lounge

这真是一个富有梦幻色彩的夜总会，其独特的风格吸引着所有人。屋子内部的装饰十分华丽，品尝一下高雅的鸡尾酒，以及高品质的啤酒，应该是件很享受的举动吧。

地址：268 Morphett St
电话：08-82310312
网址：lotuslounge.net.au

·Zhivago

这家夜总会似乎被赋予了神奇的魔力，你只要进入这里，就可聆听到各种流派的音乐，并很快被这些富有激情的音乐感染。

地址：54 Currie St
电话：08-8212 0569
网址：zhivago.com.au

现场音乐

·Governor Hindmarsh Hotel

想要在阿德莱德看到正宗的现场音乐演出，就一定要到这里来。这里曾经举办过很多著名的当地和国际活动，奇特的新西兰乐队的表演令人耳目一新。这里的音乐风格多以摇滚、爵士、蓝调音乐、乡村、瑞士舞为主。

地址： 59 Port Rd
电话： 08-83400744
网址： www.thegov.com.au

·Jive

它处于一个被改造的剧院之内，深受喜爱音乐的学生群体欢迎。正因为它那时尚独特的曲调，迎合时尚，远离主流，才如此深受年轻人的喜爱。值得一提的是，它那下沉式舞池造型独特，令无数狂欢者沉醉。

地址： 181 Hindley St
电话： 08-82116683
网址： www.jivevenue.com

其他娱乐

·Adelaide Festival Centre

这是阿德莱德的标志性建筑之一，是南澳州演艺业界的主场馆，那银白色屋顶最引人注目。庆典中心内那座音响效果超强的剧院庆典剧院（Festival Theatre）享誉全球。此外，这里还有各种著名的剧院及剧场、宴会厅以及可供摆放艺术展品的艺术场所。

地址： Festival Drive，Adelaide
电话： 08-82168600
网址： www.adelaidefestivalcentre.com.au

·Burnside Pro-Swim Classes

这家游泳中心在阿德莱德的公共游泳池中算是数一数二的了，虽离阿德莱德市区比较远，但还是有很多人慕名前去，很多学校的游泳活动都在这里举行。

地址： Cnr Greenhill Rd & Howard Tce，Hazelwood Park
电话： 08-83664290
网址： www.burnside.sa.gov.au

·Endota SPA

这家SPA中心东临阿德莱德城市植物园，西面是蓝道购物城，这良好的地理位置深受人们欢迎。告诉你，来这里放松一下绝对错不了，因为这里是很受当地人欢迎的地方，想去的话可以预约。

地址： 253 Rundle Street，Adelaide
电话： 08-83593304
网址： www.endota.com.au

阿德莱德住宿

阿德莱德可供选择的住宿类型有很多，包括五星级豪华大酒店、观光酒店、背包客旅馆、青年旅舍等。在阿德莱德，住宿价格相比墨尔本、悉尼等大城市要便宜一些，不过房间内整体设施很齐，并不会比那些一线城市差多少。

经济型旅馆			
名称	地址	电话	网址
Adelaide Granada Motor Inn	493 Portrush Rd	08-83383822	www.adelaidegranada.com.au
Princes Lodge Mote	73 Lefevre Terrace	08-82675566	www.princeslodge.com.au
Adelaide Royal Coach	24 Dequetteville Terrace	08-83625676	www.eurobookings.com
Adelaide City Park Motel	471 Pulteney St	08-82231444	www.citypark.com.au
Comfort Hotel Adelaide Riviera	31/34 North Terrace	08-82318000	www.adelaiderivierahotel.com.au
Adelaide Paringa	15 Hindley St	08-82311000	www.adelaideparinga.com.au
Adelaide Central YHA Hostel	135 Waymouth St	08-84143010	www.yha.com.au
Our House Backpackers	33 Gilbert Pl	08-84104788	www.ourhousebackpackers.com
Hotel Grand Chancellor Adelaide on Hindley	65 Hindley St	08-82315552	www.grandchancellorhotels.com
Ambassadors Hotel	107 King William St	08-82314331	www.ambassadorshotel.com.au

中档酒店			
名称	地址	电话	网址
iStay Precinct	185 Morphett St	1300665591	www.oakshotelsresorts.com
Hilton Adelaide Hotel	233 Victoria Square	08-82172000	www.placeshilton.com
Mercure Grosvenor Hotel	125 North Terrace	08-84078888	www.mercuregrosvenorhotel.com.au
Rendezvous Grand Hotel Adelaide	55 Waymouth St	08-81158888	www.rendezvoushotels.com
Stamford Plaza Adelaide	150 North Terrace	08-84611111	www.stamford.com.au
Franklin Central Apartments	36 Franklin St	08-82217050	www.franklinapartments.com.au
Adabco Boutique Hotel	219-223 Wakefield St	08-81007500	www.fastotels.com

高档酒店			
名称	地址	电话	网址
Stamford Grand Adelaide	150 North Terrace	08-84611111	www.stamford.com.au
Clarion Hotel Soho	264 Flinders St	08-84125600	www.clarionhotelsoho.com.au
Riverview Rise Retreats	10182 Hunter Rd	08-85692336	www.romanticgetawayaustralia.com.au
The Lakes Resort Hotel	141 Brebner Dr	08-83564444	www.lakesresorthotel.com.au
The Sebel Playford Adelaide	120 North Terrace	08-82138888	www.accorhotels.com
Crowne Plaza Adelaide	16 Hindmarsh Square	08-82068888	www.crowneplazaadelaide.com.au
Adina Apartment Hotel Adelaide Treasury	2 Flinders St	08-81120000	www.adinahotels.com.au
Majestic Roof Garden Hotel	55 Frome St	08-81004400	www.majestichotels.com.au

3 阿德莱德→墨尔本

Adelaide→Mo'erben

墨尔本交通

从阿德莱德前往墨尔本

可乘坐飞机从阿德莱德前往墨尔本，通常只需要2个小时即可到达墨尔本机场。墨尔本国际机场，也被称为图拉曼里机场(Tullamarine Airport)，是墨尔本唯一的国际机场。机场内设有4个航站楼，所有的国际航班均由第二航站楼出发和到达。

机场信息	墨尔本国际机场
地址	Airport Drive，Tullamarine
电话	03-92971600
交通	从墨尔本市区到机场的主要交通方式是机场巴士（Sky Bus）
网址	www.melbourneairport.com.au

乘城铁游墨尔本

墨尔本的城市铁路（City Rail）又名城市火车，是墨尔本主要的交通工具，其贯穿了市内主要的交通要道以及主要人口聚集区，是当地人进行社会生活的主要交通工具。城市铁路的票价以地区和时间划分，乘坐城市火车可使用一种名为Metcard的磁卡，你可在火车站的Metcard自动售票机和柜台、电车购买，或者从有Met标记的零售商或者MetShop等处购买。城市铁路的运行时间也是有一定标准的，通常情况下是从5:00运行到午夜，高峰时间段，大概每10分钟一班，其他时间段20~30分钟一班；周六从5:00到午夜，每30分钟一班；周日7:00~23:30，每40分钟一班。

墨尔本市内主要有两个火车站，其中一个是史宾沙街站(Spencer Street Station)，这个是维多利亚州内及跨州火车线路的总站，你可在这里乘坐火车前往州内各主要景点。另一个是弗林德斯街站(Flinders Street Station)，这个是墨尔本当地火车线路总站，其中也有少数火车通往各州首府和其他主要城市。

乘巴士玩墨尔本

在墨尔本乘坐巴士是一种方便、舒适，且经济便利的交通方式。墨尔本市内的主要路线有东西平行排列的Flinders、Collins、La Trobe等大道和南北走向的史宾塞(Spencer)、威廉(William)、伊丽莎白(Elizabeth)等道路。在300多条交通线路中，巴士在市中心的主要区域都设有停靠站，包括一些购物中心、学校、娱乐活动场所，以及墨尔本十分热门的景点。想要去更远的地方，可乘坐V/Line公司运行的巴士，它可以到达墨尔本各个城镇和维多利亚州内各个美丽的景点。

乘出租车逛墨尔本

墨尔本出租车上有富有地方特色的图案，出租车招呼站一般设在街角处，一些旅馆前也有很多等待的空车。墨尔本的出租车分为能坐4人的小汽车以及可乘5~11人的中型面包车，起步价均为3.2澳元，超出起步价外的小汽车按每千米1.62澳元算，面包车以每千米价格2.42澳元算。此外，在00:00~5:00时段打车，车费一般会贵约20%。

通常在墨尔本市内的酒店、大型商场是很容易打到出租车的，此外，还可以通过电话或网络预约，只是会增加2澳元的预约费用。乘出租车需预先支付车费，等到达后再由司机多退少补。

自驾车玩转墨尔本

墨尔本周边的一些景点很适合自驾游览,如大洋路。想要自驾就需要考虑租车问题，有一个国内驾照的公证及翻译文件，就可在墨尔本

墨尔本弗林德斯车站

租车了。墨尔本的租车的类型一般分为限制千米数与不限千米数两种，假如你需要跑长程的话最好选择不限千米数的租车类型。在墨尔本国际机场就有租车服务中心，在一些市中心也有很多租车公司办公点，可从那里了解相关的租车信息。在墨尔本驾车时需注意，当发现前面有轨电车减速并打开双闪的情况时，请不要尝试超过电车，应在后方停下等待，因为这种情况是有轨电车将要停车供乘客上下车。

假如自驾车往返于墨尔本机场和市区的话，可走收费的Tullamarine Fwy高速公路，办一张24小时有效的通行证（Tulla Pass），收费3.9澳元。此外，值得注意的是，在墨尔本市内停车，每小时收费2澳元起。

租车公司推荐		
名称	电话	地址
13 CABS	03-92773700	www.13cabs.com.au
Silver Top Taxis	03-84137200	www.silvertop.com.au
Avis	136333	www.avis.com.au
Europcar	1300131390	www.europcar .com.au
Crown	03-97635555	www.crownrentals.com.au
Norden Transport Equipment	03-97069582	www.norden.com.au

墨尔本市区景点

联邦广场

联邦广场（Federation Square）在风光秀丽的亚拉河（Yarra River）北边，是墨尔本最具标志性的建筑，也是墨尔本艺术上的缩影。那种不规则的形态与时尚奇特的造型，使联邦广场与周边建筑形成了鲜明的对比，这也显示出了它独一无二的显著地位。联邦广场如此雄壮的外表下掩映着极其深刻的内涵，是一个休闲、观光的好去处。

联邦广场

旅游资讯

地址： Flinders Street & Swanston Street，Melbourne

电话： 03-96551900

交通： 乘35、70、71、75等路有轨电车到Russell St/Flinders St下即可

网址： www.fedsquare.com

旅游达人游玩攻略

1.来墨尔本，一定要分别在白天和晚上来联邦广场，尤其推荐夜晚来，此时你将会看到十分迷人的夜景。广场上常年有文艺演出和街头表演，在这里你可以很轻松地感受一下墨尔本的人文气息。

2.联邦广场经常会在节假日举办各种艺术展览会，每年12月第一个周末举行的一年一度的陶艺展最为隆重。届时会有很多著名的艺术家前来，把他们一年中最具创意的作品带来与游客们一起分享。

维多利亚艺术中心

维多利亚艺术中心（Victoria Arts Center）是一座气势恢宏的艺术表演地，也是墨尔本市文化活动交流的焦点,是写在墨尔本名片上的典型建筑之一。艺术中心于1984年正式对外开放，其中包括位于亚拉河南岸的剧院大厦以及墨尔本音乐厅。剧院大厦上的尖塔，已成为墨尔本的标志性建筑。

旅游资讯

地址： 100 St Kilda Rd，Melbourne

电话： 03-92818000

交通： 乘1、3、3a、5、6、8、16、64、67等路有轨电车在Arts Center下即可

网址： www.events.theartscentre.com.au

皇家植物园

设计美观的皇家植物园（Royal Botanic Gardens）是澳大利亚最好的植物园之一。这座历史悠久的植物园内汇集了澳大利亚及世界上的1万多种奇花异草，那些罕见的植物，会给人以无限惊喜，这种如此接近自然的植物园很容易让人心动。此外，园中保留了很多20世纪的建筑，许多历史名人曾经在这里亲手种下的纪念树是植物园的一大亮点。

旅游资讯

地址： Melbourne CBD Victoria

电话： 03-92522300

交通： 乘3、8、16、64、67、72有轨电车到Shrine of Remembrance/St Kilda Rd下即可

开放时间： 11月至次年3月7:30～20:30，4月、9月、10月7:30～18:00，5～8月5:30～17:40

网址： www.rbg.vic.gov.au

皇家植物园

旅游达人游玩攻略

1.冬天的皇家植物园，人比较少，假如你喜欢清静，可选择冬季前往。不过要注意植物园具体开放的时间，并且植物园晚上没有多少灯光，所以在冬季时，趁天亮出来，以免迷路。

2.在进植物园大门的时候领取一本免费的小册子，里边有关于植物园的相关介绍。

卡尔顿花园

卡尔顿花园（Carlton Garden）在墨尔本这座花园城市中，似乎没有菲茨罗伊那么美，可是它却以自己独特的优势，被列入联合国世界文化遗产名录。卡尔顿花园环绕卡尔顿园林和皇家展览馆周边，园中有多种澳大利亚特有的植物以及从他国引进的树木。从宽敞的林荫道，到清澈无比的池水，都将会令你觉得赏心悦目。

旅游资讯

地址：1/11 Carlton St

电话：03-96589658

网址：melbourne.vic.gov.au

卡尔顿花园

墨尔本水族馆

墨尔本水族馆（Melbourne Aquarium）位于有"南半球的泰晤士河"之称的亚拉河畔，是澳大利亚最受欢迎的水族馆之一。整座水族馆就像是一座停泊在河流上的大船，在宽敞的展示空间之中，你可以近距离观赏各种澳大利亚特有的海洋生物，还可以在水中畅游，探秘海底世界，甚至可以亲手触摸一些海洋动物。

旅游资讯

地址：Kings Street/Flinders Street，Melbourne

电话：03-99235999

交通：乘35、70、71、75等路有轨电车到墨尔本水族馆站下即可

门票：成人31.5澳元，儿童18澳元，家庭79澳元

开放时间：2～12月9:30～18:00，1月9:30～21:00

网址：www.melbourneaquarium.com.au

移民博物馆

移民博物馆（Immigration Museum）是1998年成立的以移民历史为主题的博物馆，馆中文艺复兴时期建筑风格的宏伟长厅（Long Room）令人眼前一亮。移民博物馆集中展示了维多利亚移民的辛酸历史，你可通过精巧的多媒体展示，进一步了解墨尔本的多元化文化进程。

旅游资讯

地址：400 Flinders Street，Melbourne
电话：03-99272700
交通：乘35、55、70、71、75路有轨电车到Market St/Flinders St下即可
门票：6澳元
开放时间：10:00～17:00
网址：www.museumvictoria.com.au

维多利亚国家美术馆

维多利亚国家美术馆（National Gallery of Victoria）是一个很受市民欢迎的美术馆，这座如蓝色岩石般的建筑，四周被清澈池水所环绕，美丽且艺术气息浓厚。美术馆经扩建，在联邦广场上新建了一个伊恩波特中心展馆。用玻璃镜制成屏墙，并有清水沿玻璃镜倾泻而下，仿佛瀑布般美丽。

旅游资讯

地址：180 St Kilda Rd，Melbourne
电话：03-86202222
交通：乘1、3、3a、5、6、8、16、64、67等路有轨电车在Arts Center下即可
开放时间：周三至下周一10:00～17:00
网址：www.ngv.vic.gov.au

皇家展览馆

皇家展览馆（Royal Exhibition Builing）的建筑融合了意大利文艺复兴时期的众多元素，它的精美使其成为墨尔本标志性建筑。展览馆最具标志性的设计灵感是来自于佛罗伦萨圣母百花大教堂的圆形屋顶，这独特的设计已成为一种经典。2004年，皇家展览馆与周围的卡尔顿花园一起被评为世界文化遗产。

旅游资讯

地址：9 Nicholson Street，Carlton
电话：131102
交通：乘86、95、96有轨电车到Gertrude St/Nicholson St下即可
门票：成人5澳元
网址：www.museumvictoria.com.au

菲茨罗伊花园

菲茨罗伊花园（Fitzroy Gardens）在亚拉公园的北边，是墨尔本十分著名的花园，花园建成至今已有150余年的历史。美丽的菲茨罗伊花园是市中心与东墨尔本区的分界线，你完全可以在花园中逃离城市喧嚣，全身心投入到绿色的休闲之中去。公园中的英格兰榆树常年葱郁，因景色美丽，成为了许多新人的婚礼举办地，在这里定格幸福应该是最美丽的事情了吧。

旅游资讯

地址： 230-298 Wellington Parade，Melbourne

电话： 03-94194118

交通： 乘48、71、75路有轨电车到Jolimont Rd/Wellington Pde下即可

网址： www.fitzroygardens.com

墨尔本博物馆

墨尔本博物馆(Melbourne Museum)是一个了解墨尔本的好地方，它的造型极富现代感，没有皇家展览馆的古典风格，更有一种创新型的美感，是南半球最大且最具创新精神的博物馆。它经历了一百多年的历史沧桑，拥有很多展品，从澳大利亚的土著与移民的人文文化，到维多利亚州的雨林，你会有种在古今墨尔本之中尽情徜徉的感觉。

旅游资讯

地址： 11 Nicholson Street，Carlton

电话： 1300-130152

交通： 乘96路有轨电车在Hanover St下即可

门票： 成人8澳元

开放时间： 10:00～17:00

网址： www.museumvictoria.com.au

菲茨罗伊花园

墨尔本公园

墨尔本公园（Melbourne Park）在墨尔本的运动和娱乐区之中占有重要地位，从1988年起，它就成为了澳大利亚网球公开赛的主办地，并于每年的1～2月举行一年一度的网球大满贯比赛。同时，这里还是墨尔本老虎棒球队的主场。

旅游资讯

地址： Batman Ave，Melbourne

电话： 03-92861600

交通： 乘70路有轨电车到Rod Laver Arena/墨尔本公园站下即可

网址： www.mopt.com.au

码头区

码头区（Docklands）在20世纪60年代之前，一直都是墨尔本主要的工业区和船只停靠区域。随着时间的推移，墨尔本发展壮大，这里也呈现出焕然一新的面貌。新码头区也是墨尔本滨海港区，已经成为了墨尔本重要的都会中心。

旅游资讯

地址： 墨尔本市区中心西面

交通： 乘30、35、70、71等路有轨电车到Central Pier下即可

墨尔本皇家动物园

墨尔本皇家动物园（Royal Melbourne Zoo）于1895年正式对外开放，是澳大利亚历史最为悠久的动物园，同时也是世界上最古老的动物园之一。园内有多种澳大利亚本土珍贵物种，及世界上的众多珍禽野兽，为了让动物们拥有一个良好的生存环境，几乎每个场馆设计得都接近相应动物的原生环境，这也为人们提供了一个良好的观赏环境。

旅游资讯

地址： Elliott Avenue，Parkville

电话： 03-92859300

交通： 乘55路有轨电车到墨尔本皇家动物园站下即可

门票： 成人24澳元，儿童12澳元，家庭54澳元

开放时间： 9:00～17:00

网址： www.zoo.org.au

旅游达人游玩攻略

墨尔本皇家动物园中有一处中国式花园，其中栽培有竹子、玫瑰、兰花和牡丹等中国特有花草，可以去看看；每年夏季，动物园中还会举办星光音乐会（twilight concerts）。

圣巴特利爵主教堂

圣巴特利爵主教堂（St Patricks Cathedral）的宏伟建筑为哥特复兴式风格，距离美丽的菲茨罗伊花园不远，是澳大利亚最高的教堂。这座大教堂是天主教墨尔本总教区的主教座堂，在它面前你会觉得自己十分渺小，这也许就是它的魅力之处吧。

旅游资讯

地址： 1 Cathedral Place

电话： 03-96622233

交通： 乘11、42、109、112路有轨电车到Albert St/Gisborne St下即可

网址： www.stpatrickscathedral.org.au

皇家拱廊和布洛克拱廊

皇家拱廊（Royal Arcade）是墨尔本历史最悠久的拱廊，其中有一条呈T字形的室内街道。经过重新装修后的拱廊，似乎更加神圣了，外面的光线巧妙地照射入内部的街道，皇家拱廊也更加夺人眼球了。与皇家拱廊相对应的布洛克拱廊（The Block Arcade）也是一座在当地享有盛名的建筑，是目前保存比较完好的19世纪购物长廊。

布洛克拱廊

旅游资讯

地址： 335 Bourke Street Mall，Melbourne

电话： 03-96707777，96545244

交通： 乘59、86、96等路有轨电车到Bourke St/Elizabeth St下即可

网址： www.royalarcade.com.au

旧墨尔本监狱

旧墨尔本监狱（Old Melbourne Gaol）建于1841年，是现存的历史最为悠久的维多利亚时代的监狱。狭小的牢房空间内，陈列有多个被绞死于此的犯人的石膏面具，现在这座古老的监狱已成为了一座博物馆，展示着人类在向文明迈进的过程中所取得的小小进步。虽然经过了悠久的时间洗礼，这里的一切仍旧定格在100多年以前，依然如故。

旅游资讯

地址：377 Russell St

电话：03-96637228

交通：乘24、30、35路有轨电车到Russell St/La Trobe St下即可

门票：成人18澳元、儿童10澳元、家庭44澳元

开放时间：9:30～17:00

网址：www.oldmelbournegaol.com.au

旅游达人游玩攻略

墨尔本旧监狱每周六12:00～14:30会有一场"Such a life"表演，描述的是新移民Ned Kelly为反抗当时政府的不公平待遇，与弟弟和朋友展开劫富济贫的人生故事。表演包含在门票之中，可以去感受一下。

墨尔本周边景点

圣基尔达海滩

圣基尔达海滩（St Kilda Beach）是墨尔本最著名也是距离市中心最近的海滩。在一个阳光充足的午后，来这里慢跑、钓鱼、晒日光浴、冲浪、看日出与日落，都是十分美好的事情。在汽油涨价之前，去圣基尔达海滩游玩成为澳大利亚旅游必须完成的一件事。

圣基尔达海滩

旅游资讯

地址：Jacka Boulevard, Melbourne, Victoria

交通：从市中心乘坐96、16路有轨电车即可到达。

旅游达人游玩攻略

每当夜幕降临，在圣基尔达海滩深入海湾的栈桥尽头防洪堤坝处，就会出现一些有趣的小企鹅。假如你想拍照的话，可以在17:00之前来此等候，记得一定多穿一些衣服，一般企鹅会在太阳下山后一个小时内出现。要注意不要用闪光灯拍照，这对企鹅的眼睛会造成伤害。你可以运用特殊光源进行拍照，红色贴膜的灯就很不错，也就是在手电上加张红色塑料纸。

菲利普岛

菲利普岛（Phillip Island）是一个企鹅之岛，因神仙小企鹅而闻名于世，也成为游客最希望游览的自然生态岛之一。从墨尔本市区出发仅仅需要90分钟，就可以到达这个墨尔本当地人喜欢的周末度假胜地。每当夜幕降临，一批批成群结队的小企鹅，摇摇摆摆归巢的样子，简直是太可爱了。

旅游资讯

地址： 895 Phillip Island Rd（Phillip Island Visitor Information Centre）

电话： 03-59567447

交通： 在墨尔本市内的南十字星火车站（Southern Cross Station）乘坐V/Line长途大巴可以到达岛上的小镇考斯（Cowes）

开放时间： 除了圣诞节，每天9:00～17:00开放，学校暑假期间到18:00（菲利普岛游客信息中心）

网址： www.visitphillipisland.com

菲利普岛

旅游达人游玩攻略

1.观看企鹅归巢，时间从1月的20:45至7月的20:00。一般来说，观赏企鹅的时间是18:30～20:00(5至9月)，19:30～21:30(10月至次年4月)。值得一提的是，看企鹅归巢要做好晚离开的准备。

2.菲利普岛的热门旅游点A Maze’NThings里有十分有趣的游戏，其中包括智力竞赛区、户外迷宫等多个区域，无论你在哪个区域，都可以体会到无限乐趣。

贝拉林半岛

贝拉林半岛（Bellaring Peninsula）是一个美丽的球形半岛，是吉朗东边的菲利普港湾的北入海口。秀气的海边小镇、雅致的酒庄、高贵的红酒，这一切都让这里成为了一个让游人津津乐道的度假胜地。此外，半岛东边的昆斯克里夫（Queenscliff）是墨尔本时尚的度假之地。

旅游资讯

地址： 55 Hesse Street

电话： 03-52584843

交通： 从墨尔本Little Malop St街上的汽车站乘车到贝拉林半岛即可

网址： www.travelvictoria.com.au

巴拉腊特

巴拉腊特（Ballarat）距墨尔本西北约110千米，是当年澳大利亚发现第一桶黄金的地方，现在成为了最受游客欢迎的观光城市之一。作为一座历史名城，巴拉腊特保留着很多维多利亚的华丽建筑和典雅花园，这些美妙的建筑受到了当地人格外细心的呵护。从这些雄壮的建筑中，你可以进一步了解到巴拉腊特曾经的繁荣史。

旅游资讯

地址： Lydiard Street North（Bllarat Visitor Information Centre

电话： 03-53242888

网址： www.visitballarat.com.au

大洋路

蜿蜒的大洋路（Great Ocean Rd）是全球最佳的旅游观光地点之一，也是到墨尔本周边旅游最热门的一条旅游线路。这里有宁静的海滩、繁茂的热带雨林、雄壮的瀑布，还有举世闻名的"十二使徒岩"，游览其中，可带你体验一场视觉空前的完美盛宴。在这条路线上你还可以观看到极富历史性的海底沉没船只、独特的野生动物、风景如画的小镇、史上著名的金矿区等。

旅游资讯

地址： 从墨尔本西部的Torquay，经由洛恩（Lorne）、阿波罗湾（Apollo Bay）、Port Campbell一直延伸到瓦南布尔（Warrnambool），总长约250千米。

电话： 大洋之路旅游中心1800-620888/03-52755797

旅游达人游玩攻略

从墨尔本大洋路出发，沿海岸线走到终点需要四个多小时，走内陆高速公路可以省下一个多小时，不过也会错失观赏海岸线独有风光的机会。另外，大洋路上城镇较少，油站不多，价格也比较贵，建议在出发之前加满油。

最容易让人忽略的景点

圣保罗教堂

圣保罗教堂（St Paul Cathedral）是墨尔本一座独具特色的教堂，外观庄严肃穆，推开那扇厚重的教堂大门，便有一种跨越历史，抚摸古老的惊奇感。当看到内部精美绝伦的石柱、彩色玻璃时，你会有种时光流转到古代欧洲时期的凝重感。此外，那独特的造型，以及刻有精细纹路的墙壁，也体现了圣保罗教堂的与众不同之处。

旅游资讯

地址： Flinders Ln

电话： 03-6534333

网址： www.stpaulscathedral.org.au

战争纪念馆

战争纪念馆（Shrine of Remembrance）原是为纪念在第一次世界大战为国捐躯的维多利亚州战士而建，现已成为悼念所有为国家捐躯的澳大利亚人的战争纪念馆。纪念馆被青葱的树木包围，充满着古希腊风格。在馆内有长长的阶梯通向屋顶，站在金字塔形屋顶上，可远眺墨尔本市中心和斯旺斯顿街之景。

旅游资讯

地址： Birdwood Avenue
电话： 03-96618100
交通： 乘坐3、6、8、16、64、72路电车可到
开放时间： 10:00～17:00（圣诞节、复活节除外）
网址： shrine.org.au

波特大桥

波特大桥（Bolte Bridge）是墨尔本亚市区的一座双悬臂大桥，它跨越亚拉河和维多利亚港区，通往墨尔本中央商务区西部。这座雄伟的大桥造型十分优美，站在码头区就能远远地望见它。在桥上漫步，观赏亚拉河的风景，或者眺望墨尔本港美景，都将收获一份美丽的心情。

旅游资讯

地址： Western link，West gate Freeway-Docklands Highway，Docklands
电话： 03-96589658

月亮公园

月亮公园（Luna Park）是一座十分古老的游乐园，是圣基尔达的标志性建筑。虽然都有100多年的历史了，但这里却没有一丝沧桑感，反而在孩子们的欢声笑语中，多了几分轻松的感觉。这里的过山车很好玩,在顶部时甚至能看到能看到菲利普港的景色。

月亮公园

旅游资讯

地址： 18 Lower Esplanade，St Kild
电话： 03-95255033
网址： www.lunapark.com.au

墨尔本美食

墨尔本是一个完美的美食天堂，这个充满欢乐与惊喜的迷人大都市汇聚了世界各地的美食，如香气四溢的越南菜、味浓可口的中东菜、香飘万家的西班牙餐前小吃、辛辣劲爆的非洲菜等，总之，在这里几乎可以尝遍世界各大美味菜肴。海外移民的悠久史，使得墨尔本的饮食文化融合了世界各地的饮食风格，很多菜系经过加工形成了墨尔本独特的现代澳大利亚风味。在美食方面，墨尔本还有一大优势，那就是一年一度的墨尔本美食节，这个节日为墨尔本带来了无穷无尽的美食，也顺利地将墨尔本饮食文化推向世界，使墨尔本成为名副其实的澳大利亚“美食之都”。不仅仅是大名鼎鼎的名号，更重要的是那些品种繁多的美食经营模式，以及优惠的价格，就足以让你带着鼓鼓的钱包大驾光临了。

澳大利亚美食

· Cerberus Beach House

这真是个很好的就餐之处，先不说食物味道如何，仅仅是在餐厅窗前看一下日落，就已经很有情调了。新鲜的食材与完美的烹饪技术相结合，烹制出了这里独一无二的食物。无论是家庭聚餐，还是朋友聚会，这里都是不错的选择。

地址：212 Half Moon Bay

电话：03-95334028

网址：cerberusbeachhouse.com.au

· The Colonial Tramcar Restaurant

这个餐厅很独特，在一个古老的电车里，其外表通红，内部装修典雅，坐在里边，可以一边乘坐电车游览墨尔本，一边品尝美味的料理。电车餐厅白天和晚上都营业，晚上更受顾客欢迎，因为到这里欣赏墨尔本的夜景，非常有趣。

网址：tramrestaurant.com.au

· Box Stallion Winery

这家餐厅在一片葡萄园中，在餐馆中可饱览周围的湖光景色。这里每天都会推出营养均衡的菜品，还有专门为孩子提供的“儿童食谱”。餐馆中最具特色的就是各种获奖葡萄酒，其酒味香醇，口感独特，深受当地人喜爱。

地址：64 Tubbarubba Roa，Merricks North
电话：03-59897444
网址：www.boxstallion.com.au

· Pie Face

这里是墨尔本人十分喜爱的小店，店里的澳大利亚肉饼是当地的一种经典小吃，这家店在墨尔本很多地方都可以看到，是一种连锁经营模式的餐饮店。店中肉饼的味道很好，可以去尝尝。

地址：2 89 Flinders Lane
电话：03-96629004
网址：pieface.com.au

· MoVida Bakery

这家餐馆装饰华丽，邀上朋友来到这里，围在一张桌子边，分享创意餐前小吃，是很好的用餐体验。这里最著名的美食有味美的兔肉丸子、辛辣的鞑靼牛肉(steaktartare)，以及比利牛斯山风格慢火煮熟的有机羔羊肉。

地址：3 Tivoli Rd，South Yarra
电话：03-90414345
网址：www.movida.com.au

· Blue Train Cafe

这是一家半露天的餐厅，每天都是人员满座，非常热闹。这里的沙拉、咖喱饭、炸薯条、手工火烤比萨饼、海鲜是非常美味的，且价格实惠。坐在露天座上，一边享受美食，一边欣赏美丽风景，十分惬意。

地址：MR5 Mid Level，Southgate Landing，Southbank
电话：03-96960111
网址：www.dimaeats.com

中国美食

· 万寿宫

万寿宫(Flower Drum)可谓是澳大利亚最好的中国餐馆，以传统的粤菜而闻名，曾接待过很多国际名人。餐厅的装饰、服务以及菜单，都采用的是传统的中式风格。在这里你还可以品尝到美味的北京烤鸭。

地址：17 Market Ln
电话：03-96623655
网址：flower-drum.com

·彩蝶轩

彩蝶轩（Plume）虽然价格偏高，不过与这里的环境和服务是成正比的。每样菜式风格多样，并且性价比较高。推荐这里的上汤芦笋、金银菠菜蛋、醉鸽。

地址： 546 Doncaster Rd
电话： 03-98401122
网址： plume.com.au

·食为先

食为先（shark fin house）是一家传统的中国餐厅，食物的味道很正宗，慕名而来的人很多，因而提前预订座位是个明智之举。这里的早茶不错，推荐品尝。

地址： 131 Little Bourke St
电话： 03-96631555
网址： sharkfin.com.au

·龙舫

龙舫饭店（Dragonboat）在墨尔本有好几家连锁店，名气很大。龙舫主要为一般华人餐馆的菜式，口味偏向于西方人的口味，假如你喜欢中西结合的吃法，那来这里一定错不了。

地址： 203 Little Bourke St
电话： 03-96622733
网址： dragonboat.com.au

·金满楼

金满楼（mask of China）是墨尔本顶级中餐馆，曾多次获得澳大利亚权威美食评判机构授予的金奖。当然了，良好的头衔注定不菲的价格，不过那精美的粤菜，值得你为此付出。

地址： 115-117 Little Bourke St
电话： 03-96623737
网址： maskofchina.com.au

·上海水饺店

上海水饺店（Camy Shanghai Dumpling Restaurant）是墨尔本的一家很有名气的饺子馆。在这里你可以吃到各种类型的饺子，朴素的装饰、热情的服务，以及便宜的价格，会让你爱上这个地方。

地址： 23-25 Tattersalls Ln
电话： 03-96638555

世界美食

· Sofia Pizza Restaurant

这家热闹的意大利餐厅活像一个酒吧，气氛活跃得让人意外。餐厅里有各种美味的比萨，以及分量十足的海鲜沙拉和蔬菜沙拉，一个盘子几乎能占半张桌子。此外，各种意大利面也很值得品尝。

地址：857 Burke Rd
电话：03-98821142
网址：sofiacamberwell.com.au

· Il Solito Posto

这是一家完美的意大利餐厅，不论你是来喝杯咖啡，还是来享受一顿可口的晚餐，这里都是个不错的选择。酒水单上主要是意大利酒及部分澳大利亚所产的本土酒。这里的咖啡浓香醇厚，烤肉叉(orichetti)更是鲜香入口，正如你所看到的，一切都是那么的完美。

地址：113 Collins St
电话：03-96544466
网址：ilsolitoposto.com.au

· Longrain

在这里你可以尝到真正的泰国菜，并且环境很温馨，在一张公共大桌上用餐，无疑是热闹的。这里的鲜虾煎蛋包、鸭肉沙拉等都十分美味。除了主食外，这里还提供一些美味的椰汁和棕榈糖冰激凌。假如你想要一个安静的私人空间，那么这里可不适合。

地址：44 Little Bourke St
电话：03-96713151
网址：longrain.com

· Hofbrauhaus

这家餐馆创办于1968年，是墨尔本知名的德国风味餐馆，曾连续几年被评为墨尔本市内最佳的高级西餐馆。餐馆除了食物的色香味俱全外，而且用餐环境也十分舒适，融合了德国高贵典雅的气质。此外，晚餐时还有德国民族歌舞表演。

地址：18-24 Market Ln
电话：03-96633361
网址：hofbrauhaus.com.au

· Chin Chin

这里的食物很棒，有很多令人垂涎的口味。推荐食用生鱼片、尖吻鲈和绿色苹果沙拉。不过这里常常人丁旺盛，假如你来，需要提前到达或做好等待的准备。

地址：125 Flinders Ln
电话：03-86632000
网址：chinchinrestaurant.com.au

· Vue de monde

这里的食物是无可挑剔的，其价格与食物的美味程度成正比。假如你在意食物的细节，那么食物的新鲜度和质量绝对是惊人的。其中扳手蟹、虾菜很美味，其用餐体验简直令人咋舌。

地址：Level 55, Rialto/525 Collins St
电话：03-96913888
网址：vuedemonde.com.au

墨尔本购物

在墨尔本逛街绝对会给你带来丰富的购物体验，在鳞次栉比的精品店之间穿梭，那些精致的皮包、华丽的服饰似乎散发着更为诱人的魅力。除了令人眼花缭乱的精品店外，墨尔本的百货商店、购物中心、拱廊、小巷更是数不胜数，还有时尚前卫的维多利亚前卫设计师的旗舰店，在这里闲逛一下午，将会被这里浓郁的本地风情时尚深深吸引，那些包括墨尔本著名设计师在内的诸多时尚作坊，绝对令人心动。墨尔本的购物区主要集中在市区，在那些时尚大街上，只是逛逛就能获得极大满足。逛累了还可以到唐人街 (Chinatown)上去好好享受美食。在墨尔本的大街小巷里也隐藏着各式各样的小店，那些层出不穷的时装店与各种纪念品店，永远都给人以无限惊喜。 除了市中心，在南亚拉、菲茨罗伊等地也能买到很多古灵精怪的商品。

人气旺盛的购物大街

· 艾蓝街

艾蓝街（Acland Street）上有各种犹太糕饼和东欧风味甜点的店家，因而又被称为“糕点街”。这些糕点店主要出售核桃千层派、新鲜水果布丁、芝士蛋糕及巧克力蛋糕等各种特色点心。此外，大街上汇集了很多咖啡馆、书店、唱片店、服饰店以及精巧的礼品店，在这里往往可以淘到一些很有趣的东西。

· 伯克街

伯克街(Bourke Street)的核心区域集中了大量的商铺，汇集了很多时尚品牌，还有两家大型的百货公司Myer和David Jones。在熙熙攘攘的伯克商业街上逛逛，会发现在不知不觉间自己的胳膊上就挂满了大大小小的购物袋。在街边还总能看到各种街头艺人进行的音乐演奏，当你流连在Forever New、Sportsgirl、Zara等旗舰店中尽情选购时，一定不要忘了停下脚步欣赏下他们的表演。

· 雅皮街

雅皮街（Chapel Street）是墨尔本比较时髦的地方，也是时尚达人的必逛之地。尤其是周末的时候，这里熙熙攘攘的人群，简直会让你有一种抢购的冲动，毕竟世界各地的时尚买家都会在这里疯狂“淘宝”。

· 史密斯街

史密斯街（smith Street）上有NIKE、adidas的工厂店，这些店中常常会有一些打折活动。除此之外，整条街上还有各种小店，卖Vans、Quiksilver之类牌子的比较多，你可以在街上慢慢地淘你喜欢的商品。

· Flinder Lane

Flinder Lane是一条时尚大街，假如你追求时尚与前卫，就一定不要错过这个地方。每逢11月份的澳大利亚时装节，这里便会汇集很多设计大师和时尚人士。这里比较有名气的商店有Alice Eughemia、Lvy Hopes、Christine Accessories等。

· 布朗斯威克街

布朗斯威克街（Brunswick Street）是波西米亚风格的典范之地，在这里逛街，你永远不会有无聊的感觉，无论是哪个阶层的墨尔本人，都会时常到这个朝气蓬勃的地方狂购一番。在这里不仅可以购买到心仪的服装，还能在边缘艺术馆或老式酒馆感受一下复古的气息。这条街上的商品似乎都与艺术有着或多或少的联系，假如你对这里有太多的感触，就停下来到街边色彩斑斓的咖啡馆里小憩片刻吧。

布朗斯威克街

· 斯普林街

斯普林街（Spring Street）的“巴黎区”拥有众多国际顶级时装品牌专卖店，当然了，这里的商品价格也是不菲的。

名牌集中的大本营

·墨尔本购物中心

墨尔本购物中心（Melbourne Central Shopping Centre）是墨尔本市的时尚购物聚集之地，众多澳大利亚设计师的杰作、国际品牌各大旗舰店都云集于此。这个购物中心横跨两个街区，有300多家商店，其中不乏众多精品折扣店，到此购物或是在各大橱窗前穿梭，都是最美好的体验，这里汇集了Country Road、Morrisseyl、Marcs、Kookai、G-Star等众多知名大品牌。

地址：211 La Trobe Street，Melbourne
电话：03-99221123
网址：www.melbournecentral.com.au

·维多利亚女王市场

维多利亚女王市场（Queen Victoria Matket）是墨尔本购物不可错过的一站，这个曾经拍卖牛马的市场，如今已经成为一个大规模的露天市场。尽千余户商贩在此摆卖，出售的产品从海产品、本地蔬果、熟食，到衣物、羊毛时装，应有尽有。除了购物，还可以欣赏街头艺人的音乐表演。

地址：513 Elizabeth Street，Melbourne
电话：03-93205822
网址：www.qvm.com.au

·查斯顿购物中心

查德顿购物中心（Chadstone West Mall）被誉为南半球最大的购物中心，包括服装店、奢侈品店、糖果店、宠物店等在内的各种商店。此外，这里还有多家电影院及大型超市。

地址：1341 Dandenong Road，Chadstone，Victoria
交通：乘坐火车到Oakleigh Station换乘800、802、804、900、903公交可到
网址：www.chadstoneshopping.com.au

·维多利亚艺术中心市场

维多利亚艺术中心市场（VIctorian Arts Centre Sunday Market）是墨尔本最著名的艺术品展售中心。市场中拥有众多多样化的商品，无论是现代的陶艺品、手制画框、珍贵珠宝，还是手绘丝质衣物，都可以在这里找到。

地址：The Arts Centre/100 St Kilda Road，Melbourne
电话：03-92818581
网址：www.artscentremelbourne.com.au

· RM Williams

这是一个澳大利亚本土品牌店，在这里你可以买到相当时髦的澳大利亚品牌商品。这里的商品种类齐全，很多当地人都喜欢到这里挑选专属自己的时尚装备。

地址：Shop 237/300 Lonsdale Street，Melbourne
电话：03-96637126
网址：www.rmwilliams.com.au

· DFO

这里出售一些高档品牌的打折衣服，像CK、 Nine West等都有卖。假如幸运的话，甚至可以花几澳元就能买到一件品牌服饰。而且衣服的款式都不错，价格很是超值。

地址：20 Convention Centre Place, South Wharf
电话：03-0991111
网址：www.dfo.com.au

物美价廉的淘宝地

· Crumpler

这是一家本地公司。在这里，你可以买到牢固而时尚的自行车架、笔记本电脑和照相器材的包装袋，以及各种时尚耐用的零配件。无论你走到哪里，拥有从这里买到的东西做纪念品，都是十分体面的。

地址：87 Smith Street，Melbourne
电话：03-94175338
网址：www.crumpler.com

· Alice Euphemia

这里离圣保罗教堂很近，是墨尔本前卫时装艺术的集中展示地。每一件衣服都选用创新型衣料，由专业设计师设计，因而也特别具有吸引力。此外，这里还出售上乘珠宝。

地址：37 Swanston Street，Melbourne
电话：03-96504300
网址：www.aliceeuphemia.com

· Haigh's Chocolates

Haigh's Chocolates是澳大利亚优质的本土品牌，也是澳大利亚唯一的一家自家烘烤可可豆生产朱古力的公司。品牌创立于1915年，现在全澳大利亚共有11家分店，其中墨尔本有3家分店。这里的可可豆经过72小时烘焙、烤煮，味道格外香甜。

地址：26 Collins Street
电话：03-96502114
网址：www.haighschocolates.com.au

墨尔本娱乐

墨尔本是澳大利亚的娱乐之都，这里的娱乐生活非常繁华。白天，你可以去海边冲浪、游泳、垂钓，去球场看网球赛、澳式足球赛、板球赛等各种激烈的赛事。相比白天，夜里的墨尔本似乎是一颗火热的明珠，要比白天更为炽热。你可以到酒吧品品酒，到夜总会跳跳热舞，也可以去看场电影或者是听听现场音乐。在墨尔本，凡是你能想到的娱乐方式，在这里都能找到。

夜总会

·The Croft Institute

这个夜总会似乎有些与众不同，它比较安静，适合朋友闲聊和喝酒。舞厅的舞台比较高，在上边跳舞很有当明星的感觉。不过要小心，千万不要摔下来了。

地址： 21 Croft Alley，Melbourne
电话： 03-96714399
网址： www.thecroftinstitute.com.au

·Lounge

这真是个很有趣的地方，白天是温馨的咖啡馆，晚上却变成了热闹的俱乐部。这里播放的音乐类型有很多，从电子乐到霹雳舞乐，无所不有，深受年轻学生的欢迎。

地址： 243 Swanston St
电话： 03-96632916
网址： lounge.com.au

·One Six One

这里是追求时尚的本地人常去之地，内部装饰十分靓丽，整个夜总会所都具有十分活跃的气氛。在这里，你不可能温文尔雅地待一晚上，一杯鸡尾酒下肚，在狂热的舞曲声中，不经意间就会被那些年轻的狂欢者吸引。这时，不妨跟他们跳上一曲，享受那种带有刺激感的欢愉。

地址： 161 High St
电话： 03-95338433
网址： onesixone.com.au

·Revolver Upstairs

这里是一个带有艺术气息的夜总会，这里平时比较安静，但是从周五开始，这里就会变成喜欢派对的人们的狂欢之地。如果你精力旺盛，不妨从周五到周日，在这个黑暗世界中狂欢两天，感受一下墨尔本人的热情。

地址： 229 Chapel Street，Prahran
电话： 03-95215985
网址： www.revolverupstairs.com.au

体育场

· 墨尔本板球场

墨尔本板球场（Melbourne Cricket Ground，简称MCG)在美丽的亚拉公园内，是1956年奥运会的主会场，也是深深迷恋体育的墨尔本人膜拜他们心目中体育英雄的圣地。这座世界知名的体育场，能够容纳10万名观众。这里曾举办世界杯预选赛，亚洲杯预选赛及澳大利亚国家足球队大赛前的热身赛，每当观众的呐喊声响起，那气势只能用震耳欲聋来形容了。

地址： Brunton Avenue，East Melbourne
电话： 03-96578888
网址： www.mcg.org.au

·Etihad Stadium

这个体育场虽然不及墨尔本板球场面积大，也不及它的知名度高，但因其更为现代化的场地，越来越受到球迷们的关注。这里每周都会举办比赛，想看比赛的话可当天在球场门口预订，假如有大型赛事，要提前预订才行。

地址： 740 Bourke St
电话： 03-86257700
网址： etihadstadium.com.au

·Rod laver Arena

这个球场在墨尔本公园内，是一个十分巨大的场馆。它是澳大利亚网球公开赛以及大型国际音乐会的主场地。这个场馆的设计十分巧妙，天顶为开闭式，在举行赛事时不会受天气因素的制约。

地址： Batman Ave
电话： 03-92861600
网址： rodlaverarena.com.au

剧院

·Princess Theatre

这家剧院是墨尔本剧院中规模较大、建筑较为雄伟的一座，已被列入维多利亚遗产名录，是墨尔本市民聆赏歌剧的高级剧场。这个可容纳约1500名观众的大剧院，常常上演国际线知名歌剧作品，曾在2007年举办墨尔本国际喜剧节。

地址： 163 Spring Street
电话： 03-92999800
网址： www.marrinergroup.com.au

·Butterfly Club

这是一座小型的剧场，位于露台式大楼内，这里定期有歌舞表演。在看完演出后，你还可以到楼上的小酒吧看看，那是一个精心布置过的小酒吧，墙面设计十分独到，风格也十分特别。

地址： 204 Bank St
电话： 03-96902000
网址： thebutterflyclub.com

· Comic's Lounge

这里每天都有特色戏剧表演，上演不同程度的幽默喜剧，这在整个墨尔本是唯一的。每人的入场费用一般为25澳元。

地址：26 Errol St
电话：03-93489488
网址：thecomicslounge.com.au

电影院

· 澳大利亚动态图像中心

澳大利亚动态图像中心（Australian Centre for the Moving Image）的科技水平很高，是墨尔本标志性的电影院。在这里，你可以看到最新的电影、纪录片或动画片。

地址：Federation Square/Flinders Street，Melbourne
电话：03-86632200
网址：www.acmi.net.au

·Cinema Nova

这家影院信息面很广，在这里常常会看到最新的片子。假如你喜欢追求新事物，在别人之前抢先看到最新的电影，就要到这里来。值得一提的是，每周一16:00前能买到低价票。

地址：380 Lygon St
电话：03-93475331
网址：cinemanova.com.au

·The Astor Theatre

这个电影院算是墨尔本比较古老的了，进入电影院，你就会被一种深远的历史韵味所感染，让人不禁想到装饰艺术的时代。这里播放的电影都不错，每天晚上会播放一场老电影和一场新电影。

地址：1 Chapel Street，St Kilda
电话：03-95101414
网址：www.astor-theatre.com

现场音乐

·Forum Melbourne

剧院设计很独特，以南半球的天空为背景，有型的拱顶天花板和豪华的内部装修，使得这里的人气很旺。在这家剧院中，不仅可以听现场音乐、欣赏明星们的演出，其实能够目睹一下这座美丽的剧院，也是值得的。

地址：154 Flinders Street，Melbourne
电话：03-92999700
网址：www.forummelbourne.com.au

·Bennetts Lane Jazz Club

这个热闹的爵士表演场比较隐蔽，不过这丝毫不能掩饰它的活力。在灯影朦胧中，众多本地和国际音乐天才都喜欢在这里演唱。你可以欣赏到经典的圆号、鼓刷乐器表演、现代的电子音乐等各种精彩的音乐表演。

地址： 25 Bennetts Lane，Melbourne
电话： 03-96632856
网址： www.bennettslane.com

·The Night Cat Fitzroy

这似乎是一个有些怪的建筑，除了特有的歪斜设计外，外侧墙上全是独特的涂鸦。走进店里却会立刻感觉豁然开朗，里面很宽敞，环境很舒适，气氛也很好。在这里演出的乐队都是有一定名望的，表演从爵士乐到萨尔萨舞曲的各种音乐。

地址： 137-141 Johnston Street，Fitzroy
电话： 03-94170090
网址： www.thenightcat.com.au

·Rainbow Hotel

这是一个非常受欢迎的音乐表演场地，连续10年为当地的天才音乐人举办演出，演出的规格都很高。在这里，你将有幸听到蓝调、民乐和爵士乐。每逢周末，来此看演出的人会特别多，想要去的话就要尽早去。

地址： 27 St David Street，Fitzroy
电话： 03-94194193
网址： www.therainbow.com.au

·Ding Dong Lounge

这里是墨尔本最好的摇滚乐场所之一，你可在此尽情地释放自己，不会有任何顾虑。这里的摇滚乐很棒，在纽约它还有一家姐妹店。

地址： 18 Market Ln
电话： 03-95217447
网址： www.dingdonglounge.com.au

·Northcote Social Club

这是个多功能娱乐场所，它一半是酒吧，一半是乐队演奏室，几乎每天晚上都会有现场音乐表演。这里真诚欢迎本土及国际有天赋的音乐家前来演奏。你可在这家看似朴实却又很有艺术气息的地方，看场音乐表演。

地址： 301 High St
电话： 03-94893917
网址： northcotesocialclub.com

墨尔本住宿

墨尔本作为澳大利亚著名的大城市，可供选择的住宿类型非常多。市中心的中央商务区是墨尔本住宿的集中区，这里交通便利，景点也较多，可选择在此住宿。假如喜欢海边，可以前往风景优美的圣基尔达地区住宿。在墨尔本，住宿费用一般根据住宿地的不同而差别较大，一般标价为100～175澳元的双人间住宿为墨尔本的中等消费水平，超过175澳元以上的房间为高档间，而低于100澳元的房间则为经济间，游客在出行前，最好提前在网上预订，这样通常可享受很多优惠。每年的旅游旺季（12月至次年2月），以及一些节日、庆典、赛事举办期间，最好提前预订房间。

经济型旅馆			
名称	地址	电话	网址
Parkville Place Apartments	124 Brunswick Rd	03-93878477	www.parkvilleplace.com.au
Arrow On Swanston Apartments	488 Swanston St	03-92259000	www.arrowonswanston.com.au
Discovery Melbourne	167 Franklin St	03-93297525	www.discoverymelbourne.com
Greenhouse Backpacker	6/228 Flinders Ln	03-96396400	www.friendlygroup.com.au
Nomads Melbourne Backpackers	198 A'Beckett St	03-93284383	www.nomadsworld.com
All Nations Backpackers Melbourne	2 Spencer St	03-96201022	www.nomadsworld.com
Easystay Studio Apartmen	5 Acland St	03-95369700	www.easystay.com.au
Redan Apartments	25 Redan St	03-95297595	www.redanapartments.com.au
Miami Hotel Melbourne	13 Hawke St	03-93212444	www.themiami.com.au
Park Squire Motor Inn & Serviced Apartments	94 Flemington Rd	03-3296077	www.parksquire.com.au

中档酒店			
名称	地址	电话	网址
Pegasus Apartment Hotel	206 A'Beckett St	03-92842400	www.pegasussuites.com.au
Somerset On Elizabeth Melbourne	250 Elizabeth St	03-86658888	www.somerset.com
Citadines on Bourke Melbourne	131-135 Bourke St	03-90398888	www.citadines.com
Clarion Suites Milano	8 Franklin St	03-99268200	www.milanoservicedapartments.com.au
Rydges on Swanston Hotel	701 Swanston St	03-93477811	www.rydges.com
Adina Apartment Hotel Melbourne	189 Queen St	03-99340000	www.adinahotels.com.au
The Crossley Hotel Melbourne	51 Little Bourke St	03-96391639	www.crossleyhotel.com.au
Novotel Melbourne On Collins Hotel	270 Collins St	03-966 5800	www. novotelmelbourne.com.au

高档酒店			
名称	地址	电话	网址
Stamford Plaza Melbourne	111 Little Collins St	03-96591000	www.stamford.com.au
The Langham, Melbourne	1 Southgate Ave	03-86968888	www.melbourne.langhamhotels.com.au
Crown Towers	8 Whiteman St	03-92926688	www.crownpromenademelbourne.com.au
Hotel Sofitel	25 Collins St	03-96530000	www.sofitelmelbourne.com.au
Grand Hyatt Melbourne	123 Collins St	03-96571234	www.melbourne.grand.hyatt.com
InterContinental Melbourne The Rialto Hotel	495 Collins St	03-86271400	www.ihg.com
Melbourne Marriott Hotel	Lonsdale St	03-96623900	www.marriott.com

4 墨尔本→堪培拉

Mo'erben→Kanpeila

堪培拉交通

从墨尔本前往堪培拉

· **乘飞机前往**

从墨尔本到堪培拉乘坐飞机是比较方便的，堪培拉国际机场（Canberra International Airport），位于堪培拉市区东面8千米处，这个繁忙的国际机场有往返于澳大利亚各大城市的航班。从墨尔本前往堪培拉的航班有很多，Virginblue、Qantas、Tigerairway等航空公司都提供两城市间的航空服务。墨尔本乘飞机到堪培拉大约需要1个小时。

· 乘火车前往

堪培拉火车站（Railway Station Kingston）位于伯利格里芬湖南边的京斯顿（Kingston），有往返于堪培拉和墨尔本的列车。此外，堪培拉和墨尔本之间还有堪培拉连接线和日常的铁路连接线，其中堪培拉连接线一周内有3班火车。

· 乘汽车前往

从墨尔本到堪培拉，乘坐长途巴士也是十分便捷的。堪培拉长途巴士站每天都有快速旅游巴士往来于堪培拉与墨尔本、悉尼之间。堪培拉到墨尔本大约需要9.5小时。在堪培拉游客信息中心（Canberra Visitor’s Center）有开往Yass（堪培拉北方60千米）的巴士，可由此换乘开往墨尔本的快车。你可在火车站或观光局购买车票。

乘公交游堪培拉

堪培拉的公交系统比较发达，在堪培拉，你会发现旅游巴士线路几乎覆盖了城市的所有地方，乘坐公交车可以十分便捷地穿梭在堪培拉市内以及郊区之间。堪培拉的主要公交车网络是ACT Internal Omnibus Network（简称ACTION），它有Belconnon、Woden、Tuggeranong以及中心车站四个站。可在车上购买车票，堪培拉公交车的票价按次数计算，既可购买单程票也可购买日票，日票在当日内使用。假如你想更清楚地了解当地的公交信息，可到East Row的信息亭获取到免费的公交线路图和时间表。

乘出租车逛堪培拉

出租车也是堪培拉市内十分便捷的交通工具。在堪培拉，你应该跟在澳大利亚的其他城市中一样，尽可能地电话预约出租车。你也可在一些固定的地方等候，澳大利亚政府规定出租车必须停在固定的地方，而市民需要打车时必须走到出租车的停靠站、或打电话及网上预约，出租车实行打表制，有起步价，超出一定范围后加价。如果是在网上预约或周末乘坐，出租车的车费会更高。值得一提的是，Taxis Combined（132227）租车公司的汽车方便轮椅上下。在Greater Union 电影院外有出租车候车站，在那里等候十分方便。

堪培拉市区景点

伯利格里芬湖

伯利格里芬湖（Lake Burley Griffin）在堪培拉的中心，是一个美丽的人工湖，湖名来源于堪培拉设计师格里芬。格里芬湖碧波荡漾，景色十分优美，是游泳、驾驶帆船以及垂钓的好去处。湖中有为纪念库克船长而建的喷泉，那高大的白色水柱直刺蓝天，极为壮观。在秀丽的湖边聚集了众多著名的堪培拉景点，也因此吸引了大量慕名而来的游人。

伯利格里芬湖全景

旅游资讯

地址： Downtown Canberra

交通： 乘34路公交车可到

旅游达人游玩攻略

可在Acton渡轮码头附近的Dobel游艇出租公司（02-2496861）租用划桨船、水上单车、滑浪板、独木舟或双体船。此外，湖上游艇巡游也十分有趣，其中长达90分钟，并且有导游讲解的湖上巡游于每天10:30、12:30从Acton渡轮码头出发。周三至周日18:00及20:00还有晚上游艇巡游。

澳大利亚国家博物馆

澳大利亚国家博物馆（National Museum of Australia）作为澳大利亚第一个社会性的、反映澳大利亚历史的博物馆，是了解澳大利亚历史的好去处。博物馆综合运用各个展馆，全面简洁地展示了澳大利亚自建国以来，各时期重要的人和事。除了浓厚的内涵，博物馆还拥有一个很有创意的外表，它的建筑外形与设计都会让你眼前一亮。

旅游资讯

地址： Lawson Cres，Acton Peninsula

电话： 02-62085000

交通： 乘坐7路公交车可到；周末及假日还有免费的公交车到达，10:30从Civic公交枢纽的7站台出发

门票： 免费

开放时间： 9:00～17:00

网址： www.nma.gov.au

澳大利亚国家美术馆

澳大利亚国家美术馆（National Gallery of Australia）地处一个花园式地区，是一座大型的展览馆，收藏有超过10万件的展品，其中既有澳大利亚人从殖民时代到现在的艺术品，也有传统的土著艺术品，以及其他国家的艺术品展示。此外，馆内还有一个令人惊奇的雕塑花园，里边有大量的绘画、摄影、陶器等艺术作品展示。

旅游资讯

地址： Parkes Pl，Parkes
电话： 02-62406502
交通： 乘2、3、80等路公交车可到
门票： 固定展览免费
开放时间： 10:00～17:00
网址： www.nga.gov.au

旅游达人游玩攻略

在澳大利亚国家美术馆参观，除了参加导游团队游外，周四及周日11:00还可以参加针对土著艺术和托雷斯海峡岛民艺术的团队游。此外，视力有障碍的人可以求助于美术馆的《盲文指南》进行游览。

议会大厦

议会大厦（Parliament House）在美丽的格里芬湖南岸，是世界上鼎鼎有名的建筑。它建在国会山顶上，使用的是上等的砖石和优质的木材，这一切都象征着它那独一无二的权威性。整个大厦的核心是大厅顶上的不锈钢旗杆，格外醒目。议会大厦体现着澳大利亚独特的历史与多元文化，以及国家的发展和对未来的抱负。

旅游资讯

电话： 02-62775399
门票： 免费
开放时间： 9:00～17:00，讲解团队游9:00～16:00
网址： www.aph.gov.au

旅游达人游玩攻略

议会大厦需要特殊许可才能进入，外籍游客需要在本国大使馆办理手续，方可进入。里面有一个图书馆，在10:00～18:00开放。想要进入的话，要到Raisina Road上的游客接待处办理手续，办理时需要出示国会议员的介绍信。在议会不开会的时候，有45分钟的免费讲解团队游，在开会的时候，时间为20分钟。

旧议会大厦

旧议会大厦（Old Parliament House）从1927年至1988年，一直是澳大利亚政府所在地，于2009年被改建成为澳大利亚民主博物馆（Museum of Australia Democracy），展示众多澳大利亚传统物品。在旧议会大厦正前方的土著帐篷大使馆，是土著人争取平等与权力的见证。

旅游资讯

地址： King George Tce，Parkes
电话： 02-62708222
门票： 2澳元
开放时间： 9:00～17:00
网址： www.oph.gov.au

旧议会大厦

澳大利亚战争纪念馆

澳大利亚战争纪念馆（Australia War Memorial）在伯利格里芬湖的北面，是一间规模庞大的纪念馆。馆内展出有第一次、第二次世界大战及韩战中牺牲的维多利亚州士兵灵位，可谓是澳大利亚最好的博物馆之一，也是世界上最好的祭坛之一，如此殊荣也只有澳大利亚战争纪念馆可以担当吧。在这雄伟的建筑物顶层，可远眺墨尔本市中心和史旺斯顿街景。

旅游资讯

地址： Treloar Crs，Cammpbell

电话： 02-62434211

开放时间： 10:00～17:00

网址： www.awm.gov.au

澳大利亚战争纪念馆

澳大利亚国家植物园

澳大利亚国家植物园（Australia National Botanic Gardens）位于黑山（BlackMountain）的山脚下。植物园内种植有6200余种澳大利亚当地植物，如金合欢、桉树、澳大利亚蒲葵等。在园内欣赏那些美丽的奇花异草，惬意地享用野餐，或在园内的咖啡小屋里喝一杯香浓的咖啡，都是很享受的体验。

旅游资讯

地址： Clunies Ross St，Acton

电话： 02-62509450

门票： 成人31.5澳元，儿童18澳元，家庭79澳元

开放时间： 2月至12月8:30～17:00，1月周一至周五8:30～18:00，周六、周日8:30～20:00

网址： www.anbg.gov.au

旅游达人游玩攻略

澳大利亚国家植物园的游客中心（The Visitor Centre，9:30～16:30）提供植物园游览地图、手册和建议，你可在此领取一份，还可以参加有导游带领的免费徒步游活动，每天11:00及14:00离开。

国家科技中心

国家科技中心（Questacon–The National Science & Technology Center）是学习科普知识的好地方，这里仅供观看的展板展柜很少见，更多的是让人们自己动手去了解科学知识。在180项展示中，你几乎可以了解到各种奇趣的科普知识，所有的知识均由自己亲自手动操作来传达。这个寓教于乐的科技中心，是让青少年和儿童兴奋不已的好地方。

旅游资讯

地址： King Edward Tce，Parkes

电话： 02-62702800

交通： 乘2、3、94、935等路公交车可到

门票： 成人18澳元，儿童12澳元，家庭49澳元

开放时间： 9:00～17:00

网址： www.questacon.edu.au

国家图书馆

国家图书馆（National Library of Australia）在美丽的格里芬湖畔，是世界著名的图书馆之一。在图书馆中，你可以通过检索操作系统迅速找到你想要的任何资料，看过馆内丰富的展览后，你会被那未知的知识深深吸引。这座罗马式的现代建筑，在白色大理石柱的围绕之下，更显气象万千。在图书馆中，除了世界各地的期刊和报纸，还能找到珍贵的库克船长的航海日志。

旅游资讯

地址：Parkes Pl，Parkes

电话：02-62621111

交通：乘2、3、94、934、935等路公交车可到

开放时间：周一至周四9:00～21:00，周五、周六9:00～17:00，周日13:30～17:00，圣诞节闭馆

网址：www.nla.gov.au

旅游达人游玩攻略

国家图书馆中有导游带领参观，周一至周五11:15～14:15会有专人解说。

国家动物园和水族馆

国家动物园和水族馆（National Zoo & Aquarium）是堪培拉的必游之地，在此可观赏到各种水生和野生动物，绝对值得你花上一整天的时间游玩。馆内建有一个很壮观的观光隧道(River1and Tunnel)，有各种多姿多彩的澳大利亚鱼类可供观赏。此外，在野生动物保护区，有树熊、袋鼠、小企鹅等各种可爱的小动物。

旅游资讯

地址：Lady Denman Dr，Yarralumla

电话：02-62878400

门票：成人29澳元，儿童17澳元，家庭84澳元

开放时间：10:00～17:00

网址：www.nationalzoo.com.au

国家电影和声音档案馆

国家电影和声音档案馆（National Film and Sound Archive）是国际公认的音像保存中心，这里收藏着澳大利亚丰富的音像遗产。其中十分引人注目的固定展览“一个国家的影像和声音”（Sights+Sounds of a nation)，涵盖了澳大利亚100年以来的音频和视频资料。

旅游资讯

地址：McCoy Circuit，Acton

电话：02-62482000

开放时间：周一至周五9:00～17:00，周六、周日10:00～17:00

网址：www.nfsa.afc.gov.au

堪培拉周边景点

澳大利亚电讯塔

澳大利亚电讯塔（Telstra Tower）坐落于黑山之上，因而又名黑山塔，是堪培拉的知名地标，也是堪培拉最吸引人的景点之一。电讯塔是堪培拉地区的至高点，同时也是来首都堪培拉旅游的必赏之地。登临塔上，可360° 饱览堪培拉的美景。

旅游资讯

地址： Black Mountain Dr

电话： 02-62196111

门票： 7.5澳元

开放时间： 9:00～22:00

旅游达人游玩攻略

澳大利亚电讯塔的一楼入口处，有个大型展览厅，提供录像带，向游客详细介绍关于电讯塔的信息，感兴趣的话可以去看看。

卡金顿小人国公园

卡金顿小人国公园（Cockington Green Gardens）之中的一切都是微缩的,包括美丽的花园和新奇的植物，这一切都给人一种新鲜感。优美的环境、特色的装扮，已使这里成为了堪培拉著名的旅游景点。在这里，一定不要忘记乘上有趣的小火车，绕着公园兜一圈，这将给你留下无限美好的回忆。

旅游资讯

地址： 11 Gold Creek Road

电话： 02-62302273

门票： 18.5澳元

开放时间： 9:30～17:00

网址： www.cockingtongreen.com.au

特宾比拉自然保护区

特宾比拉自然保护区（Tidbinbilla Nature Reserve）由特宾比拉风景区山脉和Gibraltar山脉组成，这里有土著及欧洲人曾经生活过的痕迹，因而特宾比拉风景区对土著文化来说意义非凡。在特宾比拉风景区郁郁葱葱的植物中，生活着很多著名的小动物，比如红颈小袋鼠、大冠鹦鹉、鸸鹋等。

旅游资讯

地址： Paddy’s River Rd

电话： 02-62051233

网址： www.environment.act.gov.au

最容易让人忽略的景点

皇家澳大利亚造币厂

皇家澳大利亚造币厂（Royal Australian Mint)是专造硬币的工厂，该造币厂是澳大利亚历史上第一家不受英国皇家造币厂分支制约，相对独立的造币厂。在造币厂中的澳大利亚钱币陈列室中，可了解到那些珍贵钱币的悠久历史。

旅游资讯

地址： Denison St

电话： 02-62026800

网址： ramint.gov.au

国家钟楼

国家钟楼（National Carillon）十分独特，设有55个青铜大钟，是世界上拥有最多钟的钟楼之一。每当钟楼的钟声响起，你在很远的地方都能听到。晚上的钟楼上百盏灯齐放，更加的动人。每逢澳大利亚国庆日和其他国家传统节日，人们便会集聚于此欢度节日。

旅游资讯

地址： Aspen Island, Lake Burley Griffin

电话： 02-62571068

网址： www. nationalcapital.gov.au

安斯利山瞭望台

安斯利山瞭望台（Mount Ainslie Lookout）位于堪培拉东北的安斯利山上，无论是白天还是晚上，这里的风景都很美。沿着上山步行道，在战争纪念馆之后沿安斯利山攀登，方可找到瞭望台。

旅游资讯

地址： Mt Ainslie Dr

安斯历山瞭望台

诺马治国家公园

诺马治国家公园（Namadgi National Park）中树木青葱，环境很好。在这里你可以尽情放纵自己，在自然环境中乘车兜风，顺便观赏那些可爱的野生动物。此外，这里还是观看土著岩石艺术的好去处。

旅游资讯

地址： Tharwa ACT 2620

电话： 02-62072900

网址： australianalps.environment.gov.au

堪培拉美食

堪培拉人吃得很简单，也很随意。在当地人眼中，优质的奶制品尤其是奶酪是最好的美味。他们喜欢来个下午茶，那些美味的甜点和咖啡就是最完美的食物。此外，葡萄酒也是当地人比较喜欢的。在这样轻松的饮食氛围中，你将会得到一次美好的美食体验。这里的餐馆遍布大街小巷，既有当地的特色餐馆，也有来自世界各地不同菜系的餐馆，如越南、中国、朝鲜、意大利、印度等众多餐馆云集。在这个澳大利亚的首都城市中，你能体会到多元的饮食文化。来到堪培拉，还是有几道特色菜肴一定要品尝，如用纯牛奶喂养的小羊、用纯谷物喂养的牛、野生的彩虹鳟鱼，都是堪培拉百里挑一的精品食物。

澳大利亚美食

· Courgette Restaurant

这里的澳大利亚美食简直是无可挑剔,每道菜都像是一件艺术品，并且分量也恰到好处。他们的食物套餐通常会搭配红酒，服务人员还会对要上的菜和红酒的酿造年份做一番讲解。这家餐厅真的很不错，其名声甚至都超过了悉尼一些有名的美食坊。

地址： 54 Marcus Clarke St
电话： 02-62474042
网址： courgette.com.au

· Ellacure Restaurant and Bar

这里的食物是非常美妙，是吃早餐和午餐的好地方。每一位工作人员都十分友善，你可根据自己的需要选择在室内或者室外就餐。这里的鲑鱼、牛肉和意大利面都很美味。

地址： 2/21 Battye St
电话： 02-62510990
网址： ellacure.com.au

· Rubicon

无论是餐厅氛围，还是食物味道，或者是服务态度，这里无疑是首屈一指的。每道菜肴都掌握得恰到好处，美味的尖吻鲈和牛排鲜嫩可口，还有配有小菜的葡萄酒，都十分完美。

地址： 6A Barker St
电话： 02-6295 9919
网址： rubiconrestaurant.com.au

· Ironbark

这是一家美好的野味餐厅，这里的丛林菜肴做得很有味道，几乎澳大利亚本地的特产你都能从这里找到。这里还有用金合欢的种子做成的冰淇淋，十分的美味，值得推荐。

地址： 17 Franklin Street，Manuka
电话： 02-62397143

· The Boat House by the Lake

在这家餐厅中可以看到美丽的格里芬湖，尤其是傍晚时分，在夕阳映衬下气氛变得更加浪漫，简直是情侣约会最完美的场所。精致的现代澳大利亚菜肴，似乎很有创意，味道也是出奇的美味。

地址： Grevillea Park/Menindee Dr
网址： boathousebythelake.com.au

中国美食

· 状元红饺子馆

状元红饺子馆（Shanghai Dumpling Cafe）是堪培拉最受欢迎的中国餐厅之一，餐厅装饰朴素而雅致，招牌菜有脆辣牛肉、上海风味炒面、香浓鸡汤等。此外，还有开胃小菜、餐后甜点等食物搭配，令人回味无穷。

地址： 2/35 Childers Street，Canberra
电话： 02-62628884

· 王子

王子(Prince Palace)是堪培拉大学附近非常有名的一家粤式餐馆，提供口味多样的早茶小吃。当地人及外国游客普遍认为这是堪培拉最好的中餐馆之一。

地址： 114 Emu Bank，The Boardwalk，Belconnen
电话： 02-62513838
网址： pp.potech.com.au

· 快乐中国餐馆

快乐中国餐馆（Happy's Chinese Restaurant）坐落于堪培拉市中心，拥有一个安静、友好的气氛。这家餐馆提供传统的粤菜，是堪培拉所开的第一家中国餐厅。

地址： 17 Garema Pl
电话： 02-62497015
网址： happys.com.au

世界美食

· Ottoman Cuisine

这里有很棒的中东菜,每道菜都各有特色,并且服务上乘，不仅上菜速度很快，并且服务员都是彬彬有礼的。餐厅中可供选择的菜肴种类很多，并且食物品质高,卖相好。

地址： Broughton St
电话： 02-62736111
网址： ottomancuisine.com.au

· Koko Black

这里的热奶巧克力茶奶味十足,温度适中,并且有各种口味可供选择。手制的巧克力口感细腻,味道非常棒。每逢用餐高峰期往往门前会排很长的队但是非常值得等待。

地址： Canberra Centre/Bunda St
电话： 02-62304040
网址： kokoblack.com

· Ricardo's Cafe

这是一个梦幻般的咖啡厅，不仅咖啡美味，菜单选择也极富多样化，分量也很足。此外，快速而友好的服务，以及实惠的价格让人感到惊讶。

地址： Jamison Plaza/Bowman St
电话： 02-62532497
网址： ricardoscafe.com

· Lemon Grass Thai Restaurant

这是一家传统的泰国餐馆，装饰风格跟泰国本地餐厅装饰十分相像，提供各种素食、海鲜、咖喱、炒菜等美味。这里的帝王虾很棒，还有胡椒大蒜虾和蒸蔬菜也比较好吃。此外，这里还欢迎自带酒水。

地址： 65 London Circuit, Canberra
电话： 02-6247-2779
网址： www.lemongrassthai.com.au

· Fiagro Restaurant

这家饭馆的规模不是很大，但是环境格外的好，给人以温馨的感觉。这里的各种纯正意大利传统菜肴，深受人们欢迎。这里的招牌食物有比萨、巧克力蛋糕、冰淇淋等，味道都很好。

地址： 17 Kennedy Street, Kingston
电话： 02-62326922
网址： www.figarorestaurant.com.au

· Courgette Restaurant

这是一家法式餐馆，其招牌菜有平锅烤的小牛肝以及美味的大虾馄饨。这里的就餐氛围比较低调，来这里就餐的通常是年龄稍大一点的人。此外，这里还提供精美的杯装和瓶装美酒。

地址： 54 Marcus Clarke Street, Canberra
电话： 02-62474042
网址： www.courgette.com.au

堪培拉有着自己独特的魅力，它不像悉尼、墨尔本那样奢华，在这里，那些热闹非凡的本土土产购物地点更受欢迎，甚至完全抢了奢侈的大型商场和国际品牌店的风头。堪培拉拥有各种市场、精品店以及零售店，你想在此购买一些当地特产，以及具有代表性的手工艺品或者是美酒与美食，那简直是太容易了。走在热闹的朗斯代尔街（Lonsdale Street）上，琳琅满目的珠宝首饰、时装、家居用品，让人眼花缭乱。旧公车站集市（Old Bus Depot Markets）中数百个摊位，更是热闹非凡。无论是在堪培拉的哪个角落，你都会发现很多当地特有的好宝贝。无论你是个天真的孩子，还是个成熟的成年人，都会找到令你心动的商品。没错，这里就是有一种亲和力，让你可以像当地人一样轻松购物。

人气旺盛的购物大街

· 堪培拉购物中心

堪培拉购物中心（Canberra Centre）是堪培拉最大的购物中心，有各式各样的小商店，主要包括时尚的专卖店、珠宝店、宠物店等，这些店主要以出售设计师时装和丛林衣饰、珠宝、艺品和手工制品为主。此外，也有一些电影院、咖啡厅、餐厅。

地址：148 Bunda St，Canberra
电话：02-62475611
网址：www.canberracentre.com.au

· 格尔门屋集市

格尔门屋集市（Gorman House Markets）是一个充满活力的集市，其中有各种出售特色家居用品和澳大利亚时装的商店。主要出售新鲜农产品、乡村艺品、小饰品等商品。此外，像古董珍品、二手书、珠宝首饰和国际美食也可以在这里找到。

地址：55 Ainslie Avenue，Braddon
电话：02-48422332
开放时间：周六10:00～16:00
网址：www.gormanhouse.com.au

· 朗斯代尔街

朗斯代尔街（Lonsdale Street）是一条十分热闹的购物大街，林立着各种时髦的礼品店和时装精品店。从精致的蜡烛、手工制作的包袋到独特的首饰，甚至是一些古灵精怪的贺卡，都将给人以惊喜。此外，在这里选购堪培拉时尚设计师们的衣服和配饰，是一个绝对明智的选择。

地址：Braddon ACT

·旧公车站集市

旧公车站集市（Old Bus Depot Markets）是堪培拉的高级周日集市，有200多个形形色色的摊位。主要出售手工制作的珠宝首饰、艺术品，以及居家用品、服装、家具、玩具，还有本地土特产和葡萄酒。此外，在集市上还可一边品尝富有当地特色的美食，一边欣赏街头艺人的表演，这是大多数本地人的选择。

旅游资讯

地址： 21 Wentworth Avenue，Kingston

电话： 02-62953331

开放时间： 周日10:00～16:00

网址： www.obdm.com.au

·首都地区农夫市场

首都地区农夫市场（Capital Regional Farmers Market）出售各种水果、蔬菜、植物、鲜花、海鲜、肉类，当然了，还有一些有特色的面包、咖啡、巧克力、蛋糕、蜂蜜等。总之，各种商品应有尽有。在这个商品众多的大市场，随便逛一逛，就能收获多多。

旅游资讯

地址： Capital Region Farmers' Market Exhibition Park

开放时间： 周六7:30～11:30

网址： www.capitalregionfarmersmarket.com.au

·大堂集市

大堂集市（Hall Markets）在大堂展示厅（Hall Showground）内举行，集中出售的商品包括各种艺术品、工艺品与家庭制品。市集举行次数少，假如你想要在这里购物，还要做好准备，尽快行动。

旅游资讯

地址： Hall Showground/Gladstone Street,Hall

电话： 02-62815043

开放时间： 每月的第一个周日10:00～15:00

网址： www.contact.com.au

堪培拉娱乐

堪培拉是一个青年学生众多的城市，这个城市总被一种热闹活跃的氛围包围着，这里的夜总会、酒吧、俱乐部等现代化的娱乐场所比比皆是，绝对会让你享受一个愉快的夜晚。此外，堪培拉也是一个艺术气息浓厚的地方，也拥有恬静优雅的一面，其中，堪培拉大剧院、堪培拉音乐学院等艺术场所常常上演精彩纷呈的表演，总能给人以完美的艺术享受。

夜总会

·Meche

这是市中心一家很大的夜总会，常常会有一些澳大利亚和海外炙手可热的音乐人才前来表演。它拥有一个巨大的舞池，几间独特的包厢，同时还设有堪培拉唯一的露天屋顶吧，在这里，你将享受到堪培拉最令人兴奋的夜生活。

地址： 50 Northbourne Avenue，Canberra
电话： 02-62480102
网址： www.meche.com.au

·Cube Nightclub

这里的白天与黑夜完全是两种不同的气氛，白天，人们在此玩着轻松的撞球游戏，到了晚上，这里便乐声震天，成为一个彻底的狂欢之地。在舞池外有一些很大的沙发，在舞池中跳累了可以坐在上面休息一下。

地址： 33 Petrie Plaza
电话： 02-62571110

电影院

·Dendy Cinemas Canberra Centre

这是一家新型的电影院，在设施、装饰上都别具一格。置身影院，你便会深切地感受到这里处处洋溢着的浓厚的艺术气息。此外，值得一提的是，周二门票会打二折。

地址： 148 Bunda Street，Canberra
电话： 02-62218900
门票： 15澳元
网址： www.dendy.com.au

·Hoyts Woden

这是市中心的一家大型商业电影院，每天会放映世界上最新的精彩电影，尤其是很多好莱坞大片，甚至会与美国同时上映。宽大舒适的影院座位，以及逼真形象的音像效果，将带给你完美的视觉享受。

地址：Bradley St
电话：02-62235310
网址：hoyts.com.au

·Greater Union Manuka

假如你喜欢看最新潮且最精彩的电影，或者是世界大片，那就到这里来吧。这些主流电影，肯定会让你的满足感达到饱和。

地址：6 Franklin Street，Manuka
电话：02-62959042
网址：02-62959042

 剧院

· 堪培拉戏剧中心

堪培拉戏剧中心（Canberra Theatre Centre）是堪培拉最顶尖的戏剧表演中心。在这里，你可以欣赏大到莎士比亚戏剧表演，小到马戏团表演，或者是澳大利亚土著舞蹈表演等各种表演。

地址：London Circuit，Canberra
电话：02-62435711
开放时间：售票处9:00～17:30
网址：www.canberratheatrecentre.com.au

·Gorman House Arts Centre

这个剧院将传统戏剧表演融合了一些创意型元素，是欣赏现代创意型戏剧的首选之地。这里经常会上演各种类型的戏剧，以及舞蹈公司出产的最新作品，其中还有富有传奇色彩的澳大利亚舞蹈中心的创意作品。

地址：55 Ainslie Avenue，Braddon
电话：02-62497377
网址：www.gormanhouse.com.au

现场音乐

·Tilley's

这里总会有很多人来，也许是因为它拥有一个会让人格外放松的氛围吧。这里的装饰比较复古，深色的隔间，看起来与整个屋子融合得恰到好处。这里主要是一些本地和国际上的音乐家，以及一些喜剧演员前来表演。

地址： Brigalow Street，Lyneham
电话： 02-62477753
网址： www.tilleys.com.au

·ANU Bar

这里的现场音乐表演很棒，也因为这一点吸引了众多年轻人前来。来这里看演出的有很大一部分是学生，通常学生来看演出会有很大的折扣。

地址： University Avenue，Acton
电话： 02-61253660
网址： www.anuunion.com.au

·Transit Bar

这里拥有最多样化的音乐，可以直播和唱盘。这里最大的亮点是当地以及来自国外的艺人现场表演的音乐，无论是嘻哈，还是朋克，各种风格的音乐表演，都是那么的吸引人。

地址： 7 Akuna St
电话： 02-61620899
网址： transitbar.com.au

堪培拉作为首都城市，拥有不同标准与不同风格的住宿选择。通常情况下，经济型旅馆为40～50澳元，中档酒店多在80～180澳元，更贵的属于高档酒店。堪培拉的经济型旅馆多集中在罗斯曼大街。

经济型旅馆			
名称	地址	电话	网址
Miranda Lodge	534 Northbourne Ave	02-62498038	www.mirandalodge.com.au
Rydges Eagle Hawk Resort	999 Federal Hwy	02-62416033	www.rydges.com
Parkway Motel	8 Lowe St	02-62971411	www.parkwaymotel.com.au
Wallaby Motel	88 Crawford St	02-62971533	www.wallabymotel.com.au
Red Cedars Motel	11 Aspinall St	02-62411888	www.redcedars.com.au
Forrest Hotel and Apartments	30 National Circuit	02-62034300	www.forresthotel.com
Victor Lodge	29 Dawes St	02-62957777	www.victorlodge.com.au
Airport International Motel	57-73 Yass Rd	02-61280300	www.airportinternational.com.au

中档酒店			
名称	地址	电话	网址
East Hotel	69 Canberra Ave	02-62956925	www.easthotel.com.au
Aria Hotel Canberra	45 Dooring St	02-62797000	www.ariahotel.com.au
Practically Lakeside B&B	14 Turner Pl	02-62812824	www.practicallylakeside.com.au
Clifton Suites on Northbourne	100 Northbourne Ave	02-62626266	www.cliftonsuites.com.au
Burbury Hotel	1 Burbury Close	02-61732700	www.burburyhotel.com.au
Diamant Hotel Canberra	15 Edinburgh Ave	02-61752222	www.8hotels.com
Rydges Lakeside Hotel Canberr	London Circuit	02-62476244	www.rydges.com

高档酒店			
名称	地址	电话	网址
Hyatt Hotel Canberra	Hyatt Hotel Canberra/120 Commonwealth Ave	02-62701234	www.canberra.park.hyatt.com
Hotel Realm	18 National Circuit	02-61631800	www.hotelrealm.com.au
Diamant	15 Edinburgh Ave	02-61752222	www.8hotels.com

澳大利亚电讯塔

尼特米卢克国家公园

PART 5

达尔文→爱丽丝泉→汤斯维尔

从机场前往市区

达尔文的国际机场（Darwin International Airport）距离市中心约12千米，其国内线和国际线同在一个航站楼中。机场国内线的澳大利亚航空和维京航空公司都有十分密集的定期班机服务。在北领地区域中旅行，大多需要乘飞机才能完成。在达尔文、爱丽斯泉、格鲁特岛（Groote Eylandt）和艾尔斯巨岩所在地尤拉拉（Yulara）等旅游中心之间，澳大利亚航空等航空公司都有定期航班。

达尔文机场班车（Darwin Airport Shuttle）担负着从机场前往市区的交通，电话为08-89815066，网址为www.darwinairportshuttle.com.au。机场班车很方便，可在市中心任何地方下车，票价为11澳元。假如你想离开达尔文，需要出发前提前一天预订。当然你也可以打出租前往市区，一般需要25澳元左右。

名称	地址	电话	网址
Darwin Bus	1 Harry Chan Avenue，Darwin	08-89364007	www.nt.gov.au
Tour Tub	Smith Street Mall，Knuckey St，Darwin	08-89856322	www.tourtub.com.au

乘巴士游达尔文

在澳大利亚各个重要城市都有前往达尔文的快速巴士，并且在达尔文市区和郊区也有相应的巴士，在周一至周六均提供服务。达尔文公交车（Darwin Bus）总站位于Harry Chan Avenue，虽然占地面积并不大，但是运营的公交车线路以及覆盖面积范围很广，除了市中心，有很多条线路连接着郊区的很多地方。

达尔文市中心针对游客提供有观光巴士（Tour Tub），每天9:00～16:00会频繁往返于达尔文各主要景点之间，在各景点之间也可上下车。买一张单日票（One day pass），可多次搭乘，相当实惠。

乘出租车逛达尔文

在达尔文的Knuckey St上，可以发现一些正在等候客人的出租车。在Smith St商业街北端的斜对面处，可以很容易地招到出租车，还可致电Darwin Radio Taxis（131008），电话订车。除了普通出租车服务，达尔文还有Arafura Shuttle、Unique Minibus这两种出租车巴士，它们是固定价格的出租车，可带你去往市中心的任何地方，每人3澳元（两人5澳元），还可以去往较偏远的地方，如范尼湾和东角（East Point），车费也是固定的。

自驾车玩转达尔文

达尔文周边有一些美丽的国家公园，适合自驾车旅行。你可灵活安排自己的行程，将主要的旅游景点串联起来游览，还可以深入沙漠中探险。北领地的大部分主要景点均有柏油路直达，其他较偏僻的景点则可自驾四驱车到达。

推荐几条最佳的自驾路线：大自然之路（The Nature's Way）围绕著名的卡卡杜国家公园（Kakadu National Park）和凯瑟琳绕行；在探险者之路（The Explorer's Way）可追随探险家约翰麦克道尔斯图尔特的足迹，体验从爱丽斯泉到达尔文的探险旅程；红色中部之路（The Red Centre Way）从爱丽斯泉出发，穿越澳大利亚中部，到达艾尔斯巨岩；大草原之路（The Savannah Way）是穿越顶端地带（Top End）的壮丽旅程，可选择四驱车道或柏油公路前往。

达尔文市区景点

两百年纪念公园

达尔文的两百年纪念公园（Bicentennial Park）占据了达尔文海滨和拉梅鲁海滨（Lameroo Beach）海滩。这里拥有众多热带树木，是散步、娱乐的好地方。在公园前面的Herbert St大街尽头立有纪念碑，是为了纪念澳大利亚人为国家战争所付出的心血与努力而建的。

旅游资讯

地址： 122 The Esplanade，Darwin

电话： 08-89300300

交通： 乘坐4、5、15、21、22、OL1、OL2路公交车在Mitchell 178站下即可

网址： www.darwin.nt.gov.au

达尔文码头区

古老的达尔文码头区（Wharf Precinct）在市中心最南端的山崖下，其防波堤尽头的旧仓库，已成为了热闹的饮食中心。回转到大陆上，你会发现码头区有个第二次世界大战时期的储油地道，现在里边展览有一些战时的照片。码头区的周边环境很好，总给人以清新舒适的感觉。

旅游资讯

地址： Darwin NT 0800

电话： 08-89814268

网址： waterfront.nt.gov.au

旅游达人游玩攻略

旧仓库一带有很多座位以及几个大排档可供选择，这里的景致十分美好，尤其是夕阳从海港码头落下时，就更美了。可以的话找个近水边的位子坐下，可以顺手给水里的鱼喂些食物,然后喝上一杯冰镇红酒,欣赏美景。

乔治·布朗·达尔文植物园

乔治·布朗·达尔文植物园（George Brown Darwin Botanic Gardens）位于市中心西北部，园内有大量澳大利亚北部季风植物群以及本地的热带植物，还有很多五颜六色的小花将植物园装扮成了一个多姿多彩的神州世界。这里不仅仅是个休闲的好地方，更是一个学习的好去处，在这个活生生的大自然课堂之中，学习起来可是比教室中有趣多了。

旅游资讯

地址： Gardens Road，The Gardens Northern Territory

电话： 08-89811958

交通： 乘坐4、6、16、17、19路公交车在Mindil Beach inbound站下可到

鳄鱼湾乐园

阿尔文的鳄鱼湾乐园（Crocosaurus Cove）是一个感受刺激的地方。这里养殖了数百条鳄鱼，假如你想与鳄鱼“单打独斗”挑战极限的话，这里的确是个锻炼胆量的好地方。除了鳄鱼，你还能零距离接触澳大利亚肺鱼、海龟、黄貂鱼等有趣的水生动物。在这里游玩，不用担心有危险，因为这里都有专业人员把守阵地，还是很安全的。

鳄鱼湾乐园

旅游资讯

地址： 58 Mitchell Street，Darwin

电话： 08-89817522

交通： 乘坐4、5、21、22、25、28、OL1、OL2路公交车在Mitchell 178站下即可

门票： 成人28澳元，儿童16澳元

开放时间： 8:00～20:00（18:00停止入场），团队游10:00、12:00、14:00

网址： www.crocosauruscove.com

北领地博物馆及艺术馆

北领地博物馆及艺术馆（Museum and Art Gallery of the Northern Territory）中有5个常设画廊和一个巡回展画廊，以及一些主题性质的展馆。这些精致的展区汇聚了艺术、历史、文化、自然历史以及航海展品。此外，这个博物馆中收藏有很多珍贵的土著艺术展品，在馆中可详细了解达尔文丰富的原住民文化。

旅游资讯

地址： 19 Conacher Street，Fannie Bay

电话： 08-89521001

交通： 乘坐4、16、18路车在East Point 235站下可到

开放时间： 周一至周五9:00～17:00；周六、周日10:00～17:00

网址： www.magnt.nt.gov.au

东角保护区

东郊保护区（East Point Reserve）在范尼湾（Fannie Bay）海滩以北，现已成为达尔文著名的自然保护区，在这里，可以欣赏到亚历山大湖（Lake Alexander）中全年咸水泳池的独特美景，以及达德利角（Dudley Point）壮美的日落。此外，你还可以到东角军事博物馆观看生动的轰炸电影画面，回味曾经那段悲壮的历史。

旅游资讯

地址：Alex Fong Lim Drive，Fannie Bay

电话：08-89300300

交通：乘6路公交车到George 303站下即可

网址：www.darwin.nt.gov.au

达尔文周边景点

卡卡杜国家公园

卡卡杜国家公园（Kakadu National Park）是达尔文重要的旅游地，已被列入世界文化遗产名录。公园以美丽的自然景观、珍贵的土著人岩画艺术以及沼泽湿地的水牛、鳄鱼与多种水鸟等野生动物而赫赫有名。此外，这里有还有一条1千米长的可观看岩石艺术的环形路，精致的岩画线条与独特的色彩，生动形象地描绘出了土著部落的社会生活。

卡卡杜国家公园

旅游资讯

地址：Kakadu Hwy，Jabiru Northern Territory

电话：08-89381120

网址：www.environment.gov.au

旅游达人游玩攻略

如果你想看鳄鱼，可到公园事务所以南的柯因克游船码头，乘旅游船去黄水河巡游（Yellow River Cruise）。这里每天有90分钟游览和120分钟游览两种航程时间的游船可供游客选择。推荐乘坐6:45出发的120分钟游程观光船去看鳄鱼和水鸟。

利奇菲尔德国家公园

利奇菲尔德国家公园（Litchfield National Park）是达尔文周边最受欢迎的旅游胜地之一。因地处岩石悬崖区，从而形成了独特的布里岩石水潭（Buley Rockhole），以及佛罗伦斯瀑布（Florence Falls）、托莫瀑布（Tolmer Falls）等壮观的大瀑布。建议留出一天时间，去游览那些壮丽的瀑布以及珍奇的野生动物和鸟类。

旅游资讯

地址： Litchfield Park Road，Via，Batchelor

电话： 08-89994555

网址： www.litchfieldnationalpark.com

旅游达人游玩攻略

假如你想要从不同视角观赏利奇菲尔德国家公园，可搭乘观景直升机，或参加雷诺兹河（Reynolds River）野生动物航游。

尼特米卢克国家公园

尼特米卢克国家公园（Nitmiluk National Park）位于历史悠久的凯瑟琳（Katherine）小镇的北边，国家公园由著名的凯瑟琳峡谷（Katherine Gorge）之中的13个峡谷组成，四周被崖绝壁环绕，令人叹为奇观。此外，这里也是原住民曾驻留的地方，谷壁上的岩画是古老的原住民艺术的见证。

旅游资讯

地址： Giles Street，Nitmiluk

电话： 1800653142

旅游达人游玩攻略

尼特米卢克国家公园有多种观赏方式，你可选择在全长100千米的步行路线进行远足观光，亦可乘船游览，或在直升机上从不同角度观赏美丽的凯萨琳峡谷。当然了，租用独木舟或在河边露营过夜，也是一个不错的选择。

最容易让人忽略的景点

印度-太平洋水族展览馆

印度-太平洋水族展览馆（Indo-Pacific Marine Exhibition）是一座趣味性很强的海洋水族馆，主要展出以北领地珊瑚礁为特征的海洋生态系统。在这里你可以看到有趣的石鱼、海星、海马和其他奇异的海洋生物等，它们都生活在这个迷人的世界里。值得一提的是，夜间珊瑚礁（Coral Reef By Night)十分美丽，值得一看。

旅游资讯

地址： 29 Stokes Hill Road, Darwin

电话： 08-89811294

交通： 乘坐7、14路公交车到Stokes Hill Road 817站下即可

门票： 成人18澳元，儿童8澳元，家庭44澳元

网址： www.indopacificmarine.com.au

领地野生动物公园

领地野生动物公园（Territory Wildlife Park）是近距离观赏鱼类、猛禽、夜行动物及各种珍奇动物的最佳场所。在这里，你可以漫步树顶观鸟园，或在水族馆观看各种动物。在野生动物园附近有百丽泉自然保护区(Berry Springs Nature Park)，这里是当地人烧烤和游泳的热门娱乐场所。

旅游资讯

地址： Berry Springs NT 0838

电话： 08-89887200

网址： www.territorywildlifepark.com.au

领地野生动物公园

达尔文美食

谈及达尔文的饮食，总体上来讲比不上墨尔本或者悉尼，但是其独具特色的烹饪技术，还有形形色色的餐厅，却能给人一种美好的饮食体验。达尔文的特色菜有泥蟹、澳大利亚肺鱼、水牛等。此外，传统的英式烧烤、汉堡、薯条、炸鱼也是这个城市中必不可少的食物。当然了，在达尔文这个多元化的城市中，你还可以吃到老挝、菲律宾、印度、柬埔寨等世界各地的美食。在达尔文，你完全可以在各种户外餐桌边，边欣赏港湾美景，边品味鲜嫩的食物。卡伦湾提供时髦的海滨用餐环境，而美丽的斯托克斯希尔码头（Stokes Hill wharf）则是品尝当地海鲜的最佳去处。此外，到达尔文就一定不能错过那些让当地市民着迷的市集，在那里可以享受到各种具有当地特色的美食，不妨在这里尽情地去做几天地道的达尔文人。

澳大利亚美食

· Char Restaurant

在达尔文，这应该算是一个相当时尚的餐厅了，主要经营澳大利亚美食菜肴。由于人气很高，所以每天都会有很多人前去用餐，建议尝尝那里的牛排，很有口感。

地址： 70 Esplanade，Darwin
电话： 08-89814544
网址： www.chardarwin.com.au

· The Cyclone Cafe

这是一个古朴的咖啡馆，拥有一个非常合理的价格。推荐牛肉馅饼、烤南瓜和甜菜沙拉，都非常美味。这里每时每刻都挤满了当地人，但是却丝毫不影响上菜速度，此等高效的服务，真的难得。

地址： 8 Urquhart St
电话： 08-89411992

· Pavonia Place

这里拥有一个温馨的氛围，完美的服务简直无可挑剔。在这样的环境中，精美的食物与充足的分量，简直令人无可挑剔。

地址： 2 Pavonia Pl
电话： 08-89481515
网址： pavoniaplace.com.au

中国美食

·兴记中国餐厅

兴记（Hingston Chinese Restaurant & Takeaway）是一家正宗的中国餐厅，其菜肴种类多，味道正宗，在当地很受欢迎。对于一些比较特别的菜肴或者是招牌菜，最好是提前预订，不然很难买到。建议尝尝烤鸭、黑胡椒虾等美食。

地址： Shop 1，Anula Shopping Centre，Yanyula Drive，Anula

电话： 08-89455057

·幸福花园餐厅

幸福花园（Happy Garden Chinese Restaurant）的服务人员服务热情，并且上菜速度很快。这里的咸鱼鸡炒饭、姜汁蒸肺鱼都很值得推荐。

地址： 2 Parap Pl

电话： 08-89819302

·龙丰海鲜

龙丰海鲜（Loong Fong Seafood Restaurant）是一家很有情调的中国餐厅，这里的中国食物很正宗。

地址： Darwin Airport Inn

电话： 08-89207800

世界美食

·Pee Wee's at the Point

这家餐厅在东角保护区内，有很多临海的露天座位，最适合晚上在此用餐。每当夕阳西下时，绚烂的晚霞映红了整个沙滩，真是美不胜收。日落后，一轮明月缓缓上升到天际，月色如水，分外迷人。晚上在这里一边享受海鲜佳肴，一边欣赏美丽的夜景，岂不美哉。

地址： LOT 5434 Alec Fong Lim Drive，East Point

电话： 08-89816868

网址： www.peewees.com.au

· Hanuman

这家餐厅是当地人最喜爱的餐厅之一，食物味道很好，服务很到位，而且价格很合理，菜肴的分量还很足。在这个时尚的开放式餐厅中，柠檬草、生蚝、珊瑚礁鱼，都是很棒的食物。此外，这里还承办宴席。

地址：93 Mitchell Street，Darwin
电话：08-89413500
网址：www.hanuman.com.au

· Saffrron Restaurant

这是一家美味的印度餐厅，在这里你可以收获一个完美的现代用餐体验。这里的黄油咖喱鸡肉、克拉拉邦咖喱羊肉等肉类食物都很美味。此外，各式各样的素食菜肴以及印度传统甜点，也值得一尝。

地址：14/34 Parap Rd
电话：08-89812383
网址：saffrron.com

· Moorish Cafe

这个别致的小餐馆，汇集了地中海、北非以及中东美味，总是香飘四溢。这里推出有很受欢迎的餐前食物以及午餐特价菜，晚餐时会有很多娱乐表演。

地址：37 Knuckey St
电话：08-89810010
网址：moorishcafe.com.au

· Sari Rasa

这是一家印度尼西亚餐厅，简单的装饰，美味的菜肴，与优质的服务，吸引了众多国外游人。建议尝尝咖喱什锦、辣椒茄子和辣椒鱼。

地址：6/24 Cavenagh Street，Darwin
电话：08-89419980

· Vietnam Saigon Star

这家越南餐厅的服务人员服务很利落。你可以在这里品尝到可口的素食，各种酱汁牛肉、鸡肉以及海鲜，便宜实惠的春卷也是很棒的。这里每天都有特惠午餐套餐。

地址：4/60 Smith Street，Darwin
电话：08-89811420

达尔文购物

想要在达尔文购物，不必费多大心思，你只要沿着米切尔街（Mitchell Street）、史密斯街（Smith Street）和卡文那街（Cavenagh Street）行走，不会走多远，就会发现很多令人惊喜的物品。无论是大型购物中心，还是各种露天市集，都应有尽有。那些琳琅满目的原住民艺术品、精品时装、珠宝、陶器等各种商品，将令你大开眼界。此外，达尔文温和的气候，为每个前来的朋友开启了一个愉悦的购物旅程，让你在不知不觉中满载而归。

· 卡所连纳购物广场

卡所连纳购物广场（Casuarina Shopping Square）集中了200家主要零售商店，是达尔文规模较大的购物中心之一。各种时装、饰品、鞋子等都在这里出售，此外，你会发现很多澳大利亚以及世界名牌的专卖店都集中在这里。这里也不乏一些电影院及美食阁。

地址： 247 Trower Road，Casuarina
电话： 08-89202345
网址： www.casuarinasquare.com.au

· 名迪海滩黄昏市场

名迪海滩黄昏市场（Mindil Beach Sunset Market）坐落在美丽的名迪海滩上，每当黄昏时分，这里便开始热闹起来。达尔文这个城市的多样性也在这个市场上表现得淋漓尽致。这里出售来自世界各地、充满异国风情的手工艺品以及艺术品。此外，你在此可以品尝到亚太美味，有时候还会欣赏到独特的乐队和街头剧场形式的表演。

地址： Bill Drive，Darwin
电话： 08-89813454
网址： www.mindil.com.au

· 达尔文鱼类市场

达尔文鱼类市场（Darwin Fish Market）主要出售海鲜产品，这里的海鲜都十分新鲜。假如你想买到正宗的澳大利亚海鲜，必须在这里先下手为强。

地址： Frances Bay Drive，Fishermans Wharf，Darwin
电话： 08-89412522
网址： www.darwinfishmarket.com

· 帕罗集市

帕罗集市（Parap Markets）是帕罗购物中心（Parap Shopping Centre）旁边的一个非常热闹的市场，主要出售各种新鲜蔬果、鲜花、药材，还有服装、珠宝、宝石、艺术品等物品。集市的商品类型很多，还可以在此买一些当地的手工艺品以作纪念。

地址： Parap Place，Parap
电话： 08-89420805
开放时间： 每周六8:00～14:00
网址： www.parapvillage.com.au

· 夜崖集市

夜崖集市（Nightcliff Market）上有许多卖手工艺品、水果、蔬菜和国际饮食的摊位。此外，还有一些有趣的小店，出售环保肥皂、纤维制品以及当地特色服饰。同时，这里的餐饮店也很火，尤其是早餐店很受欢迎。有时甚至能欣赏到现场演奏的鼓点节拍。

地址： Pavonia Pl
电话： 周日8:00～14:00
网址： nightcliffmarkets.com

· Coles Supermarket

Coles Supermarket是澳大利亚最大的连锁超市之一。除了各个供货商的产品外，这里还有专属自己的独特的商品，这些产品的价格都很实惠。到了晚上，你会在这里发现很多半价商品。

地址： Cnr Links & McMillans Rd，Northlakes
电话： 08-89278011
网址： www.coles.com.au

达尔文不比悉尼狂热，也不及墨尔本妩媚，它就是一个比较温馨的城市。它那美丽的环境，总是让人想在晚上出来转转。虽然达尔文的酒吧、俱乐部不是很多，可是每天晚上你都能找到不同的娱乐场所。其中米切尔街、史密斯街和卡文那街是达尔文夜生活的中心地带。白天的达尔文也是充满生气，去海滩游泳、晒日光浴，或是冲浪，都是很棒的户外娱乐活动。其实在达尔文，你一点都不会觉得枯燥，你可以去剧院看场戏剧表演，去情调影院看场电影，或是去酒吧听现场音乐，都很不错的。

·Victoria Hotel

这是一家历史悠久的背包客酒吧，每晚都很火爆。这里的一切都是那样的迷人，楼上有包括桌球、DJ、舞池等娱乐活动，而楼下多为即兴演出，经常有现场乐队表演，周一晚上还有知识问答比赛。无论是什么，都可以成为让你留下来的理由。

地址： 27 Smith St
电话： 08-89814011

·Deckchair Cinema

这是处于达尔文西南海边的一个露天电影院，每天17:00开场，这里的影片或多或少带有一些文艺气息，也常常会放映一些最新的电影，周五及周六往往是两场连放。此外，这里的折叠帆布椅十分舒适，再有个靠垫就更美了。

地址：Jervois Road，Darwin
电话：08-89810700
网址：www.deckchaircinema.com

·Darwi Entertainment Centre

这是达尔文主要的社区艺术场所，主要由Playhouse剧场以及Studio Theatres剧院组成。这里常常会举办一些晚会、戏剧、音乐会等活动。

地址：93 Mitchell St
电话：08-89803333
网址：www.darwintertainment.com.au

·Nirvana

这是一间融合舒适的餐厅兼酒吧的娱乐场所，即使你是一个过路人，也会被它那颇有创意的大门所吸引。每周二晚这里会有即兴表演，周四至周六晚上都会有现场爵士及蓝调表演。这里还提供小食品，价格还是很合理的。

地址：800/6 Dashwood Crescent
电话：08-89812025
网址：nirvanarestaurantdarwin.com

·Skycity Darwin

这是一家很有名的娱乐之城，这里除了一些娱乐工具，还提供一个很好的住宿条件，还有几家品质良好的餐馆。这里对于穿着的要求比较有讲究，不要穿得过于随意或者是衣衫不整，不然可能不会太受欢迎。

地址：Gilruth Ave
电话：08-89438888
网址：skycitydarwin.com.au

达尔文住宿

达尔文有很多住宿地，大多数都可以便捷地到达市中心。住宿价格一般不会固定，往往会随季节的变化而变化，在节日期间有一些地区的住宿价格会上涨，尤其是在5～9月旅游旺季期间，尽量提前预订。12月至次年的3月期间，房价通常会下跌40%。不过那些房价波动幅度较大的一般为中高档酒店，背包客旅店的价格波动幅度还是挺小的，不同的住宿地点之间住宿价格的差别也不大。达尔文的住宿地点多集中在米切尔大街（Mitchell street），总体来讲，达尔文的价格要比北领地其他地方高一些。

经济型旅馆			
名称	地址	电话	网址
Paravista Motel	5 Mackillop St	08-89819200	www.paravistamotel.com.au
Darwin YHA	97 Mitchell St	08-89815385	www.yha.com.au
Capricornia Motel	Capricornia Mote l3 Kellaway St	08-89814055	www.capricorniamotel.com.au
Melaleuca on Mitchell	52 Mitchell St	08-89417800	www.momdarwin.com
Chilli's Backpackers	69 Mitchell St	08-89419722	www.chillis.com.au
Dingo Moon Lodge	88 Mitchell St	08-89413444	www.dingomoonlodge.com
Value Inn	50 Mitchell St	08-89814733	www.valueinn.secureinns.com
Barramundi Lodge	4 Gardens Rd	08-89416466	www.barramundilodge.com.au
Ashton Lodge	48 Mitchell St	08-89414866	www.wisdombar.com.au

中档酒店			
名称	地址	电话	网址
Frontier Hotel	3 Buffalo Ct	08-89815333	www.choicehotels.com.au
Feathers Sanctuary	49A Freshwater Rd	08-89852144	www.featherssanctuary.com
Quest Parap	49 Parap Rd	08-89198100	www.questparap.com.au
Casa On Gregory	52 Gregory St	08-89193100	www.casaongregory.com.au
The Leprechaun Resort	378 Stuart Hwy	08-89843400	www.theleprechaunresort.com
Comfort Inn Vitina	38 Gardens Rd	08-89811544	www.vitinastudiomotel.com.au

高档酒店			
名称	地址	电话	网址
Moonshadow Villas	6 Gardens Hill Crescent	08-8981 8850	www.moonshadowvillas.com
Crowne Plaza Darwin	32 Mitchell St	08-8982 0000	www.ihg.com
Bed and Breakfast Lure Inn	58 Cox Dr	08-8978 5484	www.lureinn.com.au
Argus Apartments Darwin	6 Cardona Ct	08-8925 5000	www.argusdarwin.com.au
Skycity Darwin	Gilruth Ave	08-8943 8888	www.skycitydarwin.com.au
Feathers Sanctuary	49A Freshwater Rd	08-8985 2144	www.featherssanctuary.com

2 达尔文→爱丽丝泉

Da'erwen→Ailisiquan

爱丽丝泉交通

从达尔文前往爱丽丝泉

·乘飞机前往

达尔文与爱丽丝泉距离较远，乘坐飞机前往是最合适的，整个行程大约需要2个小时。其中Qantas(131313)和Tiger Airways(08-93353033)每天都有爱丽丝泉往返于各首府之间的航班。航空公司的代表处均设在爱丽丝泉飞机场。

·乘火车前往

从达尔文乘火车前往爱丽丝泉相当方便，可以选择在Trainways(132147,www.trainways.com.au)以及Travelword(08-89530344)预订穿越澳大利亚的“汗”（Ghan）号列车，列车途经凯瑟琳

到达爱丽丝泉。关于这列列车的信息，可以登录www.gsr.com.au了解详情。这是条很受欢迎的旅行路线，最好提前预订车票，在淡季（2~6月）还可买到折扣票。爱丽丝泉火车站设在Larapinta Dr大街旁的George Cres尽头。

· **乘汽车前往**

从达尔文乘长途公共汽车前往爱丽丝泉又会有另外一番特别的感受。长途公共汽车服务由澳大利亚灰狗公司（1300473946，www.greyhound.com.au)运营，公共汽车主要途经派恩克里克、凯瑟琳、马塔兰卡、腾南特克里克、爱丽丝泉这几个站点，一天至少有一班车会沿着斯图尔特公路（Stuary Hwy)往返，这是进出达尔文唯一的一条道路。

乘公共汽车玩转爱丽丝泉

爱丽丝泉的公共汽车服务公司Asbus（08-89525611）从Hartley St上的Yeperenye 购物中心外发车，发车时间为每周一至周五7:45~

18:00，周六上午9:00~12:00。其中有两条路线比较适合游览，一是乘 1 路车绕路去文化区；另外一条是乘 3 路车经空中学校。

Alice Wanderer(9/91 Todd St,08-89522111 ,www.alicewanderer.com.au)将一些主要的景点串联起来，运行时间为9:00~16:00，每70分钟一趟。

乘出租车逛爱丽丝泉

爱丽丝泉的出租车都集中在游客信息中心，假如你想预订的话，可以拨打131008或者是08-89521877。

爱丽丝泉市区景点

爱丽丝泉沙漠公园

爱丽丝泉沙漠公园（Alice Springs Desert Park)汇集了几乎所有的澳大利亚中部地区动物，并将这些可爱的动物放在公园中与它们的生活习性相适应的合适位置，供大家观赏。在这里可以做的事情简直太多了，可去探索独特的沙漠环境，参观濒临绝迹的稀有生物，还可以到沙漠夜行动物馆去看看那些神秘的爬行动物。总之，这里一定会给你一种奇特的体验。

旅游资讯

地址： Larapinta Drive

电话： 08-89518788

门票： 成人20澳元，儿童10澳元，家庭55澳元

网址： licespringsdesertpark.com.au

奥利夫平克植物园

奥利夫平克植物园(Olive Pink Botanic Garden)为半干旱植物园，其中有很多很有韧性的本地灌木及树木。沿着植物园的步行道一路走来，你可从各类信息标牌中了解更详实的信息。在这个沙漠中的植物园中，你会惊叹那些顽强生长的植物，甚至尘土中执着盛开的小花，都能让你产生敬意。

旅游资讯

地址： Desert Springs

电话： 08-89522154

网址： opbg.com.au

爱丽丝泉沙漠公园

澳大利亚中部博物馆

澳大利亚中部博物馆(Museum of Central Australian)似乎拥有所有与自然历史相关的最令人着迷的展示，比如澳大利亚本地的大型动物的化石、精心制作的昆虫标本、地区性陨石碰撞和土著工艺品，都充满着神奇的魅力。楼上的施特雷洛研究中心（Strehlow Research Centre)，是为了纪念施特雷洛教授（Ted Strehlow)在其出生地赫曼斯堡传道区所作的贡献而建的。

旅游资讯

地址： Memorial Ave

电话： 08-89511121

网址： nt.gov.au

爱丽丝泉爬行动物中心

爱丽丝泉爬行动物中心(Alice springs Reptile Centre)有形形色色的爬行动物，其中有凶猛的特里咸水鳄、有着美丽图案的巨大的巨蜥、蓝舌蜥蜴和许多其他有趣的蜥蜴。此外，人工建造的化石洞穴，全面讲述了关于爬行动物的悠久历史。

旅游资讯

地址： 9 Stuart Terrace

电话： 08-8952 8900

门票： 成人12澳元，儿童10澳元

开放时间： 9:30～17:00

网址： reptilecentre.com.au

旅游达人游玩攻略

每天的11:00、13:00、15:30，有与蜥蜴、蟒蛇等爬行动物亲密接触的机会。

爱丽丝泉周边景点

西麦克唐奈国家公园

西麦克唐奈国家公园（West Macdonnell National Park）拥有各种各样的植物以及遍布其中的动物，这都使其在干旱的沙漠地区脱颖而出，这种令人惊叹的美，早已经扬名四海，已成为一日游的热门景点。

西麦克唐奈国家公园

旅游资讯

地址： Burt Plain

电话： 08-89518250

瓦塔卡国家公园

瓦塔卡国家公园(Watarrka National Park)拥有众多崎岖悬崖和峡谷美景，那雄伟壮观之景美得令人窒息。园中最为著名的当属帝王峡谷（Kings Canyon），它是澳大利亚最为陡峭、也是最为壮观的峡谷，被赞誉为“澳大利亚的科罗拉多大峡谷”。峡谷的岩石色彩斑斓，让人产生强烈的梦幻之感。

瓦塔卡国家公园

旅游资讯

地址： Petermann

旅游达人游玩攻略

沿着国王小道（Kings Creek Walk)爬到一个升起的平台之上，可以看到峡谷边缘，再沿边缘爬上小道，沿途可以看到很多美景。此外，沿着峡谷边缘可以到达伊甸园花园(Garden of Eden)，这里拥有天然的水洞和茂密的绿色沙漠植物，十分美丽。

艾尔斯岩

艾尔斯岩（Ayers Rock）又名乌鲁鲁（Uluru），在澳大利亚再也没有如此能够让人容易辨别的地方了。它就是这样与众不同，满身的孤傲劲儿令人印象深刻。它是世界最大的独立整体岩石，足足比周围的灌木丛林地高出340多米。如果这都不足以让你折服的话，那么那随着阳光不同角度的照射，而不断变换着颜色的美丽身姿，绝对会让你沉醉。这巨大的乌鲁鲁巨岩就像是澳大利亚巨大的心脏，在红色大地的包围下，遥远而神秘。

旅游资讯

地址： 340 km southwest of Alice springs

旅游达人游玩攻略

艾尔斯岩是不允许攀登的，在艾尔斯岩周围有很多徒步行走路线，你可在文化中心拿到《游客指南和地图》。其中环岩石徒步路线（Base Walk)很受欢迎，你可绕岩石而行，经过洞穴、岩画等重要看点。还可走Mala Walk徒步路线，这条路线有公园工作人员免费讲解。

艾尔斯岩

卡塔丘塔

卡塔丘塔（Kata Tjuta）在艾尔斯岩西边，由36块圆顶岩石聚集而成，又名奥尔加。在深深的山谷与陡峭的崖壁之间，你会发现那个最高的岩石——奥尔加山（Mt Olga)，是多么的雄壮，它要比那伟岸的邻居还要高两百多米。卡塔丘塔在日落时会出现耀眼的绯红色，那样的胜景，几乎无法用午间的词汇来描述。

卡塔丘塔

旅游资讯

地址： www.tmag.tas.gov.au

旅游达人游玩攻略

与艾尔斯岩一样，卡塔丘塔是当地土著顶礼膜拜的圣地，绝对禁止攀登。假如你想进一步观赏卡塔丘塔，可以搭乘直升机从岩群顶端欣赏；也可在岩石连接处的山谷与岩壁之间徒步穿行，主要的徒步路线为风之谷（Valley of the Winds），这条路线不是很难走，在黎明时分徒步，那将是一种令人难忘的完美体验。

爱丽丝泉美食

爱丽丝泉拥有各种类型的餐馆，有一些餐厅具有浓郁的地方特色，并且为了满足更多饮食者的口味，这里也提供素菜等不同类型的菜肴。爱丽丝泉的餐厅分布有些集中，一般在高档的酒店旁会发现很多形形色色的餐厅，你可以在那些餐厅中，品尝到世界各地美食，以及富有当地特色的美食，甚至还有将本地美味与世界风味相结合的创新型菜肴，总之，爱丽丝泉的各种美食，都会让你大饱口福。对于便餐，包括早、中、晚餐，你都可以到托德商业街（Todd Street）去看一下，这里云集了一些价格实惠的便餐。

· Thai Room

这是一家泰国风味餐厅，在有些干旱的爱丽丝泉，品尝正宗的泰国风味，很是清爽。这家餐厅无疑是独特的，这里的厨师似乎很有想法，他们将看似很简单的一道菜，加上一些经典的香料、各种新鲜肉类，以及正宗蔬菜，就使其变得如此别致，令人垂涎。

地址： 89 Todd St
电话： 08-89520191

· Red Ochre Grill

这是一家颇有创意的餐馆，巧妙地将各地菜式融合，形成一种综合口味的融合式菜肴。其中主要以内陆肉食为主，还有一些比较传统的菜肴，这可谓是托德商业街最热门的餐厅之一。

地址： 11 Leichhardt Terrace
电话： 08-89529614
网址： redochrealice.com.au

· Flavours of India

这是一家装饰简朴的印度风味餐馆，无需十分高调的宣扬，你只要好好品尝一下这里的咖喱以及特色菜肴，就会不禁爱上这个看似平凡的地方。在这里你还可以品尝到非印度菜肴，也可以自带酒水。

地址：20 Undoolya Rd
电话：08-89523721

· Red Rooster Alice Springs

伴随着1972年在西澳大利亚开了第一家店，这家快餐厅迅速火了起来。现在这家餐厅在澳大利亚已超过了360家门店。在这里你可以很轻松地叫份外卖，还能享受十分实惠的价格。

地址：Parsons St
电话：08-89523912
网址：redrooster.com.au

· Eagle Boys Pizza

自1987年营业以来，就以美味的比萨获得了较高的人气。在澳大利亚的很多地方你都会看到这家比萨饼店的分店，就是专注于味道的创新，以及高品质的服务，使得餐厅总可以给人一种亲切的感觉。

地址：Yeperenye Shopping Centre, Hartley St
电话：08-89521097
网址：eagleboys.com.au

推荐美食餐厅

名称	地址	电话	网址
Red Ochre Grill Restaurant	11 Leichhardt Terrace	08-89529614	www.redochrealice.com.au
Overlanders Steakhouse	72 Hartley St	08-89522159	www.overlanders.com.au
Todd Tavern	1 Todd St	08-89521255	www.toddtavern.com.au
The Rock Bar	2/78 Todd St	08-89538280	www.therockbar.com.au
Hungry Jack's Alice Springs	Stuart Hwy	08-89531377	www.hungryjacks.com.au

爱丽丝泉购物

爱丽丝泉市是澳大利亚内陆中部最大的城市，也是北领地仅次于达尔文市的第二大城市。爱丽斯泉这个奇妙的沙漠小镇，街道纵横也不过几条弄巷，可是就是这样的环境却总是能孕育那些十分美妙的事物。没有高耸入云的摩天大厦，也没有繁杂的车辆及人群，可是却拥有一个柔情似火的托德街。这条购物大街不烦不躁，在当地人眼里却是最美妙的购物天堂。不错，正如你所想，这里总能带给人一种温馨之感，在这里逛街，不用抢也不用挤，只是静下心来慢慢感受那股文化气息，就会倍感舒畅。此外，在爱丽丝泉一定不能错过那些土著艺术品以及工艺品。

· Todd Mall Market

这是托德街最热闹的中心市场，这里有各式各样的工艺品摊位，还有各种土著艺术品、珠宝，以及一些古灵精怪的小摆设。此外，这里还有很多烤肉串摊位，十分诱人，你完全可以坐下来，边看街头艺人的免费表演，边享受这美味。

地址：Shop 2, Coles Complex Bath St
电话：0458555506
网址：toddmallmarkets.com.au

·Central Australian Aboriginal Media Association

你可在这个艺术氛围浓厚的地方，找到一些澳大利亚中部著名音乐家的CD唱片。此外，商业街上的专卖店中还有各种土著设计的T恤、珠宝等物品，十分有创意。

地址：79 Todd Mall
电话：08-89519711
网址：www.caama.com.au

·Mbantua Gallery

这是一家私家画廊，一直延伸到托德商业街。里边有个精致的咖啡馆以及大量来自于Utopia地区的展品，还有很多来自于Namatjira学校的水彩画作品。

地址：64 Todd St
电话：08-89525571
网址：mbantua.com.au

推荐购物场所			
名称	地址	电话	网址
ANZ ATM	Shop 2/Gregory Terrace	131314	www.locate.anz.com
Alice Plaza	36 Todd St	08-89529666	www.aliceplaza.com
Priceline Pharmacy Alice Springs	Shops 3 & 4 Alice Plaza, Todd Mall	08-89530089	www.priceline.com.au
Yeperenye Shopping Centre	Hartley St	08-89525177	www.yeperenye.com.au
Mbantua Aboriginal Art Gallery	64 Todd St	08-89525571	www.mbantua.com.au
Red Kangaroo Books	79 Todd St	08-89532137	www.redkangaroobooks.com

爱丽丝泉娱乐

爱丽丝泉虽是一个小镇，可是却有着自己独特的优雅气质。它就像是一个风华并茂的奇女子，不仅孕育着那些罕见的人文景观与浓厚的土著文化，还有着独特的艺术涵养。在赏完爱丽丝泉的美景之余，去那些小酒吧中小酌一杯，甚是优雅，或进入电影院看个国际大片，体验一场完美的视觉盛宴，去剧院看场音乐表演，都是很棒的选择。

·Araluen Art Centre

这里作为爱丽丝文化中心，除了骨子里透露出的艺术气息外，还拥有一个庞大的阵容。500多个座位舒适而优雅，就是在这些座位上，你将领略各种舞台演出、喜剧表演。其中的艺术电影院（Art House Cinema)每周日晚都会播放精彩的电影。

地址：61 Larapinta Dr

电话：08-89511120

网址：www.araluenartscentre.nt.gov.au

·Alice Springs Cinema

这是一个多屏幕的电影院，你可在这里感受一个真实的电影场景，那些巨制影片，在这里看来是如此的美妙，这是一种令人震撼的美感。这里常常播放最新的片子，深受当地人以及外地游客的喜爱。

地址： 870/11 Todd St
电话： 08-89524999

·Sounda of Starlight Theatre

在很棒的摄影以及灯光条件下，这个剧院散发着迷人的光彩。它之所以出名，与很有创意的音乐表演是分不开的，这些音乐用迪吉里杜管、鼓以及键盘进行演奏，散发着内陆地区的精神风貌。

地址： 40 Todd St
电话： 08-89530826
网址： soundsofstarlight.com

推荐娱乐场所

名称	地址	电话	网址
The Rock Bar	2/78 Todd St	08-89538280	www.therockbar.com.au
Montes Lounge	Crn Todd Street and Stott Terrace	08-89524336	www.montes.net.au
MasterComms	3/70 Elder St	08-89555101	www.mastercomms.com.au
Alice Springs Golf Club	Cromwell Dr	08-89521921	www.alicespringsgolfclub.com.au
Lasseters Hotel Casino	Barret Dr	08-89507777	www.lhc.com.au

爱丽丝泉住宿

爱丽丝泉拥有众多的住宿选择，从简单的背包旅社到豪华的星级大酒店，都应有尽有。爱丽丝泉的旅游旺季是6～9月，这段期间住宿较贵，并且房源紧张，打算向爱丽丝泉进发的话，最好还是提前预订。在网上预订是个便捷的方法，假如你幸运的话，甚至可以在网上花中档住宿的价钱订到高档酒店的奢华住宿场所。

经济型旅馆			
名称	地址	电话	网址
Desert Palms Resort	74 Barrett Dr	08-89525977	www.desertpalms.com.au
Desert Rose Inn	15 Railway Terrace	08-89521411	www.desertroseinn.com.au
Alice Motor Inn	27 Undoolya Rd	08-89522322	www.alicemotorinn.com.au
Todd Tavern	1 Todd St	08-89521255	www. toddtavern.com.au
Haven Resort	3 Larapinta Dr	08-89524663	www. alicehaven.com.au
Diplomat Motel Alice Springs	Gregory Terrace	08-89528977	www.diplomatmotel.com.au
Alice Lodge Backpackers	4 Mueller St	08-89531975	www. alicelodge.com.au
Heavitree Gap Outback Lodge	1 Palm Circuit	08-89504444	www.auroraresorts.com.au

中档酒店			
名称	地址	电话	网址
Lasseters Casino Hotel	Barret Dr	08-89507777	www.lhc.com.au
Crowne Plaza Alice Springs	82 Barrett Dr	08-89508000	www.ihg.com
Best Western Elkira Resort Motel	65 Bath St	08-89521222	www.bestwestern.com.au
Quest Alice Springs	10 South Terrace	08-89590000	www.questalicesprings.com.au
Aurora Alice Springs Hotel	11 Leichhardt Terrace	08-89506666	www.auroraresorts.com.au
Diplomat Motel	Gregory Terrace	08-89528977	www.diplomatmotel.com.au

高档酒店			
名称	地址	电话	网址
Bond Spring Outback Retreat	George Crescent	08-89529888	www.outbackretreat.com.au
Best Western Elkira Resort Motel	65 Bath St	08-89521222	www.bestwestern.com.au
White Gum Motel	17 Gap Rd	08-89525144	www. whitegum.com.au
Quest Serviced Apartments Alice Springs	10 South Terrace	08-89590000	www.questalicesprings.com.au
Ibis Styles Alice Springs Oasis	10 Gap Rd	08-89521444	www. accorhotels.com

3 爱丽丝泉→汤斯维尔

Ailisiquan→Tangsiwei'er

汤斯维尔交通

从爱丽丝泉前往汤斯维尔

从爱丽丝泉到汤斯维尔，主要的交通工具是飞机。汤斯维尔机场（Townsville International Airport）是澳大利亚的一个主要机场，为澳大利亚提供国内和地区性的航班服务，机场直飞国际航班服务需转经布里斯班。此外，Qantas（131313，www.qantas.com.au)及其子公司，提供来往爱丽丝泉与汤斯维尔之间的航班。

乘公交车游汤斯维尔

Sunbus(07-47258482,www.sunbus.com.au)主要提供汤斯维尔境内的公共交通服务。可在Breakwater Terminal车站了解相关信息。

珊瑚礁水族馆

珊瑚礁水族馆(Reef HQ)是汤斯维尔最著名的水族馆，要在这里逛上几个小时才过瘾。这里生活着众多来自于大堡礁的海洋动物及珊瑚，还有一系列的再造珊瑚礁。在巨大的中央玻璃水箱内，你可以看到很多色彩缤纷的小鱼，还有鲨鱼、锯鲛来回穿梭。此外，还提供有大量的材料说明，让你更深入地了解大堡礁。

旅游资讯

地址： 2-68 Flinders St

电话： 07-47500800

门票： 成人25澳元，儿童13澳元

交通： 9:30~17:00

网址： reefhq.com.au

旅游达人游玩攻略

在每天的14:00之前，有30分钟的导游讲解，可以去听一下。

珊瑚礁水族馆

昆士兰热带博物馆

昆士兰热带博物馆（Museum of Tropical Queensland）陈列有各种珊瑚和雨林展品，你可在这里尽情饱览昆士兰的热带风情。另外，还有各种精细的模型以及互动式展品，其中最大的亮点就是潘多拉号轮船（HMS Pandora)的复制品，这艘船于1791年在附近海岸失事。除此之外，这里还有科技馆、自然历史陈列馆和澳大利亚土著及托雷斯海峡岛民的展品。

旅游资讯

地址： 70-102 Flinders St

电话： 07-47260600

门票： 成人12澳元，儿童7澳元

开放时间： 9:30～17:00

网址： www.mtq.qm.qld.gov.au

城堡山

城堡山（Castle Hill）视野极佳，是俯瞰汤斯维尔和海岛美景的最佳之处。这里是当地人的骄傲，他们常常到这里来看看自己的城市、港湾和岛屿美景。找一个温度适宜的天气，绕着专门为驾车人士准备的公路上山，遍览汤斯维尔的一切，这里是到汤斯维尔最难忘的一个体验。

旅游资讯

地址： Castle Hill Road

电话： 1800801902

网址： www.queenslandholidays.com.au

比拿邦保护区

比拿邦保护区(Billabong Sanctuary)是一个风景宜人的野生动物园，这里拥有幅员辽阔的沼泽地带、热带雨林。此外，随处可见澳大利亚特有的野生动物，如袋鼠、雀鸟及鳄鱼等。有一些动物还可以亲自抱一下，不过这可要自掏腰包才行。

旅游资讯

地址： Bruce Highwa

电话： 07-47788344

门票： 成人28澳元，儿童17澳元

开放时间： 8:00～17:000

网址： www.billabongsanctuary.com.au

比拿邦保护区

汤斯维尔美食

汤斯维尔是昆士兰北部最大的城市，是名副其实的饮食天堂，其中最有名气的是牛肉的生产及买卖活动，这在澳大利亚可是赫赫有名的。此外，又因这里是澳大利亚的热带气候，这里还盛产各种特色水果，其中尤以热带水果如芒果等最为著名。当然了，作为澳大利亚昆士兰州东部港口城市的汤斯维尔，更以海鲜美食远近闻名。

· CIABATTA

这里的食物丰富而美味，尤其适合与家人和朋友去就餐。值得推荐的是烩饭、柠檬芝士薄饼。并且这里有很专业的服务，很快捷也很友好，每位诚恳的服务人员都将会努力让你度过一段美好的用餐时光。

地址：12 Village Dr
电话：07-47783700
网址：ciabattarestaurant.com.au

· Betty Blue & the Lemon Tart

这是一个20世纪30年代的老式餐厅，整个餐厅之中流露出一种浓厚的艺术氛围。这里的百香果酱是十分美味的，值得品尝。

地址：8/95 Denham St
电话：07-47242554

· The Saltcellar

这家时尚的餐厅，工作人员的服务十分友好周到，菜单上的菜肴十分丰富，绝对值得你再次造访。推荐主菜辣椒扇贝、澳大利亚肺鱼。

地址：13 Palmer St
电话：07-47245866
网址：atouchofsalt.com.au

· A Touch of Salt

这家近现代风格的餐厅，拥有一个美妙的气氛。这里的菜肴都很有创意，搭配鸡尾酒很棒。食物分量很充足，适合情侣约会、团体用餐。

地址：86 Ogden St
电话：07-47244441
网址：saltrestaurants.com.au

· The Sweatshop

这里的装饰很有趣味性，看起来就很有氛围，再尝尝这里的汉堡、早餐麦片、法式烤面包片，就会感觉更加美妙了。

地址：181 Flinders St
电话：04-35845237
网址：thesweatshop.com.au

· Table 51

在这里尤其适合露天就餐。推荐这里的蜂蜜烤鸭和海鲜，都很有特色。并且质量与服务相结合，形成了一个良好的就餐氛围，还可以听到一些轻柔的音乐，感觉很轻松。

地址：51 Palmer St
电话：07-47210642
网址：able51.com.au

推荐美食餐厅			
名称	地址	电话	网址
Jam Corner	1 Palmer St	07-47214900	www.jamcorner.com.au
The Brewery	252 Flinders St	07-47242999	www.townsvillebrewery.com.au
The Balcony Restaurant	287 Flinders St	07-47712255	www.thebalconyrestaurant.com
The Salt Cellar	13 Palmer St	07-47245866	www.touchofsalt.com.au
Rhino Bar	3 Palmer St	07-47716322	www.rhinobar.com.au
Juliettes	7/58 The Strand	07-47215577	www.juliettes.com.au

汤斯维尔购物

在汤斯维尔购物，你可以选择在市中心的市场上，尤其是汤斯维尔市政府的繁华地带，那里分布着一些购物中心以及市场。在汤斯维尔购物，那是一件很休闲的事，你可以选择一个晴朗的下午，边逛街边感受汤斯维尔的宁静之美。你总会在不知不觉之间，收获多多。此外，这里还有很多海鲜市场，你可以从市场上以一个实惠的价格，买到当地正宗的海鲜食品。

推荐购物场所			
名称	地址	电话	网址
Castletown Shopping Centre	Cnr Woolcock St & Kings Rd	07-47721699	www.castletown.com.au
Willows Rotary Markets	Hervey Range Rd	07-17721822	www.townsvillerotarymarkets.com.au
The Balcony Restaurant	287 Flinders St	07-47712255	www.thebalconyrestaurant.com
Woolworths Hermit Park	124 Charters Towers Rd	07-44088831	www. woolworths.com.au
Cotters Markets	Flinders Mall	07-47279000	www.new.townsville.qld.gov.au
Townsville Fish Market	20/547 Woolcock St	07-47743407	www.tsvfm.net
Strandbags Centro Townsville	Nathan St	07-47256177	www.strandbags.com.au
Coles Supermarket	Ross River Rd	07-47255809	www.coles.com.au

汤斯维尔娱乐

汤斯维尔汇集了美丽的热带风情和海滨大城市的迷人美景，在这里，你可到大堡礁潜水、乘筏在急流中前行。我们知道，汤斯维尔是一个宁静的沿海城市，其实这里的夜生活似乎总是会打破那份宁静，绚丽多彩的夜生活，吸引着一批又一批学生等年轻的群体。这里的确有太多好玩的地方，如宁静优雅的剧院与画廊、妙趣横生的电影院，无疑都是你喜欢的。此外，汤斯维尔还是昆士兰主要的活动举办地之一，常常会有体育运动、水上活动等，几乎排满每个季节。

推荐娱乐场所			
名称	地址	电话	网址
Consortium	159 Flinders St	07-47245122	www.consortiumtownsville.com.au
Watermark Townsville	72-74 The Strand	07-47244281	www.watermarktownsville.com.au
Jupiters Casino	Sir Leslie Thiess Dr	07-47222333	www.jupiterstownsville.com.au
Reading Cinemas	High Range Dr	07-47236666	www.readingcinemas.com.au
Warrina Cineplex	164 Dalrymple Rd	07-47798568	www.warrinacineplex.com.au
Townsville Civic Theatre	41 Boundary St	07-47279797	www.townsville.qld.gov.au

汤斯维尔住宿

汤斯维尔的住宿主要集中于市中心，沿海地带分布也比较广泛，基本上都可以很便捷地到达市内的各个著名景点。你可以选择传统的住宿方式，如一些青年旅舍、背包客旅社之类的普通住宿环境，还可以选择高档一些的酒店，假如你喜欢野外的环境，还可以选择海滩露营。

经济型旅馆			
名称	地址	电话	网址
Summit Motel	6 Victoria St	07-47212122	www.summitmotel.com.au
Civic Guest House Backpackers Hostel	262 Walker St	07-47715381	www.civicguesthousetownsville.com.au
Chifley Plaza Townsville	Flinders St	07-47721888	www.theplazahotel.com.au
Park Regis Anchorage – Townsville	51 Palmer St	07-47226200	www.staywellgroup.com
Exchange Hotel Townsville	151 Flinders St	07-47713335	www.exchangehoteltownsville.com.au
Strand Motel	51 The Strand	07-47721977	www.strandmotel.com.au

中档酒店			
名称	地址	电话	网址
Hotel Ibis Townsville	12–14 Palmer St	07–47532000	www.ibishotel.com
Holiday Inn Townsville	334 Flinders St	07–47292000	www.ihg.com
Oonoonba Hotel	78 Abbott St	07–47783573	www.oonoonbahotelmotel.com.au
Aquarius on the Beach Townsville	75–77 The Strand	07–47724255	www.aquariusonthebeach.com
Ridgemont Executive Motel and Restaurant	15/19 Victoria St	07–47712164	www. ridgemont.com.au
Townsville Holiday Apartments	80 Mitchell St	07–47211990	www. townsvilleholidayapartments.com.au
Aquarius on the Beach Townsville	75–77 The Strand	07–47724255	www.aquariusonthebeach.com
Chifley Plaza Townsville	Flinders St	07–47721888	www.theplazahotel.com.au

高档酒店			
名称	地址	电话	网址
Mariners North Holiday Apartments	7 Mariners Dr	07–47220777	www. australishotels.com.au
Grand Hotel Townsville	10 Palmer St	07–47532800	www.grandhoteltownsville.com.au
Oaks Gateway on Palmer	2 Dibbs St	07–47789000	www.oakshotelsresorts.com
Mariners North Holiday Apartments	7 Mariners Dr	07–4722 0777	www.australishotels.com.au

亚瑟港监狱

PART 6
塔斯马尼亚

塔斯马尼亚

Tasimaniya

塔斯马尼亚交通

从机场前往市区

塔斯马尼亚没有国际直达航班。塔斯马尼亚的主要机场为霍巴特国际机场和斯塞士顿机场。从悉尼、墨尔本、布里斯班等地均有航班前往塔斯马尼亚。提供塔斯马尼亚与这些地区之间往返航班的航空公司包括澳大利亚航空（Qantas)、捷星航空(Jetstar)、维珍澳洲航空(Virgin Blue)，另外，Tasair和Airlines of Tasmania有航线服务附近岛屿和偏远地带。

从机场前往霍巴特市区可乘坐机场巴士（Airporter Shuttle Bus），单程25分钟，运行时间为6:00至最晚的航班降落。如果要搭乘7:30以前的航班，需打电话预约。

乘公共汽车游塔斯马尼亚

塔斯马尼亚的公共汽车主要由Rdeline Coaches和Tassielink两家公司运营，它们的路线覆盖了塔斯马尼亚全州的大部分地区。其中Rdeline运营霍巴特和朗塞斯顿之间的中部地区、朗塞斯顿和史密斯顿之间的北部区域，及朗塞斯顿至乔治镇的路线。Tassielink的班车从霍巴特和朗塞斯顿出发，沿东西两个海岸运行。在夏天，Tassielink的公共汽车还会发往丛林徒步地区。

自驾车玩转塔斯马尼亚

塔斯马尼亚道路宽阔，风光秀丽，是理想的自驾旅游之地。沿着塔斯马尼亚公路旅行，绕岛一圈，可领略千变万化的岛屿景色。塔斯马尼亚城镇之间距离较近，到处都有加油站，自驾起来很方便。不过值得注意的是，假如是离开主干道长途驾驶，穿行西部海岸或最南部地区，如西北地区的玛腊洼（Marrawah）和兹翰（Zeehan）之间进行一场探险家之旅（Western Explorer），要注意加满油箱，那边很少有加油站。

在塔斯马尼亚自驾除汽车外，你也可以选择房车，房车比汽车更方便，可随意停在你喜欢的地方，或深入到各个角落，如各种农场和庄园。

国际性的汽车租赁公司有Avis、Budget、Europcar和Thrifty，它们在机场和城镇都有预约台。你可在Vroom Vroom Vroom (www.vroomvroomvroom.com.au)上比较各家租赁公司的价格。

塔斯马尼亚霍巴特市区景点

宪法码头

宪法码头（Constitution Dock）是霍巴特的标志性建筑，虽它仅占据了富兰克林码头一角，但却拥有码头区域最美的景色。单是那些保留下来的众多古老建筑，就足以让人流连忘返。码头附近还停留着许多黄色或蓝色的轮船，船上出售各种美味的海鲜。时间充足的话，还可以上船观景，好不惬意。

旅游资讯

地址： 14 Argyle Street，Hobart

电话： 03-62310469

交通： 乘火车在Hobart Freight Terminal下

巴特里角

巴特里角（Battery Point）是霍巴特最为古老的住宅区。很久以前就已有居民定居于此，这里随之发展，在殖民地时期是座热闹的小渔村。今日的这里大部分仍是住宅区。当你漫步在酒吧、教堂、老房子，以及保存完好的弯曲街道中时，会有种十分惬意的感觉。

旅游资讯

地址： Sandy Bay Rd/Hampden Rd

网址： www.batterypoint.net

巴特里角

萨拉曼卡广场

萨拉曼卡广场（Salamanca Place）处在城市热闹的滨水区，是一片优雅的鹅卵石广场，集美食、艺术、购物、音乐于一体。在这里逛逛艺术馆，买些手工艺品，在撒拉曼卡艺术中心（Salamanca Arts Centre）的露天庭院跳支舞，都是很惬意的事。

萨拉曼卡广场

旅游资讯

地址：Sullivans Cove

旅游达人游玩攻略

1.新年期间，以萨拉曼卡广场为中心的滨水区会举行盛大的塔斯马尼亚美食节（Taste of Tasmania Festival），在美食节举办时的一周时间内你可在此品尝到各种塔斯马尼亚美食，尤其是牡蛎、三文鱼肉、葡萄酒。

2.在萨拉曼卡广场上，可坐在喷泉边上欣赏热闹的人群，还可到修剪整齐的草坪上餐后小憩一下。在广场上也可以漫步到宪法码头区，观看游轮慢慢驶过。

塔斯马尼亚恶魔公园

塔斯马尼亚恶魔公园（Tasmanian Devil Conservation Park）并不是游乐场性质的娱乐场所，而是为“塔斯马尼亚恶魔”设立的一个救助中心。“塔斯马尼亚恶魔”是塔斯马尼亚袋獾的外号，因长相与恶魔般的尖叫声而被称为“恶魔”，是一种濒临灭绝的动物。除此之外，公园里还有金色负鼠等塔斯马尼亚特有的动物。

塔斯马尼亚恶魔公园里的袋獾

旅游达人游玩攻略

塔斯马尼亚恶魔公园里每天都会有很多活动，其中，10:00～11:00是喂食塔斯马尼亚袋獾的时间，你可在此期间体验喂食“恶魔”的乐趣。

旅游资讯

地址：5990 Arthur Highway，Taranna

电话：1800-641641

门票：11澳元

开放时间：9:00～17:00

网址：9:00～17:00

塔斯马尼亚博物馆和美术馆

塔斯马尼亚博物馆和美术馆(Tasmania Museum & Art Gallery) 详细介绍了塔斯马尼亚的历史及艺术，其丰富的展品深受造访者的欢迎。博物馆内展示有当地土著的相关资料、殖民时代初期的文化，以及精美的塔斯玛尼亚虎复制品。

旅游资讯

地址： 5 Argyle St

电话： 03-62114134

门票： 免费入馆

开放时间： 10:00～17:00，周三及周五的14:30馆内有免费导览

网址： www.tmag.tas.gov.au

卡斯卡特啤酒厂

卡斯卡特啤酒厂（Cascade Brewery）是霍巴特人最喜爱的啤酒厂。这座酒厂是一座气势恢弘的哥特式石造建筑，至今仍保留着原来的模样，从远处看十分醒目。

旅游资讯

地址： 131 Cascade Road，South Hobart

电话： 03-62218300

门票： 1.5小时的团队游成人20澳元、儿童10澳元、家庭45澳元

开放时间： 团队游周一至周五9:30、10:00、13:00、13:30，公共假日不开放

网址： www.cascadebreweryco.com.au

卡斯卡特啤酒厂

塔斯马尼亚霍巴特周边景点

里士满

里士满（Richmond）小镇是塔斯马尼亚重要的历史古镇之一。古镇有50栋建筑物，它们从19世纪开始便伟岸地站在这里。步行穿过里士满桥（Richmond Bridge），或者是徘徊在圣·约翰天主教堂（St Juhn's Catholic church）之中，你都会为这里的一切感到新奇。

旅游资讯

交通： 自驾车可沿着Tasman Hwy往东，然后沿着Richmond Rd往北就可到达

惠灵顿山

惠灵顿山（Mount Wellington）高大伟岸地环绕着霍巴特，是霍巴特最完美的自然背景图。它拥有得天独厚的地理位置，是游人观赏霍巴特的首选之地。在山顶上有个瞭望台，在此可俯瞰整个霍巴特以及德元河（Derwent River）的河域景色。

旅游资讯

地址： Pinnacle Rd

交通： 自行驾车或乘坐定期行驶的旅游巴士前往，约20分钟可到

菲尔德山国家公园

菲尔德山国家公园（Mt Field National Park）是塔斯马尼亚最古老的自然保护区，也是澳大利亚历史最悠久的国家公园之一。在这里你可以漫步温带雨林，观赏著名的罗素瀑布(Russel Falls)，或者游览著名的塔斯马尼亚野生动物园，近距离接触袋鼠、考拉、袋熊等野生动物。

旅游资讯

地址： 66 Lake Dobson Road；Mount Field

电话： 03-62881149

网址： www.parks.tas.gov.au

休恩谷

休恩谷（Huon Valley）是塔斯马尼亚的一个苹果园，堪称当地苹果产业中的佼佼者。果园中有一个休恩谷苹果及文化遗产博物馆（Huon Valley Apple Museum），那里展示了与苹果有关的各种信息，包括建筑物和与苹果种植、生产相关的各种文物。

旅游资讯

地址： 2064 Huon Highway，Grove

传真： 03-62664345

网址： www.applemuseum.huonvalley.biz

布鲁尼岛

布鲁尼岛（Bruny Island）是霍巴特东南的一个小岛，除了居住点之外，岛上还有牧场和大片的桉树森林。岛屿向海的一侧有两片长长的海滩，分别为冒险湾和云湾，那里是人们娱乐的好去处。此外岛上还有很多壮观的海滩、海湾、森林，以及一些奇特的岩石，岛屿东南部有一个南布鲁尼岛国家公园（South Bruny National Park）。

旅游资讯

地址： South Bruny Tasmania（South Bruny National Park）

电话： 03-62931419

交通： 从霍巴特驾车向南35分钟到达宁静的海边小镇凯特灵（Kettering），这里有车客渡轮定时前往布鲁尼岛。

塔斯马尼亚朗塞斯顿景点

奔流峡谷

奔流峡谷

奔流峡谷（Cataract Gorge）中有两条河流在交汇，河岸上还矗立着玄武岩峭壁。峡谷两侧各有一条徒步小路，在小路上你甚至可以邂逅美丽的孔雀。这里的森林就如同从未被开发过一样，非常原始，畅游在其中，感受人与自然和谐相处，一切都是那么安逸。

旅游资讯

地址：69 Basin Rd

电话：03-63233000

网址：www.launcestoncataractgorge.com.au

维多利亚女王博物馆和美术馆

维多利亚女王博物馆和美术馆（Queen Victoria Museum & Art Gallery）有两个分馆，展出的是原住民传统的贝壳项链、大量殖民地早期画作，及模拟的老式飞机和铁路工场。其中皇家分馆内有塔斯马尼亚原住民和动物的展品，还有中国移民后裔捐建的神庙。

旅游资讯

地址：2 Invermay Rd

电话：03-63233777

网址：qvmag.tas.gov.au

城市公园

城市公园（City Park）建于19世纪20年代，是一座典型的维多利亚风格花园。公园内环境幽静，既有优美的喷泉，造型优雅的音乐台，还有历史悠久的玻璃温室。在玻璃墙内你可以看到一些日本短尾猴。

旅游资讯

地址： 68 Tamar St

电话： 03-63311082

博格斯酿酒厂

博格斯酿酒厂（Boag's Brewery）是塔斯马尼亚非常著名的，这家酿酒厂，从1881年起就开始了伟大的酿造工程，时至今日倍受瞩目。在啤酒厂中，游客可考虑参加“发现之旅”和“啤酒爱好者之旅”。

旅游资讯

地址： 39 William St

电话： 03-63326300

开放时间： 周一至周五 9:00起

网址： 03-63326300

塔斯马尼亚其他地区景点

亚瑟港

亚瑟港（Arthur Port）曾是个令坏人闻之丧胆的监狱港，但现在却早已成为一个漂亮的旅游胜地，这里有着最受欢迎的游乐项目，在此，你可以玩一下刺激的冲浪、有意思的划橡皮艇，还可以进行一次伟大的丛林徒步旅行，观赏壮观迷人的海岸线美景。许是因为知名，几乎每个到塔斯马尼亚旅行的人，都会专程来此游览一番。

旅游资讯

地址： Port Arthur Historic Site/Arthur Highway，Port Arthu

电话： 1800659101

网址： www.portarthur.org.au

亚瑟港监狱

旅游达人游玩攻略

1.从亚瑟港可步行到新月湾（Crescent Bay）游览，这个十分隐蔽的港湾却是一个美得摄人心魄的地方，值得一看。

2.游览亚瑟港，可请个资深导游，花上半天时间游览。亚瑟港入场费包括了半小时的海上游，还有导游讲解亚瑟港沿岸小岛的故事。

摇篮山

摇篮山

摇篮山(Cradle Mountain) 是著名的摇圣徒步道（Overland Track）的起点，也是塔斯马尼亚荒原世界遗产区（Tasmanian Wilderness World Heritage Area）的一部分。它给人的第一印象就是蓝，是那种清透的蓝。山下坐落着美丽的鸽子湖(DoveLake)，那湖水就像是一瓶深蓝色的墨水倾入湖中，让人惊叹不已。

旅游资讯

地址：44 Rosevears Dr

电话：03-63943535

旅游达人游玩攻略

摇篮山短程徒步路线有四条，分别为鸽湖环线（Dove Lake Loop Walk，1～2小时）；摇篮山登顶（Cradle Mountain Summit，6～8小时）；火山湖环线（Crater Lake Circuit，2小时）；心醉步道（Enchanted Walk，20 分钟）。此外，摇篮山远程徒步只要是摇圣徒步道路线及周边游览，约需 6 天的时间。

酒杯湾

酒杯湾(Wineglass Bay)是塔斯马尼亚岛上最受欢迎的度假胜地之一。在酒杯湾，可以俯瞰晶莹剔透如宝石般的大蚝湾 (Great Oyster Bay)，那里是游泳、潜水、划船和钓鱼的美好天堂。

塔斯马尼亚美食

说到塔斯马尼亚的美食不得不提及它的首府城市霍巴特，这里拥有独特的海岛美味。作为海港城市的霍巴特，总是可以让你尝到刚从海港运送来的海鲜。美味的海鲜搭配上可口的蔬菜，那简直是人间美味。在餐后尝尝甜甜的水果布丁，顺便品尝一下入口即溶的乳酪，那更是一个极致享受。在霍巴特，你当然还得尝尝刺激的卡斯卡特啤酒、威士忌等。每年夏天新年前后，便会有成千上万的游客赶到霍巴特，参加那一周彻夜狂欢的美食美酒佳节和娱乐活动。在塔斯马尼亚被美食俘虏的人们，总是逃不开葡萄酒的诱惑。塔斯马尼亚的酒庄或葡萄园规模并不是很大，只不过是品质上乘、地道的本土特色倍受嘉奖罢了。

霍巴特美食

· Solo Pasta & Pizza

这是家很出名的美食餐馆，他们的意大利比萨很受霍尔特人的欢迎。餐馆中的装饰更是别具特色，各种照片和大幅海报耐人寻味。这使得等待上菜的时间变得愉悦，看看那些照片也是一种消遣的好方式。

地址：50B King Street，Hobart

电话：03-62349898

网址：www.solopastaandpizza.com.au

· Machine Laundry Cafe

这应该是萨拉曼卡广场上最受欢迎的咖啡厅了吧，它的装修满怀复古味道,这种味道正好与咖啡厅中的恬静氛围相符，给人一种轻松惬意之感。这里的食物很美味,尤其是鸡蛋和培根。此外，各色面包与奶酪也不错，尤其是配上番茄酱，美翻了。

地址：12 Salamanca Square

电话：03-62249922

· Da Angelo Ristorante

这家意大利餐厅，装修复古典雅，里面最好吃的美食当属意大利比萨和意大利面了。这里每天都是那么热闹，饭点来此吃饭都找不到空位。这里也提供外卖，可以打包带走。

地址：47 Hampden Road，Battery Point
电话：03-62237011
网址：www.daangelo.com

· Pigeon Hole

这里的确是霍巴特很有特色的一个地方，其柑橘与咖啡是如此美味，令人难以忘怀。更有特点的是那复古装饰，就连小小的银勺都有复古特色。另外，工作人员也很专业、认真，令人印象深刻。

地址：93 Goulburn St
电话：03-62369306

· Solicit

这是一个浪漫的近现代风格餐厅，是情侣用餐的好去处。这里的招牌菜肴属牛排，及美味的三明治。另外，酒水单也很丰富，其中的葡萄酒非常有名。

地址：333 Elizabeth Street，North Hobart
电话：03-62348113
网址：www.solicit.net.au

· Piccolo Restaurant & Wine Bar

这家餐厅拥有一个令人愉快的口味，每道菜肴都非同寻常，盐腌鳕鱼主菜十分精致，值得品尝。极力推荐那些美味的葡萄酒，它们配上精心准备的食物，味道好极了。

地址：323A Elizabeth St
电话：03-62344844

· Daci and Daci Bakers

这里的饭菜是是一流的，美味的面包和面包卷，以及颇具特色的糕点令人垂涎。你可以从很远的地方就感受到浓浓的、美味的咖啡香味。

地址：11 Murray street
电话：03-62249237

· Cornelian Bay Boat House

这家餐馆靠近科里利恩湾，位置绝佳。在这里用餐，你可以看见海湾美景，晴天时甚至可以眺望德文特河的景色，非常漂亮。除了优越的外部环境，餐厅内部的装饰和菜肴、葡萄酒更让人惊喜。

地址： Queens Walk，Cornelian Bay
电话： 03-62289289
网址： www.theboathouse.com.au

· Jackman & McRoss

如果你要带小孩用餐的话，这里应该是第一选择。餐厅主要经营霍巴特当地的美食，菜肴原料都是最新鲜的，很美味，特别是早餐面包、糕点等。

地址： 57-59 Hampden Road，Battery Point
电话： 03-62233186

其他地方美食

· Laneway

这里的装饰很优雅，咖啡是值得推荐的，鲜美的沙拉和鱿鱼也令人垂涎。服务良好，你可以在这里享受用餐的快乐。

地址： 2/38 Steele St, Devonport
电话： 03-64244333

· Leonardoz

这里的食物绝对美味，不仅价格实惠，而且上菜十分迅速。无论各种主菜还是甜点，都给人留下非常深刻的印象。每一位服务人员都非常专业，并且很有礼貌。

地址： 28 Main Rd
电话： 03-64318271

· Kates Berry Farm

这里的果酱馅饼很好吃，再搭配上浓浓的咖啡，就是一顿很棒的下午茶。店里还有很多手工做的巧克力，非常可爱，让人忍不住想咬一口。这里以自己独特的方式展示专属自己个性的纪念品。

地址： 12 Addison St, Swansea
电话： 03-62578428
网址： katesberryfarm.com

塔斯马尼亚购物

塔斯马尼亚是一个艺术气息比较浓厚的地方，当地艺术家的创作灵感来自于美丽的风景。在私人画廊、艺术工艺品商店和市场中，你可以找到各种油画、摄影、服装、珠宝和工艺品。此外，塔斯马尼亚的毛绒为世界之最，你可以在此选购天然或人工毛线，以及机纺和精纺外衣。美丽的塔斯马尼亚还生产各式各样的农作物和美酒，及巧克力和啤酒。塔斯马尼亚的购物场所主要集中在霍巴特，其中，大多数商店的营业时间为每天 9:00 ~ 17:00，超市和便利店的营业时间更长一些。

· 萨拉曼卡市场

每逢星期六，数以百计的商贩便会从四面八方汇集到历史悠久的萨拉曼卡广场（Salamanca Place）上。在这里，你可以找到精美的玻璃器皿、时尚的服装、创意独特的木器设计、设计新颖的陶器和皮具，及很多鲜花、蔬果、图书，并可观看街头艺人的音乐表演。

开放时间： 周六8:30 ~ 15:00

· Monty's on Montpelier

这是一家极具创意的画廊，内部展出了很多艺术品，并销售很多精美的家具、玻璃制品、陶瓷、木制工艺品展示等。你可以在这里买些纪念品，留作纪念。

地址： 37 Montpelier Retreat，Battery Point
电话： 03-62232511
网址： www.montys.com.au

· 萨拉曼卡艺术中心

萨拉曼卡艺术中心（Salamanca Arts Centre）展示及出售各种美术品、工艺品等。这里的大多数商品都是设计师的最新设计，是独一无二的，你可以随意挑选一个自己喜欢的回去留作纪念。

地址： Battery Point
电话： 03-62348414
网址： www.salarts.org.au

萨拉曼卡艺术中心

· De Witt Antiques

这里是霍巴特市区中最大且藏品最多的古董行，从1973年开门营业至今。店家收藏有19世纪的古董家具、珠宝首饰、航海文物和英国瓷器等。

地址： 52 Bathurst St, Hobart
电话： 03-62234998

· 塔斯马尼亚设计中心

塔斯马尼亚设计中心（Design Centre of Tasmania）在城市公园旁边，是一个手工艺品零售市场，主要销售塔斯马尼亚工匠创作的精美工艺品。其中的木器设计收藏(Wood Design Collection)是当地设计的重要成果。

地址： Brisbane St
电话： 03-63315506
网址： designtasmania.com.au

塔斯马尼亚娱乐

塔斯马尼亚的娱乐活动并不是很丰富，主要的娱乐集中在霍巴特和朗塞斯顿地区。当地人比较喜欢的活动是丛林徒步探险、冲浪与游泳。虽然当地俱乐部和电影院等娱乐场所并不是很多，但娱乐氛围依然很浓。在这里，你还可以去看帆船比赛、赛车比赛等，感受不一样的娱乐风情。总之，这里的娱乐生活是不会让你失望的。

剧院

· 皇家剧院

皇家剧院（Theatre Royal）在宪法码头和维多利亚码头之间，是澳大利亚古老的剧院之一。从1837年首演以来，这里就一直不间断地开放，剧院中有各种音乐剧、芭蕾舞、戏剧、歌剧等表演。

地址： 29 Campbell Street，Hobart
电话： 03-62332299
网址： www.theatreroyal.com.au

·Princess Theatre

这家剧院建于1911年，其中还建有小型的艺术中心。在剧院中，你可以欣赏到塔斯马尼亚岛以及澳大利亚大陆的戏剧、舞蹈等。

地址：29 Campbell St, Hobart
电话：03-62332299
网址：theatreroyal.com.au

·孔雀剧院

孔雀剧院（Peacock Theatre）在萨拉曼卡艺术中心旁，是霍巴特当地人十分喜爱的一个剧院，这里的气氛非常好，是欣赏戏剧、歌剧等表演的好去处。

地址：77 Salamanca Place，Hobart
电话：03-62348414

现场音乐

·Republic Bar & Cafe

这家酒吧在一座装饰艺术风格的建筑中，常常上演霍巴特最好的现场音乐，每天都有演奏会，无论当地的还是国际上的艺术家都喜欢在这里表演。

地址：299 Elizabeth St，North Hobart
电话：03-62346954
网址：www.republicbar.com

·The New Sydney Hotel

这是一个非常热闹的地方，尤其是周末，人群会占满这里的各个角落。每周二至周日，这里都有乡村音乐、摇滚、爵士、喜剧等免费表演。

地址：87 Bathurst Street，Hobart
电话：03-62344516
网址：www.newsydneyhotel.com.au

·Hotel New York

这里有当地以及来自澳大利亚其他州的声乐队、当红的摇滚乐队表演。有时还有知名的DJ驻场，及一些特殊的表演活动。

地址：122 York St
电话：03-63347231
网址：hotelnewyork.net.au

· 萨拉曼卡艺术中心

这里全年都有免费的现场音乐表演。尤其是每周五晚上，庭院里到处充满了吉卜赛音乐、爵士乐、民谣等动人的音乐。来听一场免费音乐，可以深切感受霍巴特人的音乐热情。

地址：03-62348414
电话：周五17:30～19:30
网址：www.salarts.org.au

电影院

·Village Cinemas

这是霍巴特市内大型的电影院，主要播放一些大片或新上映的电影。假如你是周四前来，可在这里买到优惠的门票，有时候能低至10澳元。

地址：181 Collins Street，Hobart
电话：1300-555400
网址：www.villagecinemas.com.au

·State Cinema

这家电影院在一座老建筑中，主要播放一些当地的和国际上的艺术片。此外，这里还有一些酒吧和咖啡厅，可以自带葡萄酒进去。

地址：375 Elizabeth Street，North Hobart
电话：03-62346318
开放时间：售票处12:00～22:00
网址：www.statecinema.com.au

塔斯马尼亚住宿

塔斯马尼亚的住宿地有很多，多集中在霍巴特地区，在沙利文湾滨水地区、萨拉曼卡广场，以及巴特里角也有很多可住宿的地方。此外，在霍巴特中心商务区，聚集了大多数的青年旅舍和中档酒店。

经济型旅馆			
名称	地址	电话	网址
Fountainside Hotel	40 Brooker Ave, Hobart	03-62132999	www.fountainside.com.au
Battery Point Holiday Apartments	4 Colville St, Battery Point	03-62234837	www.batterypointholidayapartments.com
Hobart's Accommodation & Hostel	41 Barrack St, Hobart	03-62346122	www.hobarthostel.com
Castagni Bed and Breakfast	5 Arthur St	03-64287389	www.portsorellbedandbreakfast.com.au
Swansea Motor Inn	1C Franklin St, Swansea	03-62578102	www.swanseamotorinn.com
Freycinet Waters	16 Franklin St, Swansea	03-62578080	www.freycinetwaters.com.au
Adina Place Motel Apartments	50 York St, Launceston	03-63316866	www.adinaplace.com.au
Hillview House	193 George St	03-63317388	www.hillviewhouse.net.au

中档酒店			
名称	地址	电话	网址
Quayside Cottages	5 Queen St	03-62447776	www.quaysidecottages.com.au
Grand Vue Private Hotel	8 Mona St	03-62238216	www.grande-vue-hotel.com
St Ives Apartments	67 St Georges Terrace	03-62241044	www.stivesmotel.com.au
Salamanca Inn	10 Gladstone St	03-62233300	www.salamancainn.com.au
The Elms of Hobart	452 Elizabeth St	03-62313277	www.theelmsofhobart.com
Glasgow Lodge	57 George St, Devonport	03-64241480	www.glasgowlodge.com.au
Sandpiper Ocean Cottages	18546 Tasman Hwy, Bicheno	03-63751122	www.sandpipercottages.com.au

高档酒店			
名称	地址	电话	网址
Islington Hotel	321 Davey St, South Hobart	03-62202123	www.islingtonhotel.com
Clydesdale Manor	292 Sandy Bay Rd, Sandy Bay	03-62237289	www.clydesdalemanor.com.au
The Henry Jones Art Hotel	25 Hunter St, Hobart	03-62107700	www.thehenryjones.com
Avalon Coastal Retreat	11922 Tasman Hwy, Rocky Hills	1300361136	www.avaloncoastalretreat.com.au
Aloft Boutique Accommodation Strahan	15 Reid St, Strahan	04-2777857	www.aloftaccommodation.com

亚瑟港监狱

《去澳大利亚终极实用版》编委会

本书主编：付春琳

编写成员：	单雪影	尹　浩	陈玉兰	聂宝菊	李玉佳
	朱　兰	董　蕾	吴丹丹	岳会博	汪婷婷
	朱五红	刘　芬	靳　颖	李来阳	陈　龙
	王　磊	许　红	文　章	李莉莉	黄　嫚
	魏亚男	常美玲	刘春洁	郑晓小	尹　钢
	陈　艳	姚章琳	李兴华	刘萌萌	王春晓
	王永军	刘佳辉	褚小璇	姜　薇	曾祥厚
版式制作：	缪利军	江　豪	薄　静	顾传营	

技术总监：李彩燕